THE LANGUAGE OF THE PEOPLE
Scots Prose from the Victorian Revival

AUP titles of related interest

POPULAR LITERATURE IN VICTORIAN SCOTLAND
Language, fiction and the press
William Donaldson

THE JACOBITE SONG
political myth and national identity
William Donaldson

GRAMPIAN HAIRST
An Anthology of Northeast Prose
Edited by William Donaldson and Douglas Young

THE LAIRD OF DRAMMOCHDYLE AND HIS CONTEMPORARIES
William Alexander
Edited with an introduction by William Donaldson

DAVID RORIE **Poems and Prose**
Edited by William Donaldson

TEN MODERN SCOTTISH NOVELS
Isobel Murray and Bob Tait

LITERATURE OF THE NORTH
Edited by David Hewitt and Michael Spiller

THE CLYACK SHEAF
Sketches of Life and Characters in Northeast Scotland
David Toulmin

FROM THE CLYDE TO CALIFORNIA
Robert Louis Stevenson
Edited and Introduced by Andrew Noble

THE LUM HAT AND OTHER STORIES
Last tales of Violet Jacob
Edited by Ronald Garden

THE HISTORY OF SCOTTISH LITERATURE
in four volumes
general editor: Cairns Craig
Volume 1 Origins to 1660, *editor R D S Jack*
Volume 2 1660 to 1880, *editor Andrew Hook*
Volume 3 Nineteenth century, *editor Douglas Gifford*
Volume 4 Twentieth century, *editor Cairns Craig*

THE CONCISE SCOTS DICTIONARY
A comprehensive one-volume dictionary of the Scots Language from the 12th Century to the present day
Editor-in-chief Mairi Robinson

The Language of the People

Scots Prose from the Victorian Revival

William Donaldson

ABERDEEN UNIVERSITY PRESS
Member of Maxwell Macmillan Pergamon Publishing Corporation

First published 1989
Aberdeen University Press

The publisher acknowledges subsidy from the Scottish Arts Council towards the publication of this volume

British Library Cataloguing in Publication Data

The Language of the people: Scots prose from the
Victorian revival.
1. General prose in Scots
I. Donaldson, William
082

ISBN 0 08 037730 0
ISBN 0 08 037731 9 (Pbk)

Typeset from author-generated discs
and printed by AUP Glasgow/Aberdeen—A member of BPCC Ltd.

Contents

Illustrations

Acknowledgements

This book could not have been brought to completion without the help of a great many people.

I am particularly grateful to the Carnegie Trust for the Universities of Scotland for generous assistance with research costs.

I wish to return thanks also to the Leverhulme Trust whose grant in aid of research made possible my earlier work in this field.

I am indebted to D C Thomson & Co Ltd, Dundee, for their support.

I wish to thank the staff of Aberdeen University Library; Aberdeen City Library (and in particular the staff in the Local Studies Department, Mrs Elma Garden and Miss Catherine Taylor), and the Anderson Memorial Library, Woodside; Mr Fisher and the staff of the Glasgow Room at the Mitchell Library; the North East of Scotland Library Service and in particular the staff of Peterhead Public Library; the staff of the National Library of Scotland and the British Library Newspaper Library at Colindale.

I am most grateful to Mr Donald L Aiken and Mrs Doris M Walsh who have kindly given permission to publish from the work of their grandfather James Leatham and who have gone out of their way to supply me with information. Finally I must return particular thanks to Mrs Brenda Cluer, Archivist of Grampian Regional Council, for her painstaking search for sources on Leatham, Dr Caroline Macafee for a number of most helpful suggestions, and Professor Peter L Payne for his continuing and invaluable support.

Newspaper Excitement in Edinburgh.

Introduction

At the beginning of June 1877 the editor of the *People's Journal* William Duncan Latto sat down to write a piece on world politics. In it he presented a panoramic survey of the balance of power in Europe since the end of the Napoleonic Wars and dealt at length with the Imperial rivalry of Britain and Russia. Since the paper was advanced Liberal in politics and also Scottish, the tone of the article was strongly anti-Imperialist. Amongst other things it said this:

> We are feared for oor road to India, but hoo has it come aboot that we hae sic a deep interest in a road to India? Hoo did we get a haud o' India? Was it no by the sword? Ay, an' aften by the maist ootrageous proceedin's that were ever seen or heard tell o' in this world! We got India by murder, treachery, an' stouthreif, an' we hae the cheek to blackguard Rooshia for annexin' her neebors! What did we do the ither day in the Sooth of Africa? Did we no annex an independent republic ca'd the Transvaal? O yes, but it was for the guid o' the inhabitants. But that is juist what Rooshia says when she swallows up her neebors, an' she has as guid a richt tae say sae as we have. We winna hear o' Rooshia takin' possession o' Constantinople, because she wad then dominate the entrance to the Black Sea. But, of coorse, there's nae harm in Britain dominatin' the entrance to the Mediterranean by keepin' possession o' Gibralter. We've a perfect richt to clap oorsel's doon at Aden, an' so control the entrance to the Red Sea. Naebody has cause to complain o' oor keepin' a grip o' Heligoland near the mooth o' the Elbe. We are quite justified in squattin' oorsel's doon at Malta, at the Cape o' Good Houp, at Cape Coast, at Sierra Leone, at Hong Kong, at the Falkland Islands, at New Guinea—at scores o' ither places in a' pairts o' the habitable an' uninhabitable globe. But Lordsake, dinna let Rooshia get a grip o' the Dardanelles![1]

This is a piece of discursive prose. In Scots. It is entirely typical of thousands of similar pieces, also in Scots, published in the columns of the Victorian press. According to the textbooks, none of it ought to exist.

And the fact that it does, means that we must seriously revise our view of Scots as a medium of written communication in the period since the Reformation.

We have been assured that the vernacular prose tradition died out during the early seventeenth century, to be used thereafter for the demotic chatter of lower-class characters in the novels of Scott and Stevenson; that the language was irretrievably damaged by its long and losing battle with the forces of Anglicisation; that it became, except perhaps for various experiments with synthetic forms during the present century, intrinsically unfit for serious purposes.

This book presents the evidence (only a little, to be sure, considering the enormous profusion of the original source material, but sufficient, it is hoped, to demonstrate the point) of a major vernacular revival during the second half of the nineteenth century.

Revival. In a sense the word is ill-chosen. How could Scots be revived? It had never declined. Not, at least, in its spoken forms which continued to be the language of the people, of the overwhelming majority of the Lowland nation, requiring simply the appropriate technical means before it blossomed in a rich variety of radical new speech-based prose forms. An interlocking network of technological changes—the automation of paper-making, high-speed steam-driven rotary presses, mechanical typesetting, electric telegraphy and the spread of the railway network—combined to produce a communications revolution and transform the print-culture of Scotland. From being a dear and scarce commodity, the printed word became abundant and cheap, and the world of letters became accessible to virtually every social class.

This had three consequences. Firstly, because of the huge expansion in scale of activity the value of literary property increased dramatically. Next, because of greater earning-power and increased demand the literary class became much larger. And finally, as numbers of readers increased and multiplied, a new mass popular literary market came into being.

The most important by far of the print media was the newspaper press. The repeal of the Stamp Act in 1855 led to a dramatic drop in prices and the creation of a new popular press virtually overnight. By the end of the century there were more than two hundred titles publishing in Scotland on a daily or weekly basis. At a national level there were the big city dailies like the *Glasgow Herald*, the *Scotsman*, the *Dundee Advertiser*, the *Aberdeen Free Press*, and the great popular weeklies like the *People's Journal*, the *Weekly News*, and the *Glasgow Weekly Mail*. Then there were the broadly 'regional' papers, like the *Inverness Courier*, the *Banffshire Journal*, the *Perthshire Advertiser*; then came the dozens of local weekly papers, like the *Montrose Review*, the *Brechin Advertiser*, the *Buteman* of Rothesay, the *Ardrossan and Saltcoats Herald*, and the *Huntly Express*, based on middling-sized burghs and circulating in their immediate hinterland.

These were Scottish enterprises. They did not have to rely on English sales. They were owned by Scots, written by Scots, and circulated within Scotland. By their agency Scotland achieved print autonomy, perhaps for the first time.

The book-trade had long been tied into the English market and obliged to conform to the cultural values which prevailed within it. Most of Walter Scott's readers would have been English—he could never have built that Gothic extravaganza at Abbotsford on returns from the Scottish book-trade alone—and he had to write about things they could understand in a way that they would tolerate. And that is true for most Scottish book-novelists during the nineteenth century. But the newspaper press was wholly free from this constraint. It could address a specific audience at national, regional, or local level, and this has important consequences when we consider the cultural role it came to perform.

Some papers, of course, contained nothing but news. But many had a wider

THE HAMILTON HEDGEHOG.

"Nemo me impune lacessit."

LOVE TO ONE, FRIENDSHIP TO A FEW, GOODWILL TO ALL.

No. I. **Hamilton, Saturday, 11th Oct., 1856.** **Price 1d.**

HAMILTON is notoriously a dull place; if a joke finds its way into our neighbourhood, it is looked upon with as much surprise as a comet would be. A few jokes did come this way lately, but in such thin and unhealthy condition that they did not take the market.

Hamilton is well known as not being a model of teetotalism. Man is an exciteable animal, and unless his excitement is fed from natural and pure sources, he will rush to wherever he can find a supply, and he will not hesitate about the quality. This, we believe, to be cne of the many reasons why men, in more places than Hamilton, betake themselves to the public-house. To remedy this evil to a certain extent, we venture forward; and as it is our first appearance, we ask you to read before you pass judgment. We intend to devote our columns entirely to nonsense. We shall guard against any joke or remark of a personal nature, and if at times we let fly an arrow and hit our mark, we can assure all that the shod will not be poisoned. We shall tie ourselves to no parties but evening parties. We shall have nothing to do with Parliament except in the shape of cake. We shall be as harmless as the animal whose name we bear; but if any one will handle us roughly, he must thank himself, should he be considerably pricked. Kind Public, buy, read, and pardon

A FIRST ATTEMPT.

"In the comedy of life may errors be excepted."

Advertisements.

WANTED,

A Poet for Larkhall. Address, post paid, to the Office of the *Hedgehog*.

WANTED,

A few Scotch Terriers to compete with the dog Raglan, in lifting and carrying about the "Hedgehog."

RATS, MICE, AND BLACK BEETLES.

Parties whose premises are infested with any or all of the above, will instantly get rid of them by taking in one of our numbers.

SALE OF GROWING CORN.

A Large Crop of the above to be sold by a gentleman who has been a victim to tight boots. Upset price £000.

MAKING A TILE A PLEASURE.

"Who is your hatter?" Mr Bobbieson said.
"Why yourself made that tile which roofeth my head.
Les modes de Paris will not ruin your trade,
For your naps take the nap off all hats that are made.

TO THE NEEDY AND SEEDY.

A number of suits of light grey on sale, almost as good as new. As the Subscribers procured them on reasonable terms, they are enabled to sell them cheap. Palmer, Calcraft & Co.
Back of the Barns.

This picture represents Forbes 11 o'Clock. On the hextreme left you will perceive the screwed one taken home by a barrie; and on the hextreme right Forbes with the key in his nose, which fully accounts for his putting his nose into everybody's keyhole.

Fig. 1. *The Hamilton Hedgehog*, 11 October 1856.

function, aiming to supply a whole range of recreational reading, much of it expressly Scottish in content. They published original writing: poetry, prose fiction, memoirs and reminiscences, biography, history, folklore and popular musicology in enormous quantities. Little of it ever found its way into book form. Above all, they used vernacular Scots, to deal with an unprecedented range of topics in all the major dialects of the language.

Fierce competition, and the unceasing struggle for circulation, led to identification with the aspirations, values, and cultural outlook of the common people. Most Scottish papers were strongly democratic in any case, especially if they were Liberal in politics (as most of them were). These were papers not just for the people but by the people. The principle of Co-operation was actively pursued by the press, which meant that much of even a big national weekly like the *People's Journal* was written by its readers.

Many papers circulated within homogeneous speech-communities where Scots was a fundamental social bond. As 'The Voice of the People' it was inevitable that the popular press should use it freely, the more so as journalists often came from a similar social and linguistic background to their readers. They were familiar with the movement towards spelling reform and trained in sound-based shorthand systems and found it quite natural, therefore, to represent language in acoustic rather than visual terms. As well as uniting communities, of course, dialectal difference set them apart from their neighbours emphasising their sense of exclusiveness and autonomy. And so it was that a new phonographically-inspired prose, often of great orthographic inventiveness and freedom, sprang up in all the major dialect areas displacing 'book Scots'—that is, standard literary Scots, based on the usage of the central belt and enshrined in the works of Burns and Scott.

It was used for every kind of public discourse: for politics, at local, national and international level; relations between classes and between the sexes; the plight of the poor; education; social mores; folklore and tradition; work and leisure; food, drink, and the pleasures of the table; crime and punishment; children and their relations with adults; the Highlands, the clearances and the plight of the crofter; the urban community and the problems of living in it; agriculture; sport; industrial relations; seasonal festivities; the media; religion; and public health. All the leading ideological issues of the age were treated: competition and materialism, free trade and deregulation, interventionism and state control, evolution and its consequences and the triumphs and tribulations of technological change.

The new vernacular prose could be found in every department of the newspaper: in fiction, features and similar editorial matter, in correspondence—even in advertisements. The most common source was the regular epistolary column appearing, as a rule, under a pseudonym and running to anywhere between a thousand and three thousand words in length. Most of the writers were, and remain, anonymous. But we do know the identity of several of them: John Cowe, railway official, Aberdeen; Archibald Macmillan, commission agent, Glasgow; James Leatham, printer and newspaper editor, Peterhead; William Duncan Latto, weaver, schoolmaster, newspaper editor, Dundee.

These men do not much resemble the 'standard' middle-class, university-

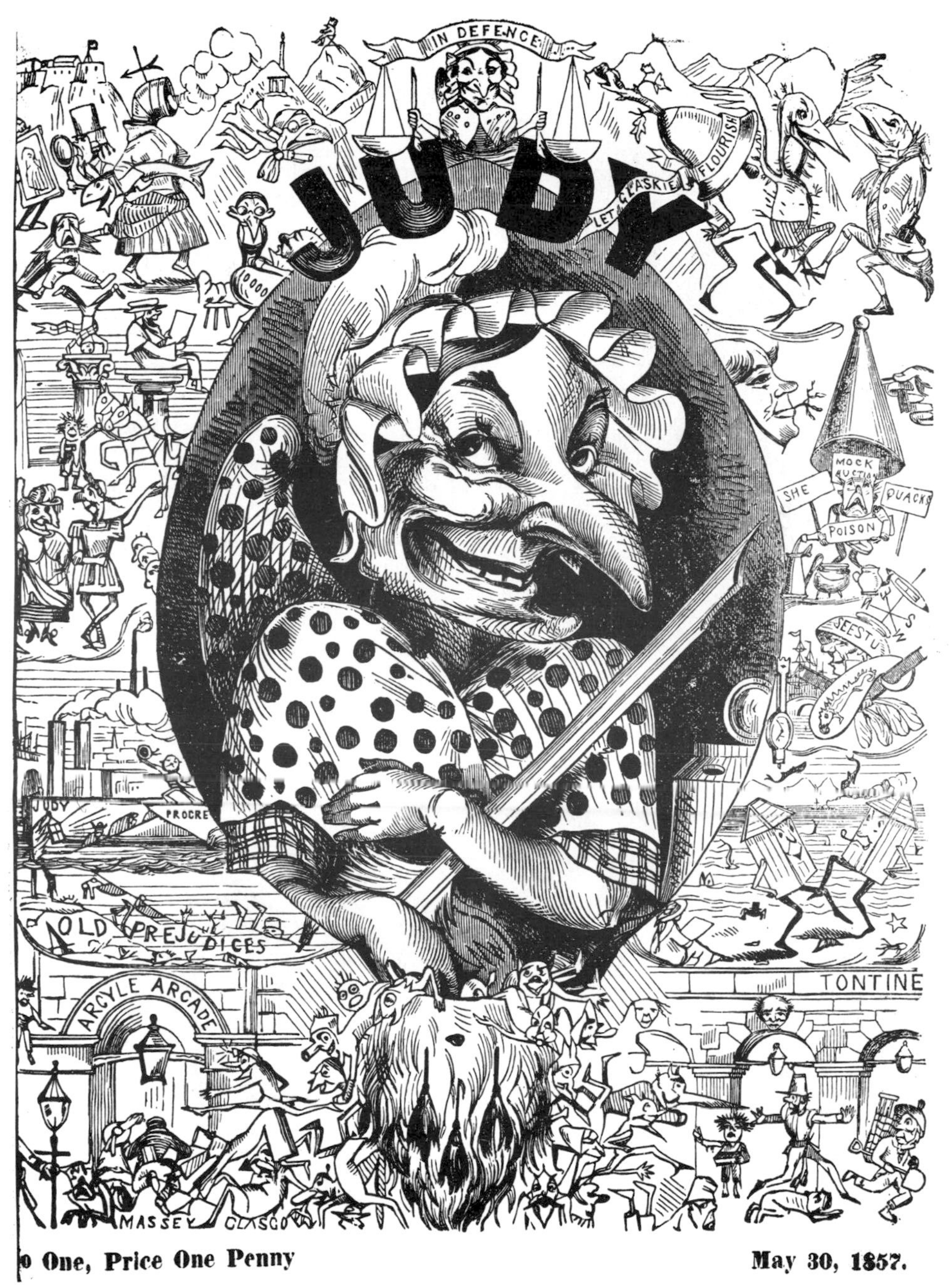

o One, Price One Penny **May 30, 1857.**

Fig. 2. *Judy*, 1857.

Fig. 3. House Hunting. *Bailie Cartoon*, 22 May 1889.

educated nineteenth century Scottish author, like Scott, Galt, Lockhart, Wilson, Macdonald, Stevenson, Barrie or Maclaren. Indeed they have more in common with the single representative of the common people during this period to be admitted to the official canon, James Hogg, the Ettrick Shepherd.

A number of developments allowed such writers to emerge. It became possible to pursue self-education in a much more systematic way and to a higher level, because of the increased availability of the printed word. It was easier, too, to become a professional writer because of the growth of secure and well-paid jobs in the press. Above all, the popular *littérateur* could now possess much more power and autonomy, especially if he was a newspaper editor. Writers like William Alexander, James Leatham, and William Latto, controlled their own presses and spoke to their audiences directly. They were significantly less subject to the 'mediation' of interfering and insensitive middle-class book publishers, such as were responsible, in Hogg's case, for a serious distortion of reputation and a century of virtual neglect.

Latto's social and educational background was fairly typical. He was born in poverty in the parish of Ceres in Fife in the summer of 1823, receiving only a rudimentary formal education before becoming a herd at about the age of ten. After that he became a handloom weaver; then a teacher in a subscription school; then he trained at Moray House and became Free Kirk schoolmaster at the Kincardineshire fishing-village of Johnshaven, gaining a reputation as a free-lance journalist with a number of east-coast papers. He became a leader-writer for the *People's Journal* when it started up in 1858, and then its editor, with his own vernacular column appearing under the pen-name 'Tammas Bodkin'. He held the post until 1898, dying the following year at the age of 75.

'Tammas Bodkin' was a household name in Scotland during the second half of the nineteenth century. Contemporaries considered his creator a major writer. Today he is almost completely forgotten. Some sixty essays appeared in book form, in at least three editions, but a curious change happened when Latto switched from a newspaper to a book audience. The book essays were expressly written, (or in a few cases re-written) for a middle-class readership in the London-dominated all-UK market. They had a much more traditional, rural, 'couthie' sort of feel and a strikingly narrower subject-range than the newspaper column. The essays published by the London house of Hodder & Stoughton in particular were brutally re-edited, the pieces being reduced to half their original wordage, and this is the edition most likely to be found in British libraries. Thus two of Latto's major strengths, his intellectual range and his genial expansiveness, were neutralised by the cultural prejudices of the middle-class book-trade. His reputation amongst his contemporaries in Scotland was based upon the original newspaper source. But the original source was ephemeral. When the last generation of readers who remembered what Latto had actually been like died out, his reputation died with them.

And stayed dead, because of the continuing assumption that a 'literary' tradition was something made out of books, or, at the very least, 'quality' middle-class periodicals; that the canon was fixed; and that nothing of import-

Fig. 4. 'Drooko' Umbrellas. *Bailie Advertisement*, 9 July 1890.

ance existed beyond its bounds. If the resulting view of our cultural past was a coherent one, there might be less cause for disquiet. But there is a yawning gulf in the textbooks between James VI and Allan Ramsay. And another nearly as big between Scott and MacDiarmid. Two whole centuries of the post-Reformation period lie virtually unexplored. Commentators have spoken of the Scott-MacDiarmid gap as if it were a kind of cultural Black Hole, distinguished by a 'failure of intellectual nerve', in which 'the tradition seemed really to have come to an end, and not with a bang, but a whimper', and of Scotland being 'all but emptied of native talents...'[2] They have gone on to draw the conclusion that since the tradition is discontinuous there must be something radically flawed about modern Scottish culture.

But common sense tells us that there must be *something* there...and if so what? William Alexander's 'lost' novels, for example, were preserved in an archive not a mile from a major Scottish university and had been there for a hundred years. Nobody went and looked, although a glance at Alexander's obituary in his own newspaper would have revealed the existence of some of them at once. He had long been known, by reputation at any rate, for his powerful novel *Johnny Gibb of Gushetneuk*, which a recent critic has identified as 'probably *the* major novel of the period.'[3] But it took a curiously long time for him to be acknowledged as a figure of national importance. Because of his radical speech-based Scots he was regarded as a 'difficult' writer, which somehow freed commentators from the obligation actually to read him, as if Scots was, like English, a monolithic language with a single acceptable literary register. He was linked, quite wrongly, with the Kailyard and regarded, erroneously, as a symptom of the blighting ruralism and nostalgia which lay, it was claimed, at the root of the (alleged) decline in Scottish letters during the second half of the nineteenth century. We now know that Alexander's real output was very different, and that he dealt powerfully with urban problems and a whole range of important contemporary social and political issues. The most damaging reservation, perhaps, was that he had written only one book, and so his achievement could be made to imply a kind of failure—i.e. he had only written one, because he did not have enough talent to write two.

There is something disturbing about this. How has it come about that our cultural tradition has been constructed in such a narrow and inconsistent way; that a literature which glories in its popular roots could sandwich between the centuries of Ramsay, Fergusson and Burns on the one hand, and Grieve, Mitchell and Gunn on the other, a period where the significant contribution is deemed to have been overwhelmingly bourgeois; that the period itself should be presented as a dismal catalogue of defeat and failure when a little patient enquiry is capable of suggesting a radically different view? Who gets to say what Scottish Literature *is*, anyway? A sceptic might reply that it is, typically, a rootless and *déraciné* upper-middle-class ensconced in the Universities, cut off from the people, incapable of speaking their language, Scottish simply by an accident of geography, locked into an Oxbridge-dominated anglocentric British academic career structure that turns Scottish Letters into a spook-ridden annex of Imperial Eng Lit and underpins the assumption, nowhere present in the evidence, that we are heirs of a bankrupt tradition.

If the textbooks were right, this volume would contain nothing but empty pages; because the medium in which its authors wrote—i.e. discursive Scots prose—became extinct more than two hundred years before any of them were born.

It should not come as a surprise, then, to learn that the mental world of 'the Scottish Democracy' as revealed in these writings is very different from anything we have been led to expect. Its leading quality is a sinewy and sardonic intellectualism. It is intensely anti-Imperialistic, routinely anti-clerical, thoroughly secular in spirit, fundamentally egalitarian in its hatred of hypocrisy, sham and artificially maintained class privilege. It is utterly removed from the douce and kirk-gaun, meek, mim-mou'd, brainless yokelry of Barrie, Maclaren and similar middle-class book novelists. In place of an informed and rational account of our cultural past, the agencies which deem themselves responsible for its production have offered us a leering caricature.

In researching this volume I have consulted samples of the following periodicals (brackets indicate years or parts of years sampled and, where necessary, place of publication):

The Aberdeen Free Press (1853-72)
The Aberdeen Weekly Free Press (1872-4, 1876-88, 1891, 1893-5, 1900, 1905, 1910, 1913-14)
The Aberdeen Weekly Journal (1889, 1893-4, 1897)
The Alloa Advertiser (1890)
The Alloa Journal (1890)
The Ardrossan & Saltcoats Herald (1874)
Ayr Advertiser (1870)
The Bailie (Glasgow 1872-6; 1880-5; 1890-99)
The Banffshire Journal (Banff 1860, 1888-91)
The Banffshire Reporter (Portsoy 1880)
The Blue Bells of Scotland (Edinburgh 1880)
Bon Accord (Aberdeen 1880, 1886-7)
The Bo'ness Journal (1880)
Brechin Advertiser (1890)
The Bridgeton Advertiser & Single Tax Review (Glasgow 1889)
The Buchan Clown (Peterhead 1838)
The Buchan Observer (Peterhead 1892-5)
Caithness Courier (Thurso 1890, 1895)
The Caledonian Mercury (Edinburgh 1864-6)
The Canongate Chronicle (Edinburgh 1903)
The Chiel, An Illustrated National Social Musical & Dramatic Journal (Glasgow 1883-5)
The Christian Advocate (Edinburgh 1859)
The Christian Week (Edinburgh 1879)
The Dennistonian (Glasgow 1892)
The Dumfries and Galloway Courier (Dumfries 1876)
The Dumfries and Galloway Standard (Dumfries 1876, 1915)

The Dumfriesshire & Galloway Herald (Dumfries 1869)
The Dundee & Perth Saturday Post (Dundee 1855)
The Edinburgh Christian Magazine (1856)
The Edinburgh Evening Courant (1855, 1860, 1875)
The Edinburgh News & Literary Chronicle (1853)
The Edinburgh Weekly Chronicle and Scottish Pilot (1881)
The Elgin & Morayshire Courier (1870)
The Eskdale & Liddesdale Advertiser (Langholm 1873,1889,1898-9)
The Evening Citizen (Glasgow 1877)
The Evening Times (Glasgow 1878)
The Evergreen A Scots Seasonal (Edinburgh 1895)
The Fiery Cross (Edinburgh 1901—?08)
The Fife Free Press (Kirkcaldy 1871, 1873, 1881, 1891, 1901)
The Fifeshire Advertiser (Kirkcaldy 1883, 1893, 1903)
The Fraserburgh Advertiser (1887)
The Glasgow Citizen (1865)
The Glasgow Clincher (1897-8)
The Glasgow Commonweal (1896)
The Glasgow Harlequin (1895)
The Glasgow Satirist and Dramatic Critic (1848)
Glasgow Saturday Post (1870)
The Glasgow Sentinel (1870)
The Glasgow Weekly Citizen (1865, 1870, 1880, 1891)
Glasgow Weekly Herald (1864-6, 1876, 1878-80, 1894-5)
Glasgow Weekly Mail (1862, 1868, 1870, 1875-6, 1878-9, 1885-90, 1895)
The Glaswegian (1866)
The Govan Press (Glasgow 1890)
Great Scot! (Edinburgh 1889)
The Greenock Advertiser (1870)
The Greenock Herald (1886, 1890, 1895)
The Hamilton Advertiser (1888, and stray uncatalogued copies, National Library of Scotland, 1860-97)
The Hamilton Hedgehog (1856)
The Hawick Express (1895)
Hedderwick's Miscellany of Instructive & Entertaining Literature (Glasgow 1862-3)
The Hedgehog (Hamilton 1876)
The Highland Claymore (Oban 1880)
Hogg's Weekly Instructor (Edinburgh 1845, 1848)
The Huntly Express (1887)
The Illustrated Scots-man & Scottish Figaro (Edinburgh 1875)
The Inverness Courier (1878, 1892, 1900, 1914)
The Invernessian (1880)
John o' Groat Journal (Wick 1886, 1895)
The Johnstone Gleaner (1887)
Judy, or the Glasgow Satirist (1857)
The Kirkcaldy Times (1881)
The Lennox Herald (Dumbarton 1865)
Luck. Edited by George Henry Jewell, the Original 'Rattle'. (Glasgow 1888)
MacPunch or the Scottish Charivari (Edinburgh 1868)
The Midge An Artistic, Dramatic, Musical, Social, and Athletic Weekly (Edinburgh 1893)
The Modern Athenian (Edinburgh 1875)
The Motherwell Times (1887)

North British Agriculturist (1887)
The North British Daily Mail (Glasgow 1860)
The North Briton (Edinburgh 1857-9, 1865, 1875)
The North of Scotland Family Journal (Aberdeen 1846)
The Northern Ensign (Wick, 1878)
The Northern Figaro (Aberdeen 1886-7)
The Northern Reformer (Edinburgh 1846)
The Northern Star (Edinburgh 1890)
The Northern Warder (Dundee 1857)
The Northman and Northern Counties Advertiser (Kirkwall 1891)
The North of Scotland Gazette (Aberdeen 1852-3)
Now. A Weekly Journal of Popular Literature (Glasgow 1889)
The Orcadian (1880)
Orkney and Shetland Miscellany (1907-8)
Orkney & Zetland Chronicle (Edinburgh 1824-5)
The Orkney Herald (1880, 1891)
The Paisley Advertiser (1844)
The Paisley & Renfrewshire Gazette (Paisley 1864, 1866, 1868, 1875, 1882, 1889, 1897, 1909)
The Paisley Herald (1882)
Partick Star (Glasgow 1897)
The Penny Free Press (Aberdeen 1855-6)
The People's Friend (Dundee 1870, 1875, 1880, 1885, 1890, 1895, 1900)
The People's Journal (Dundee 1858-82, 1884-5, 1890, 1894, 1897-1900, 1908, 1914)
The Peterhead Sentinel (1856, 1868, 1880, 1890 1903-7, 1914)
The Pollockshaws News (Glasgow 1885-9)
The Quiz (Glasgow 1883-5)
The Quizzing Glass (Aberdeen 1834)
The Radical Times (Paisley 1887)
The Reformer (Edinburgh 1868-1871)
The Renfrewshire Magazine (Paisley 1846-7)
The Rutherglen Reformer (1880)
The Sangley Monthly (Aberdeen 1902)
The Saturday Inverness Advertiser (1890)
The Saturday Weekly Citizen (Glasgow 1898)
The Scarificator (Glasgow 1857)
The Scotch Thistle (Edinburgh 1859)
Scotland: A Weekly Journal of National Literature (1882)
The Scots Champion & Aberdeen Free Press (1832)
The Scots Pictorial An Illustrated Weekly Journal (Glasgow 1897)
The Scottish Christian Journal (Edinburgh 1853-4, 1855, 1858)
Scottish Leader (Edinburgh 1891, 1892)
Scottish Life. In Which is Incoroprated Scottish Society (1898)
The Scottish Patriot (Glasgow 1879-80)
The Scottish People (Edinburgh 1887)
Scottish Reformer & Weekly Review (Glasgow 1880)
The Scottish Typographical Circular (1896)
The Scottish Weekly (Edinburgh 1890)
Seestu (Paisley 1880-81)
The Shadow (Edinburgh 1874)
Shetland News (1891)

The Shetland Times (1880, 1886, 1890, 1895)
The Squib (Aberdeen 1832)
The Standard, Border Times & Hawick Telegraph (Hawick 1899)
The Student: A Literary Magazine (Aberdeen 1857)
The Thistle, a Monthly Magazine of Criticism, General Literature, and Scottish Songs with Music (1869)
The True Scot (Greenock 1887)
The Tyro (Aberdeen 1854)
The Voice of the People (Glasgow 1883)
The Weekly Herald, Mercury & News (Edinburgh 1865)
The Weekly News (Dundee 1855-8, 1860, 1866, 1869-71, 1875, 1880, 1884, 1886-92, 1894, 1896, 1898, 1905-6)
The Weekly Programme A Journal of Literature, Art, Music, And the Drama (Edinburgh 1880)
Weekly Scotsman (Edinburgh 1886)
The Western Gazette (Glasgow 1880)
The Workman and Glasgow Weekly News (1858)
The Wynd Journal A Weekly Record of Revival and Home Mission Work (?Glasgow 1859)

The text is given as it appears in the originals, except that I have occasionally abridged passages, which elisions are indicated in the normal manner. Authorial comments are enclosed within square brackets.

In making my selection I have been guided by three simple principles: to obtain as far as possible in the space available a reasonable geographical spread; a reasonable representation of the thematic range of the source material; and, all else being equal, the most interesting examples from a literary point of view that I could find.

The period surveyed stretches broadly from 1855—the year that the repeal of the Stamp Act triggered off the explosive growth of the new popular press—to 1914 and the Great War which effectively brought the first phases of its development to a close. The extent of the source material is very large, and my approach has had to be ruthlessly selective. With some titles I looked at a single year; sometimes a cluster of two or three years within a particular decade; sometimes a sample at five yearly intervals or so; with a few titles which interested me particularly I have seen virtually everything (concentrating, of course, on vernacular prose) between the dates stipulated.

There are a number of points worth bearing in mind. A paper can be more interesting at one period than another, depending on who was editing it at the time. Some titles had considerable editorial continuity—William Latto, for instance, was in charge of the *People's Journal* virtually throughout the period—while others did not. Then there is the question of politics. Liberal papers are more likely to use the vernacular than Tory ones. There is also price. If a paper sells at more than a penny, then it can probably be discounted as a source for vernacular writing. On the whole, the denominational press does not appear to be a fruitful source. Nor, interestingly, are the Socialist papers when they get going—with the striking exception of titles associated with James Leatham. There seem also to be broad regional variations, although it would be rash to generalise about them at this stage.

It appears, then, that to have vernacular Scots one needs *either* a local paper with strong local affiliations selling to a socially and linguistically homogeneous population and an editor sympathetic to the language and its possibilities, *or* a big national paper with a working-class readership like the *People's Journal*. The wealth of the paper obviously affects its ability to attract and publish original writing of quality. Very small and poor papers publishing weekly at perhaps four pages an issue often have little except advertisements and news. What cultural matter they may contain is often syndicated (because that was cheap); such papers would probably, too, be unable to attract and retain that crucial catalyst, the able and creative editor who is the ultimate guarantor of the vernacular in the Victorian Scottish press.

The biggest single collection of Scottish newspapers is held by the British Library at the Newspaper Library in Colindale, North London. This has a number of drawbacks, not least geographical remoteness and restricted opening hours; but it does mean that holdings are on the whole in good condition because they are relatively lightly used. The main sources within Scotland are the National Library, the Mitchell Library, Glasgow, and the city libraries of Edinburgh, Dundee and Aberdeen. Local public libraries of any size also tend to hold bound back files of the local papers. A number of titles are still, of course, in the hands of their publishers and not, therefore, readily available to the public. The best published guide to locations of individual papers is Joan P S Ferguson's *Directory of Scottish Newspapers* (Edinburgh 1984). After the passage of 100 years, the source material is deteriorating rapidly. One major paper freely available to me when I began to work in this field five years ago has recently had to be withdrawn by its holding library because it has become too fragile to produce. The National Library has launched an ambitious appeal to microfilm papers in poor condition and titles held outwith Scotland and their efforts obviously deserve our best support. If, then, there is a window of opportunity for such research for some of the reasons sketched above, it may already be beginning to close.

When I published the first results of my enquiries into nineteenth century newspapers in *Popular Literature in Victorian Scotland* (AUP 1986) the response was warm, even enthusiastic. At the same time it did sometimes seem as if this area of research was being tacitly defined as my responsibility—along the lines of 'Ah yes, this is most interesting; now Donaldson must produce the evidence.' The present volume and the forthcoming William Alexander novel *My Uncle the Baillie* is a partial response to this, in its way, perfectly legitimate challenge. But I would hope that others might feel encouraged to respond to the opportunities that this exciting field has to offer. There is more here in fiction, and poetry (an area I have had to leave severely alone, but for which the Victorian press is clearly a major source), social history and folklore than anybody could deal with in an academic lifetime—'whilk', as I might say, echoing W D Latto, 'I do not intend to bestow upon it, as I've got sundry ither little bits o' jobs I wad like to accomplish afore I gang hence...'[4]

Notes

1 *People's Journal* 2 June 1877.
2 For a convenient recent summary of these and similar views see P H Scott, 'The Last Purely Scotch Age' in *The History of Scottish Literature*, Volume 111, Douglas Gifford (ed) (The Aberdeen University Press, 1988), pp 13-22.
3 Colin Milton writing in *Scottish Literary Journal*, Supplement Number 27, Winter 1987, p 32.
4 *People's Journal* 25 May 1867.

For a more detailed treatment of the matters discussed in this introduction, see my recent study *Popular Literature in Victorian Scotland: Language, Fiction and the Press* (The Aberdeen University Press, 1986) and the introductory material in my edition of William Alexander, *The Laird of Drammochdyle and his Contemporaries* (The Aberdeen University Press, 1986)

'The Barber's Shop'.

Weekly News, 1855-c.1860

The *Dundee Weekly News* started in June 1855, as a Saturday penny weekly and was one of the first of the new wave of city-based working class papers, a forerunner of the *People's Journal*, greatest of the Victorian popular weeklies, which, during the early 1890s, it briefly outsold. 'The Barber's Shop' is, therefore, one of the earliest examples of its type. The column ran from 1 December 1855 until at least 1860 and came out nearly every week, so that at about 2,000 words per instalment it probably comes to about half a million words all told. The debating 'club' featuring a number of fictional characters representing various points of view was a common device during the period, and descended ultimately from the 'Noctes Ambrosianae' of *Blackwood's Magazine*. The flavour of these new working-class 'Noctes' tends to be very different from the original, however, and it is likely that their 'debating chamber' ambience owed more to the rhetorical habits of the Mutual Improvement Movement than to the stiflingly haut bourgeois *Blackwood's*.

The dramatis personae of 'The Barber's Shop' are a collection of workers and small tradesmen—a porter, a barber, a weaver, a carter, and a small grocer. It has a strong sense of class identity and social struggle organised along class lines. Local comment predominates, with the emphasis on corruptions in local government which, without naming names, is outspoken and explicit; at the same time there is fairly frequent comment on international affairs especially, during the earlier instalments, on the conduct of the Crimean War. The intention is obviously to assemble a range of characters to represent various strands within the working class and the range of political and social opinion to be found within it. There are occasional flashes of zany humour. It's obvious, too, that in their various ways these are men of some culture: there are quotations from various heavy English authors and a frequent use of Latin tags, clearly suggestive of the mutual instruction movement which this kind of informal discussion group, although fictional, seems intended to represent.

No.1 opens with a declaration from the ostensible correspondent 'Peter Chatterly' the grocer, on Scots as an appropriate medium for public comment. He views the difference between working men and educated professionals as purely rhetorical, a matter of register and idiom rather than intelligence, or information.

'THE BARBER'S SHOP. No.1.' [1 December 1855]

'Mr. Editur.—Sir—Is't necessar' a man should wreat fine langitch to get a place in your paper? Because if ye condescend to tak' me as I am,—I mean to say, if yer composers can prent braid Scots',—I was thinkin' o' offerin' ye a bit skit ilka week; a kind o' *barbatim* report o' the discussions we sometimes hae at the barber's i' the forenichts. Twa or three o' us gey often forgather in Tam Rasper's, and as Tam's no a swift shaver, tho' he dis't clean—the lads on the back benches get up a crack amang themselves. The subjiks is varius, an' often rather interestin'; for ye see we gie oor views freely on a' matters o' lokal or nashional importence, and workin' men are often shreud and clever eneugh in their ain wy, tho' they canna pet their senttimens into fine langitch like awthors an editors an' folk. So I whiles ging hame wi' a guid deal o' amusin' and smart informashion i' my upper story; an', thinks I, the ither nicht, widn't be grand if I was to scroll our dialogs oot in ritin' and get it into our paperie, the *News*. The lang and the short o't is, I resolved to try ye wi't. So, without farther Prefiss, I send ye number wan, and remane your friend and fellow countryman.—*Peter Chatterly*.

P.S.—I should gie ye a hint o' the karaters o' my principel speekers. *Treddles* is a little restless wyver, that's had a fair chartist education. *David Dergie*, he's a broad shouther'd, cowshious man, a shore-porter, that wisses ill to naebody. *Watereye's* a strong teetotaller. *Swab's* a lang in-knee'd carter, inclined to be wet; and for mysel' ye maun judge me by my words.

P.C.'

'THE BARBER'S SHOP. No.7.' [19 January 1856]

[on the tyranny of endless New Year parties, the cavalier approach of the Jute lords to finance, and the news, alarming for the jute trade buoyed up by high demand and prices, that the Crimean War may be about to end].

Rasper—'Weel, Peter, hoo's A wi' ye? as the fiddlers say when they're tunin'.

Chatterly—Fairish: though I'm no guidin' mysel' sair just noo; these parties are an endless job. My Peggy inveeted twa-three acquaintances to get a snack o' supper, and a tumbler at the new year, an' what wi' return visits to this ane and that ane, I declare I've never gaen to my bed wi' a wrinkle in my creel since syne.

Treddle—Yer stamach'll winder what's ado that ye're makin' a confectioner's window o't...

Dergie—But there *is* something in Peter's complaint about thae parties—for my part I often find them gey dull affairs; a quiet customer like me bunged in among a lot o' strange men wi' washed faces, an' clean dickies on; an' wives wi' muslin whiskers, an' ribbons doon to the sma' o' their backs.—What can I do, or fat can I say, to be sociable after we're dune wi' the weather?

Treddle—Bless me, can ye no start a subject for discussion—the mind o' Man for instance, or the political history o' the Affgan tribes, or something interestin' o' that kind.

Dergie—No go; ye're maybe amon' folk in the cow-feedin' or cart-horse line, an' they'll speak on naething but beass, or the price o' hay; or maybe it's mill-foremen, an' then they aye swing round to jute an' yarn; an' folk 'at's no acquant can only get in a wird sideways.

Chatterly—An' then after ye get yer apple, and the drap grog afore ye, ye're badgered for a sang.

Treddle—Weel, I'm sure every body enjoys that way o' passin' the time.

Rasper—D'ye hear him? That's because he's a singer himsel' ye see; Treddle has a voice like a thrashin' mill sirs; an' what's mair, he's addicted to poetry. Have ye been indulgin' in that vice lately Tammas?

Treddle—Weel, I winna deny but I have, tho' ye do roast me aboot my verses. I was called on for a lilt the ither nicht at a tea-party, an' I gied them an original air that took gae weel, tho' I said that shudna be said.

Rasper—What d'ye say to let's hear it?

Treddle—O man I canna sing—

Rasper—Of coorse ye've a bad cauld, but we're no particular, man, aboot the music; just gie us the wirds, an' we'll get the *air* when we gang oot.

Treddle—Weel, since ye prig sae muckle, I'll do the best I can. It's generally sung to the tune o' some thousands, but it might pass wi' the Laird o' Cockpen. Hem!

Hurra for the—

Hoot, that's no my key.

Rasper—I hope no Treddle, or I'll hae to turn mine i' the door. Try't an octive laigher, an' no raise a mob at the door.

Treddle—The fact is, barber, if ye're to go on interruptin' honorable members while they're speakin'—

Chatterly—I ca' yon skirlin'. Fouk dinna roll up their eyes, an' mak' a mouth like a cart entry when they're speakin'.

Rasper—Never mind, drive on the dust-cart—begin noo Tammas.

Treddle—Well here's my

SONG.

Hurrah for the merchants o' Bonnie Dundee,
Wi' a hap, stap, and jump, they're the tap o' the tree,
Wi' their faces o' brass—lang credit—wind bills,
They buy houses and lands, and build spinnin' mills.

What tho' their foundation is built on the sand,
They dash and they dare like Lords o' the land,
What is readily got, they mak merrily flee,
The Splendid Jute Lords o' Bonnie Dundee.

They ride in braw coaches, keep tigers, and grooms,
Attend to their horses instead o' their looms,
But quietly, my freends, atween you and me,
"It's no a' goud that glitters" in Bonnie Dundee.

For when the black drafts won't take at the Bank,
The model jute-lord coolly walketh the plank,
Then groups in the Cowgate you'll whispering see,
"*He's doon—ye ken wha,*" in Bonnie Dundee.

The creditors meet, and they wade through his books,
But oh, when they see hoo the ravelled hesp looks,
They tak' four-and-nine, and let him gang free,
To keep up the credit o' Bonnie Dundee.

Then whirr go the bobbins at full speed again,
Till snap goes anither frail link o' the chain,
But tho doon ance again they'll never say dee;
They have tough lives, like cats, the lords o' Dundee.

But noo I'll conclude; you'll be thinkin' my sang
Has ower sharp a twist, and is spun rather lang:
So fill up yer saucers and with strong green tea,
Drink a clean bill o' health to the trade o' Dundee.

Then hurrah for the merchants o' bonnie Dundee,
Let them climb by degrees to the tap o' the tree.
If they stick to hard cash, banish credit, and bills,
They may leave me a corner in some o' their wills.

His
THOMAS X TREDDLE
Mark

Rasper—Ruff'im in lads, that's a sang for ye, it wad gar a brass monkey girn.

Chatterly—Capital sang, what a nice young man for a sma' party; look into my shop some nicht Tammas an' gang up the stair to see Peggy, an' tak a chat supper wi' us.

Treddle—Much obleeged. I didna ken ye lived there Peter—just one wird o' ye—Hoo is Mr Chatterly like a jute lord?

Rasper—That swells our heads, we give it up.

Treddle—Because he lives *above* his income.

Rasper—O Tammas, Tammas, I'll be sent for to shave yer head some o' thae days.

Dergie—speakin' about the Coogate folk,—I'm thinking some o' them will be fidgettin' a little aboot this peace story.

Rasper—Nae doot: I heard that ae billie that has a heavy stock was movin' aboot on Thursday like an agitated pair o' taings, an' a face by a' the world like a beass fiddle. But d'ye think there's ony thing in that peace intelligence?

Dergie—Weel I think there is sir, I canna see hoo the war could be carried on wi' sic a triflin' difference atween them.

Chatterly—Nor me; because I believe if Russia had offered what she's willin' to tak now at the beginnin' as a safeguard for Turkey, there would hae been nae war an' She's giein' mair concessions than was demandit o' her at first.

Treddle—An' a' the hopes o' Poland and Hungaria are dashed to the ground! I say its a dishonorable peace that leaves thae things unaccomplished.

Dergie—I canna say I agree wi' ye there. We began the war for a certain object, an' noo, when we've got the object, we should stop.

Chatterly—The bread'll be doon, I wager, an' the whisky'll gaing up.

Treddle—I'm sure it's up eneuch already—it's higher than I can reach on my tip-taes...'

'THE BARBER'S SHOP. No.8' [26 January 1856]

[strongly anti-Irish sentiments provoked by tax burdens on the common people for the support of the poor; proposals for a Dundee Highland Society, and illegal drinking amongst the Jute lords and various reference to the Forbes Mackenzie Act which restructed the opening times of pubs in Scotland]

'*Rasper*—A full muster the nicht, I see. I suppose ye've a' gotten the New Year times bye at last?

Chatterly—Ou aye: for my part I'm settlin' doon to the usual state of existence—sellin'—an' bein' sold. As the man said, I'm just like a verb, a creatur that's aye bein', doin', or sufferin'!

Dergie—What ails ye noo Peter; ony o' yer customers been sloppin' ye for groceries?

Chatterly—No muckle fear o' that. I dinna gie tick, sma' profit an' nae returns is my rule; it's thae taxes, man. I got in a notish yesterday that I had to pay thirty shillins for poor's rates this year. Is't no shameous? They should just tak the skin aff's at ance.

Treddle—It really beats cockfechtin. An' what aggervates me is to think that decent fouk should be squeezed as dry as a suckit orange to feed up thae vermin o' Irish an' nurse their bastard littlens. I declare t'ye it's just encouragin' thae ill behaved scamps that go an'—

Rasper—Tak infeftment withoot the precept. That's the legal expression, I believe, Tammas.

Dergie—But ye see the poor most be keepit; an' really instead o' abusin' them that has the charge of things, we should be obleeged to them, for they get naething but ill will aboot it.

Treddle—Tell that to the marines, David. I ken better, an' there's a tailor creatur' some o' oor freends here are acquaint wi' that kens better. O man ye wad winder what a deal o' drippin' is taen oot o' some Parochial concerns that should in bare justice be in your kailpat an' mine, barber. We've much need o' twa three men wi' strong nerve an' sound consciences, to clean oot oor public stables.

Rasper—N.B.—Lang boots, an' insensibility o' nose indispensable.

Dergie—D'ye mean to say that the most o' oor public concerns are managed just by ane or twa active spirits, gey langheaded—

Treddle—An' very elastic in the conscience.

Dergie—Exactly.

Swab—Gie's an example or twa.

Rasper—Mention no names, billies. This is my tchop, an' I object to be involved ony way for a breach o'—what's that wird again?

Treddle—Promise?

Soap Boy—Breach o' the peace.

Rasper—Hold your own, sir,—No, I have't noo. If I allowed personalities to public men, it would be a breach o' *ettiqueet*—that's the wird that widna come up.

Swab—Speakin' aboot breaches, whatna row is that amon' the Highlandmen about theirs?

Rasper—That is a case for the police: say awa' aboot that Treddle.

Treddle—For my part I dinna ken muckle aboot it, only the man that's on the braid loom wi' me comes frae the north, an' he was gien' me the skit.

Swab—Very well, gie it to us noo.

Treddle—It seems, then, that a kind o' Highland Association has been spoken about for a while, to mak' Dundee like ither places in that respeck, by formin' a fund for assistin' Highlanders under difficulties, or over them; an' also to keep up the langitch, the dress, the games, an' the garb of old Gaul, as the sang goes.

Dergie—A very deservin' thing, to keep up the recollection o' auld langsyne that way among themselves.

Treddle—No doot aboot it. Weel, they had a perliminary meeting, ye ken; an' just as we were observin' already, so it happened here, that one little mannie was ettling after the whole management o' the affair, not openly an' aboon board, but in a sneakin' sort a way. The things he believes in are emigration, life assurance, wide trousers, and a weekly newspaper; an' he wad hae the rules no way but his ain—no music, no games, no Gaelic, no kilt.

Swab—Weel, I've heard folk speakin' o' takin' the breeks aff a Highlandman, but to tak the kilt aff—

Rasper—As you say Sanders—if they took the Gaelic an the games, the pipes an' the philibegs fae Highlandmen, what wid be left o' them?

Watereye—Naething but the whisky.

Swab—We get unco little o' that now-a-days. I believe us puir folk will actually hae to put up wi' a drappie in a phial an' weet oor mou's ance a day wi' a feather.

Watereye—Hear, hear, hear: the good time's coming!

Rasper—Question billies, question—ye began wi' the Clan Royal, an' noo yere upon the Mackenzie's.

Treddle—Weel to return; after a great deal o' jaw had been spent at the meetin' trying to argufy the Highlanders oot o' their savage games, their barbarous langitch, an' their unscriptural dress, a split ensued, the clans rallied, the man says, an' left to form an association o' their ain, an' the glorious minority o' three or thereabout, set up *their* society, an' forthwith began to canvass an' adverteese.

Dergie—I saw a lang-winded ane in that *Mercantile* thing that has such a hash o' property, and their respectable adverteesements—you adverteese yer provisions there, dinna ye Peter?

Chatterly—O fie, no: I'm a little particler o' the company I keep: gie me the three auld respectable papers, an' nane o' thae windbag things that are aye changin' hands an' blink oot some mornin' like the snuff o' a candel. I canna understand hoo so mony papers can live.

Watereye--Some o' them canna be said to live,—they just exist—

Treddle—An' very sune desist.

Swab—What'll I do for bills to read when the war stops I winder?

Watereye—Pay yer shillin' for a quarter at the workin' men's to be sure, whar yell get a read o' them a' in a comfortable room.

Treddle—Wi' a big unwashed smith slobberin' up his soop at yer lug.

Swab—An' fryin' pan skirlin' i' the distance, makin' teuch beefsteak teucher—

Rasper—A miscellaneous smell a' through the place that ye could hang yer hat on, an' you waitin' the third read o' the *Weekly News.*

Watereye—Now; d'ye think its becomin' to laugh at institutions like thae? What'll ye be takin' the fun o'er next? Let's hear a joke on some o' the marks o' some o' the slaughter hooses, Swab, ye ken what like they are?

Swab—Maun, I took a load yesterday till a Coogate merchant, an' he hadna cheenge, an' he taks me up the Wellgate, an' in we goes till a fine grocer's shop, an' in the back shop—I couldna believe my een, but Forbes Mackenzie or no Forbes Mackenzie, here's half-a-dizen respectable merchants—

Dergie—What—jute lords?

Swab—Canna tell ye—maybe baronets or squires only; I ken them fine by sicht, fine painted faces ye ken. Weel, here's the lads a' sittin' wi' their pipes an' their spit-boxes, an' their forenoon on the table.

Watereye—It couldna be whisky?

Swab—If it wasna Jack-the-giant-killer in yon stoups, I'll eat my hat. An' man they were taken't so easy; an' they tell me the thing's done as reglar as twal' o' clock.

Dergie—Weel hoo did ye come on yersel'?

Swab—Oh, Mr Jutejobber gae me a half-croon for my load, an' then speered fat I wad tak—brandy or whisky.

Rasper—Of coorse ye askit for treacle ale.

Swab—No, I thank ye: I said I wad tak the one while the other was comin'; but he leugh, an' I got my hooker o' brandy an' a lozenger; drew my sleeve across my mou', an' slippit oot.'

'THE BARBER'S SHOP. No.9.' [2 February 1856]

[on rivalry within the new popular press; international affairs; the peace terms in the Crimean War and British failure to free Poland from Russian domination; enthusiastic appreciation of Scots music at public entertainments; pollution; passage on callous mill bosses prompted by the news of Treddle's sister being killed by being dragged into an unguarded machine].

'*Swab* (entering)—Aye that's a cauld nicht ootside, billies, but there's a warm kind o' smell in yer shop, I think, barber.

Rasper—Aweel, I daresay as Mr Shakumspear the poet says—

> We're just as snug
> As a bug in a rug.

—But dinna put aff time wi' compliments—what's the news?

Treddle— "The largest penny newspaper, containing—"

Rasper—O shut up, Tammas; I see you jist need a hair to mak' a teather o'.

Chatterly—Speekin' o' papers, that was an awfu' sudden death on Tyesday.

Rasper— That *Penny Post* thing? Oo aye puir beastie, it's haen a sair trachel, I've nae doot. Did they say it was "much and justly regretted?"

Treddle—Na, that wad be too much the monkey, but I suppose they were enteetled to say that, "after a lingering illness, borne with exemplary fortitude, mortification ensued, and public neglect at length put an end to its sufferins."

Swab—Man, Tammas, ye micht gi'e them a—what d'ye ca'd?—an epithet?

Treddle—Look oot, then—

> Here lies—but words would fail me to say what.
> Think what a humbug should be—it was that.

Chatterly—Oh, oh! put him oot!

Rasper—Wait till he gets his shave.

Swab—That's no what I wad hae expeckit ava, Tam. I thocht ye wad hae tried something in this line—

> Here lies the *Penny Postie*,
> Which, in Eighteen Fifty-Sic,
> During weather dry and frosty,
> Gave up its little ghostie
> Without a dyin' kick.

Treddle—Oh, ye gods and little fishes!—will naebody throw something at him. D'ye ca' *that* poetry?

Swab—Ca'd what ye like, so be ye dinna misca'd.

Rasper—Ye're goin' your len'th, billies; but try anither tack, ye shudna be sae hard on the noozpapers, for we're a' deeply indebted to them—

Chatterly—I beg yer pardon, barber—I for ane always pay my quarter in advance.

Rasper—Div ye, tho'?—then you'll be amon' what the Yankee editor ca's the Legion of Honour, an' no like his subscriber that left the toon withoot payin' his paper, an' was eaten doon till his boots by wolves. But what I was to say was, to look at the extraordinar' speed that news are served up to us now-a-days. There, on Thursday, the Queen ga'e her speech at half-past twa in the Hoos o' Lords, an' I got it laid into my loof, in the New Inn Entry—reportit, telegraft 450 miles, prentit, and publisht—at half-past three.

Swab—Extraordinar!

Chatterly—Weel, what d'ye think o' the Queen's speech, then?

Treddle—A real wishy-washy, hum-drum affair; I could dune as weel mysel'.

Rasper—Soond on the war, though.

Dergie—An' sensible on the peace.

Chatterly—No very communicative though aboot the terms. I thocht her Majesty wad hae tell't whether we were to draw on Rushee at three months for the expense o' the war, or whether we're to pay the piper for her nonsense.

Dergie—A knotty point that sir—but ye must'na forget that there are ither ways for us bein' indemnified than by passin' wind-bills , or gettin' a haul o' siller aff Rushee. I wad'na think we were losers in this war, for as muckle as it's cost us, seein' it has cemented the French alliance, purged the corruption in Turkey, opened the Danube, an' a' that sort o' thing.

Swab—Beside havin' lickit the Rooshians, back an' side.

Treddle—It's a' gammon. I'd have Pam impeached, the old crocodile; after the part he played wi' the nationalities some years ago thus to dash their best hopes—as he now does when we're in danger o' Peace. I hope Parliament will move in the matter.

Rasper—No doubt they will move, but no in your direction, Treddle.

Chatterly—By the bye that's a high honour to the Montrose bodies gettin' their member to second the address—has ony o' ye seen Willie Baxter's speech?

Dergie—We'll get it in the *News* the morn maybe; but man there's sic a similarity in their spoutin' on the war that if ye read ane ye needna read nae mair. They a' finish wi' the same ditty aboot a safe, an honourable, an' lastin' peace.

Treddle—Like the amateur gent that gaed into a music shop wantin' a piece o' music—he said he forgot the name o' the march he wanted, but it ended wi' rum-dum-ti-dum.

Rasper—Weel, since the discussion has taen a musical turn—

Treddle—Technically called "a shake."

Rasper—Hoo dare ye gabble, an' the razer below yer chin, Tammas?—as I was sayin' was there ony o' ye at the concert on Saturday night—grand affair I believe?

Swab—Weel, I gied my frontispiece a wash, an' riskit threepence on the thing, to please Willie here—

Watereye—An' I'm sure ye didna rue yer extravagance, ye was far better sittin' in Bell Street Hall than far ben in the gin palace amon' sawdust an' tobacco smoke.

Swab—Oh, there's no doot it was a stunning three-pence worth o' music—but d'ye ken I've a pecooliar taste; I dinna understand a heap o' yon tirlie-wirlies o' the musicianers; I wad like to get my heart warmed wi' ane or twa guid auld Scots tunes—man, if the like o' Jamie Allan was to stand up an' twist aff Delvin side or Brechin Castle, or Tulligorum, ye wid see the roof crackin'—

Dergie—O, but gie them time, Sanders, we canna get a' thing at ance—an' mind ye its no ilka ane at can yerk up thae straspeys, nor yet that grand Scots airs even.

Treddle—Man, I heard a little birkie no the height o' tuppence playing them in style on Tuesday nicht.

Rasper—That's whar the bouncin' lady kissed her hand to the ministers an' fouk i' the front seats?

Swab—An' was the idiot wi' the heavy stick in the back corner there too—

Treddle—Weel it *is* a nuisance yon, I winder the thick stick in waitin' dis'na bundle yon monster doon the stair. Just when a fine draun note is playin', the brute thinks ts' the finish, an' commences to pound the floor wi' a piece o' timmer like a paviour's rammer.

Rasper—Speakin' about pavin', what d'ye think o' that idea o' the commissioners—goin' to causey the curlin' pond at Stob's Muir.

Chorus of four voices—Causey the curlin' pond?

Rasper—Sae my Davie says—the young scamp's left the soapin' every day this week for the ice, an' he says that a high officials aye there when he's there, an' anither laddie tell't my laddie he was surveyin' the pond for causeyin' 't an' layin' pavement a' roond, an' places for pumpin' aff the water at the four corners.

Chatterly—O that's surely a joke—but I'm tell't confidentially that the Dook o' Athol's to be there on Mononday to play some game.

Treddle—He's a game kind o' mannie the Duke o' Glen Tilt.

Rasper—So I believe; a little chield wi' a kilt an' a guid bran, an' a most unbarberlike beard. I believe he needs an extra lang pipe to smoke wi' afore ony office wid insure his life.

Treddle—He winna need his lang pipe here at ony rate, he'll save tobacco in Dundee and get smoke enough too.

Chatterly—I'm vexed to see them shelvin that smoke nuisance. It's a doonright haver that Dundee should be the only place almost in the kingdom that glories in smush an' smut.

Dergie—O! but ye'll see some o' oor spiritet mill-owners takin' the thing up for the public good, an' example's aye better than precept.

Treddle—Public good be blowed; d'ye really think ony thing 'ill sway them but private good? Nothing.

Dergie—That's yer Radical nonsense, Tam; you think oor merchants an' mesters nae mair regard their servants than they do their machinery.

Treddle—An' guid cause I have to think sae. Just hear this: some time syne my sister got hersel' caught in amon' the machinery at the mill,—ye ken oor nabobs winna hear o' fendin' or protectin' their machinery like what the English millowners have to do. Weel, puir Mary was bundled awa to the Infirmary wi' her arm hingin' frae the shouther wi' a ribbon o' flesh, an' in twa days—

Dergie—We'll excuse ye tellin' the rest, Tammas.

Rasper—I'll tell't for him,—when the lassie's auld mither gaed for her dochter's wages they were counted doon till a halfpenny up to the minute she was mangled—not a farthin' more—an' the master that was makin' his thousands a day oot o' the sinews, an' as one might almost say, by the lives o' his workers, hadna one word o' sympathy for the widowed mither.

Treddle—Not he, my sister's death in his services cost him less thought, I believe, and certainly less siller, than a broken screw wad hae done.

Swab—So much for our millionaries. After that we canna hae nae mair jokin' the nicht...'

'The Northern Lights'.

The North Briton, 1857-1859

The *North Briton*, was a new wave working class paper from Edinburgh which ran from 1855 to 1879. It broke fresh ground in standards of presentation, and during the first phase of its existence was a very lively publication indeed. It was one of the first Scottish papers to carry novel-length serial fiction, and it was within its columns that David Pae, the leading writer of mass popular fiction in Victorian Scotland, achieved his first successes. It is a great pity that only a handful of copies appear to have survived from the first two years or so of its existence.

The *North Briton's* vernacular column was entitled 'The Northern Lights. A Noctes of our Day', and the first issue I have seen is dated 6 June 1857 (although it had obviously been in existence for some time before this). In social composition it was markedly more professional and bourgeois than 'The Barber's Shop'. There was 'Mr.M'Korkindale', a mining engineer; 'Mr. M'Dingaway' a newspaper editor; 'Professor Crotchet'; a minister called 'Mr Smooth' and several other characters including an Irish laird called 'The O'Flannagan.' All at some stage speak Scots except Smooth and The O'Flannagan (who communicates in a racy stage-Irish), but increasingly the voice of M'Korkindale, the most eloquent and outspoken of the Scots-speakers takes over until the column becomes basically a monologue with an intermittent supporting chorus of minor voices.

M'Korkindale is a splendid creation who comments with great independence and force on a whole range of national and international topics from a republican, secularist, anti-imperialist and fiercely anti-clerical point of view. Here he is, for example, on the shortcomings of the Free Kirk and its ministers:

> I observe that Auld Reekie an' her sons an' dochters still take delight in humbug an' cant. Look at the testimonial to Dr Cunningham, especially at the doctor's reply, whaur we are led to believe that the presentation o' a' the lump o' siller he got was a special ack o' Divine Providence! The doctor, in his ain language, says:—"He need not remind them that they were to regard in this matter the operations of God's hand; the silver and gold were his, the hearts of men were in his hand; the whole transaction was to be viewed as occurring under his Providence, as *managed and brought about by Him.* Like all other providential events, it was intended to serve some useful purposes, and to teach some useful lessons." Noo, Mr Edditur, I thocht that this Scotch dogma o' oors had been abolished langsyne, but here it is as rampant an' belligerent as ever; an' we canna but see in the Free Kirk bein' signalled oot for this special ack o' grace, that Providence is evidently on their side. At onyrate, the Free Kirk is a wonderfu' creation, an' the finest beggin' institution that's been seen in oor day' an' as for despotism, it juist dings a'. There's nae sic thing as fair play in't, in ony o' its concerns; and mony a puir blackcoat bitterly regrets the day that he

was tempit to leave the Establishment for the new institution ... What's to happen next, I wonder, amang thae black-coated gentry. It's a strikin' fack, sir, that thae men yield mair o' their number for the purposes o' Satan than we can find haudin' guid in ony ither profession. There's aye some black-coat in distress, either for adultery or some ither equally ill-famed crime.'

[8 January 1859]

And on the fraudulence of British Imperial claims on India, inspired by reflections on the Indian Mutiny:

M'KORKINDALE—The haill history o' India is a history of wholesale spulzie—annexation, as it's ca'd. But what's annexation? Suppose, noo, Crotchet, that you had a bit kail-yaird next to my kail-yaird at Newbattle yonder, and that I was to ca' doon the pailin' that divided your yaird frae mine, and commence to eat up your curlies and taties, and so on, and to keep the yearth to mysel', what wad ye ca' that?
CROTCHET—I would very soon ask Mr List of the county Police to explain the meaning of it to you.
M'KORKINDALE—Exactly—stealin'. That's just what we've dune a' alang in India.
PAWKIE—Ay, Sandy; but the murderer of one man is a villain, whilst he that kills a thousand is a hero.
M'KORKINDALE—Exactly again. What is our connection wi' the presidency o' Bengal but a complete series o' infamies. Didn't we bargain wi' that arch-traitor Meer Jaffier to betray his country and his maister'? Mr. M'Dingaway, do ye think the Editor o' the *Briton* would pit in a rael history o' India, if I was to write it? A rael history, mind ye—nane o' your shams—but a chapter or twa that wad pit Clive and Hastings and them a' before the warld in their true colours?
M'DINGAWAY—Well, I've no doubt he would; but you can try. Call at the office; he is always open for a good thing.
SMOOTH—Hech, sirs, but this mutiny will have carried misery and wretchedness into many a happy home.
CROTCHET—Yes; it's a hellish business altogether, both politically and socially ...

"[of course the English claim all the military credit for the suppression of the Mutiny; this, from later in the same paper]:"
M'KORKINDALE—Did you see thae asses that write in the *Times*, speakin' about the exploits o' the "English" airmy under Havelock? What in God's name mak's the 78th Heelanders the "English" airmy? If they said Scotch—
M'DINGAWAY—Or even British!
M'KORKINDALE—Ay, or even Breetish, it wad hae dune weel eneuch; but, confound their impudence, to ca't English, is what I hate, an' wunna stand ava. The airmy is a national institution, an' na mair belangs to England alane than does the Queen's croun. But I see fine what we maun come tae, if this outragious English business is persisted in...'

[28 November 1857]

The fullest account M'Korkindale gives of himself occurs in a series of papers dated from Paris. He is picked up as a suspected terrorist, then invited to dine with the Emperor and Empress when his true identity is discovered. The intellectual breadth and exuberant self-esteem are entirely typical:

> 'Dod, sir, I gat into a cauld sweet at this. Think o' me dinin' wi' an Empress! At first sicht it appeared jist an overpoorin' honour; but, hooever, whan I cam tae think on't, I considered that it didna sae much signafee, because, as I said to mysel', am I no a man o' science, or a *savang*, as they are ca'd here? To be sure I am. What if I'm only modest enough to describe mysel' as jist a coal-viewer?—it's only ma modesty, an' naething else. Am I no a chemist an' a geologist, an a reglar scientific miner?—haven't I a medal that I got frae the Emperor o' Russia?—haven't I the diamond ring that I got frae the King o' the Belgians, an' am I no the author o' the greatest wark on the geological distribution o' coal that has ever been written? What needs I care? I can dine wi' an Emperor on equal terms: I'm Emperor o'er the region o' the black diamonds, and King o' the Kilers ower a' the Braid Lothians..."
>
> [5 June 1858]

'MR M'KORKINDALE ON THE ROYAL MARRIAGE', [30 January 1858]

[on the wealth and parsimony of the crown, occasioned by the marriage of the Princess Royal to the Crown Prince of Prussia; the royal family dismissed as 'a wheen beggarly Germans'; the marriage sardonically likened to a penny wedding; on the decline of royalist sentiment, and proposals for putting the crown out to competitive tender]

'SIR,—Ye'r nae doot weel aware that it wasna in the liklihood o' possibility for the like o' me to get an invitashion to the royal nupshials, but I can say wi' a' truth that I've been at penny waddin's whaur there was quite as muckle interest, and far mair fun. Ye'r no to start wi' surprise at me ca'in sic a grand affair as this a penny waddin', for in a' the warld what was't but that? The hail thing was got up at the expense o' the like o' me an you; it's jist his an' the likes o' his that have't a' to pay for, an' it was naething but a penny waddin'. Her mither an' faither hae gi'en her a wheen gim-cracks o' toys an' jewels; but as sune as ever Parliament meets, weel be askit for a grant o' siller to cover the expenses, besides gi'en the bit lassie eight thoosand pounds o' British gowd to spend amang a wheen forriners that oo dinna care a snap o' my thoom aboot; and wha helpit, or at least played into the hands o' they despotick Roosians the hale time oo was at war wi' them. Weel, as I'm sayin, what has the hale thing been but a penny waddin'? of coorse the royal flunkeys in their gran' dresses o' red coats and satin breeks, jist like the Unykorn Pursuivant at hame here only they hae mae medals on their breists, dina gang roond wi' a plate at the time, because, when sic great folk are in question, the thing maun be dune in a different way—that's to say, Parliament gi'es her a livin' oot o' oor means, and her braw freens gi'e her a lot o' presents—and sae she begins life on her ain account; and there's nae difference in the thing that I can see, between oor Scotch penny waddin's an' this ane, excep in the amount o' the siller.

Sir, I'm no the man that wad grudge ony bit bonnie lassie a marriage porshin, but it's no fair, when the faither and mither o' the young leddy are kenned to be as rich as Jews, that the puir tax-payers o' the country suld be compelled to come forward and porshin her to the tune o' eight thoosand per annum. It's a fack, sir, weel-kenned to maist folk, that oor Queen's an extraordinary frugal woman, an' disna spend abune the half o' her income; an', as for the Prince, he's a reglar skinflint—an' a'body kens that. Man, there's a story tell't aboot him in Aberdeen that'll convince ye o' that. He sent in a pair o' breeks to mend—they had burst, ye see, in the doup, an' the tiler (very naturally thinkin' that nae Prince wad like to wear a pair o' breeks wi' a darned doup) put in what they ca' a new sate in them. Weel, there was naething said at the time, ye see, but, when the accoont cam' to be payed, the sum charged for the new doup was objeckit to, an only an allooance was made for sewin' up the tear! That was a princely ack, wasn't it? Think o' the meanness o' a Prince refusin' to pay for a new sate in the doup o' his breeks; an' think o' a Prince that would even himsel' to wear patcht breeks? I'm gey an' shure that his *valit de shambre* wadna wear breeks o' that kind, even altho' his maister sets him the example.

But to come back to the penny waddin', sir, I hae jist this to say in reference to the frantic attempts to force up enthoosiasm, that, so far as the great body o' the people are concerned, it has been a failure—an' very justly sae, in my humble opinion. The days o' king-craft are rapidly passin' away noo, an' folk are no sae mad about the vanities o' royalty, as thae used to be in my young days. There's aye the question o' the cost to encoonter, an' in a country like this, that's already groanin' under the sweat o' a heavy taxation, oo canna afford the expense that royalty entails; an' I wadna at a' wonder if the Government'll no be compelled some day to adverteese for a pairty to sit on the throne at a greatly cheaper rate than oor noo compelled to endure. That may soond like nonsense in the ears o' some folk, but, ere lang, it'll be ackit upon, or my name's no M'Korkindale. The Queen is quite able, altho' aiblins no verra willin', to porshin her bairns. It's no fair o' her to be takin' the large sum we alloo for her maintenance, an' hoardin it up. She is only a life tenant o' the throne, an', if monarchy continues, she kens fine that her son'll no be dependent on her means o' leevin', an' therefore, what does she hoard for? What does the Prince hoard for? What was Miser Neeld's siller cabbaged for? What has become o' the income o' the Prince o' Wales for the last sixteen years? Sir, I make bold to say that the present Royal Family lay bye quite as muckle as they spend, an' I maintain that that's no honest o' them. The alooances provided by the people never contemplated mair than a handsome expenditure in a royal way—it was never thocht that the Prince Consort, oot o' his fifty thoosand (for I've nae doot his pickin's come tae as much), was to quarrel wi' an Aberdeen tiler aboot the daurnin o' the doup o' his breeks. If the wee, wee German lairdie canna spend his siller mair liberally, he had better gang awa hame an' dig his kail yairdie. At ony rate, sir, it's a shame an' a disgrace that the hard-won money gained by British industry suid gang to keep up a wheen beggarly Germans. If it can be proved that the Royal Family are hoardin', let there be nae mair grants for marriage porshins to their sons and dochters....'

'A Letter to the Emperor Napoleon on Recent Events in France and England. By Alex. M'Korkindale, Esq., Late Coal-Viewer, Newbattle.' [20 March 1858]

[on the rise to power of Louis Napoleon with an attack upon his subversion of political liberty in France and Italy occasioned by the execution of the Italian patriot Felice Orsini who had attempted to assassinate the Emperor; a plea for British non-intervention in the event, certain to occur in M'Korkindale's view, of counter-revolution in Paris]

'Sir,-I dinna see that there's ony apology needed for sendin' ye a bit screed anent the daein's—baith o' this cuntry an' yer ain--for the last five or six weeks, an' mair partiklerly wi' reference tae the attemp that has recently been made on yer life by Orseeny, an' the collieshangie that has come oot o't, an' specially wi' reference tae the letter ye hae issued tae this country, an' which I may tell ye has been quite as universally published as gin it had been ane o' thae mischeevous sedeetionary dockiments that yer ain declaims against. Af coorse, altho' the letter's no signed by yer ain impeerial pen, ou a' ken weel eneuch that it's frae you that it aimenates—an' that, altho' it's no intendit as in ony way a demand on hiz—for the gude reeson that oor no jist so wake as Swutzerland—yet we a' look upon't as a hint o' what ye wad like dune had ye the means o' commandin' us to render ye obedience. Yer letter, Maister Emperor, is railly weel written; but I think, altho' I'm only a humble indiveedual in the coal-viewin' line, I can gang intae the philosophy o' the hail question jist as weel as mony o' my neebors, altho' some o' them think I dinna ken verra muckle aboot polyticks. But, sir, as tae that—ay, an' as tae mony ither things as weel—"the proof o' the puddin's the preein' o't."

Tae begin at the beginnin', then, o' the story, sir, I maun say that ye are, an' hae aye been a' alang, a maist remarkable man, baith in adversity an' in prosperity, an' I canna but add that I hae a kind o' admirashin for ye. Sir, ye are maist undootedly quite up tae the mark for a Frainch king—for thae hae been ever distinguished—an' in nae cuntry in the hail warld can ye pick oot men o' a seemilar stamp—men distinguished baith for their virtues and their crimes, or for their calamities and misfortin's, an', in some instances, for a great amount o' heroism. In your person ye keep up the romance o' the Frainch throne; an', whan your life an' acks cum tae be incorporated into the history o' France, they'll no mak' the least interestin' chapter o't, I'm thinkin'.

I coo'd a'maist feel inclined to rin ower the brief but terrible an' very suggestive facks o' yer career; for, sir, I'm weel acquent wi' the hail circumstances, an' hae traced ye throo a' the whirlin' maelstrom o' continental polyticks an' revolushins. We a' ken that ye considered ye was born tae a throne, an' that the crashin' doonfa' o' yer parents forced ye into exile. I ken a' aboot the offer that was made tae ye o' the Croon o' Portigal, jist at the verra time that yer name was the watchword o' Italy's freedom. (Hoo wonderfu' that folk noo attemp tae kill ye for the burkin' o't) That was the period, tae, that the name o' Bonypairty cam ance mair surgin' an' heavin' intae the great sea o' European polytickal contenshin—innocent, God kens weel, o' the lang dool it wad hae tae dree afore it cam to be a poo'er in the country. Then, sir, like a' the rest o' the warl', I kent ye by report, whan ye chained doon yer ambishin in ane o' the artillery regiments o' Swutzerland, an' whan Lewy Philip demanded yer expulshin frae the Swiss Cantons, as ye are noo daein' that o' the present refugees. Then wha disna ken o' the affair o' Strasboorg? It was patent tae the warld; an' for it ye was sent a State prisoner tae the shores o' Ameriky. Ye wasna lang back in Europe till ye let yer presence be kent by your attack on the "monarchy of July." The absurd and daft-like attack on Boolong, an' the six years' imprisonment in the fortress o' Ham, by which it was follow't up, is still okashionally alluded to in the papers. The comtemp which the want o' success brought upon ye in England is weel kent, an' it's fittin' antithesis was the splendir o' the recepshin ye got whan ye cam' back again as the ally o' the Breetish Sov'rin'; for it wasna the crime o' which ye was guilty that Maister Bull was incensed at—it was yer want o' success. Maister Bull aye bows his knee at the shrine o' success, but he canna thole onybody that fails. The wonderfu' Revolushin o' 1848—whan a few men, thinkin' tae mak' an *emeute*, made, tae their great consternashin, a revolushin—is still green in the maist o' folk's memories. The poleetykal convulshins awakened at this period can never be forgot—there are events conneckit wi' them that'll mark the period as strongly as the great Revolushin o' 1793 is markit in the pages o' the warl's history. It was not so intense as the great struggle, but it was far mair sudden an' less needed, an' it has been productive o' incidents that wull be a pooerfu' mine to the historian an' the biographer. What a panorammy the events o' that period were, tae be shure! Lamardine—Lewy Blank—Ledru Rolang—Cavalnack—and Changarnia—are the names that come rushin' tae oor memories, as we recall in oor mind's-e'e the events o' the day. Nor can we forget, sir, your eleckshin as a member o' Assembly—yer elevashin to the office o' President—nor the *coo de eta*—the sea o' bluid—the prisons groanin' wi' their captives—the deportashins tae Kyanne—the dumb press—a' in consequences o' your ambishin. I needna enter into the partiklers o' yer veesit tae Queen Victoria, an' yer alliance wi' us durin' the Crimean war. I'll hae tae touch upon thae points incidentally, in considerin' some ithers appertainin' tae this communicashin.

But, sir, tae return tae the immediate subjeck o' this letter, the present collieshangie has risen oot o' a new attemp tae assassinate ye, an' ye've taen that ockashin tae insiniwate that ou alloo the doctrine o' assassinashin tae be openly preached in this country, an' that ou harbour an' a'maist encourge the conspeerators—an' tae prove this, ye allude, wi' a kind o' grotesque horror, tae oor "discussin clubs," an' sic like places, an' ye pint tae the licence o' the Press, baith at present an' in 1852, as beerin' oor yer various insiniwations. The "event" o' the 14th o' Janiwary may have struck 'Paris, France, an' a' Europe wi' stupor,' but it wasna, for a' that, unexpecket. Ye may think it strange eneuch, maybe but that ye was, an' are, as certain tae be shot or stabbit some day, is jist as shure as that I'm a leevin' man. In fack, sir, there are large bodies o' people, a' throo this country, that look upon a new French revolushin as a thing of coorse—jist as certain tae come roond as that ilka day the sun rises an' sets. Whaur will be yer place then?

I mak licht o' a' that's spoken aboot the allience, an' aboot yer aid during the great struggle against the Rooshians; an' for this reason, that the alliance was jist as muckle tae your advantage as it was tae oors. Ye sudna forget either that it was Breetain that first cordially recogneesed yer croun; it was oor Queen that invited ye tae reveesit London, the scene o' mony o' yer humeliashins. I havena as yet heard, sir, o' ony ither state that ye had a similar triumphant recepshin in. It was the grasp o' the freendly hand o' Breetain that first indicated tae ye that ye was onything like a king ava. The cordial recogneeshin awarded tae you by Queen Victoria was a means o' helpin' ye tae a poseeshin o' equality amang yer brither despots; because, sir, whan Breetain and France gang hand in hand, the hail world is prostrate at their feet. An' noo, sir, whan yer life's conspired against, ye upbraid us an' charge us wi' bein' the harbour o' assassins and demagogs; an' mair than that, ye maist claim frae us that we suid proteck ye on yer bit totterin' throne. But, sir, I canna see that we hae ony bisness to interfere. If non-intervenshin be a richt doctrine, ou can jist preach it as weel whan you and yer throne's concerned as we can dae whan Rome was filled wi' the Frainch sodjers for the proteckshin o' that greatest o' a' anomalies—a poleetykal preest—a temporal an' a speeritual sov'rin a' combined in ae puir, weak auld man. An' there's anither stand-pint that has been taen up against ye—ye hae been guilty o' a' the crimes yersel' that ye're noo sae ready tae denounce whan committed against yer ain throne an' person. Ye see, Maister Emperor, that onything harsh against the refugees cums wi' a bad grace frae ye, wha was sae lang in that catigory yersel'—an' for onything ye ken tae the contrary, ye may again be a refugee here. Mair funny things than that he come tae pass in conneckshin wi' the polyticks o' France.

This brings us, noo, tae the real pint o' the collieshangie. It was by means, first o' ae revolushin and then o' anither that ye got yer croon. What ye did, nae doot, appeared quite richt in your eyes. By means o' the *coo de eta* ye widet throo a sea o' bluid tae the throne o' France. Ye gained yer throne by force—surely it'll no be a sing'lar thing if ye be deprived o't by force also. Events that hae occurred tae ither Frainch kings may occur tae you; an', if they did, it wad but be poetic justice. Eleckit an' a'thegither as ye was by universal suffrage, I'll be sworn yer time is up, an' that the people o' France are wantin' a change. But a' that's naething tae us as a nashion, if oo gang on the principle o' non-intervenshin, altho' it strikes me I cou'd say a word or twa aboot that. In my humble opinion, naither men nor nashions hae a richt tae stand cooly by an' see murder committed, whether it be an individual murder o' the flesh, or the murder o' a nashion's poleetykal liberty. Sir, oor country wadna let Russia rule at Constantinople, but it winket it's e'e when France sent its sodjers tae Rome an' closed up the verra portals o' Italian freedom. That was a grand error that ye coontenanced. Ye noo demand that naebody shall dictate hoo ye govern in France, an' yet, by means o' yer airmy in Rome, ye dictate tae Italy!

Ye were eleckit by universal suffrage—the colleckit vice o' France names ye Emperor—then what on yirth hae ye tae fear? Ye say in your letter that you're no fear'd, an' that "in France there is more of indignation than disquietude with regard to these organisations of refugees, who, as has already been seen, aim at the Emperor's life because they regard him as the shield of social order, and an obstacle to universal anarchy. If they are regarded with horror by all the world, *they inspire only the weak with fear;* but they cause no terror to society or to the Government.'' Then, what is the reesin that ye stop the leeberil jurnals o' this country frae enterin' Paris? What's the reesin that ye cause the journals o' Belgium tae be prosecuted? What hae ye dune that ye fear the licht o' truth breakin' on the mind o' the Frainch nashion? Are the Frainch folk tired o' ye, dae ye think, that ye daurna let them see what ou think o' you an' your Government in Breetain? It's curious, at ony rate, that although the majority o' the people had confidence in you, ye haena even sae much confidence in them as tae let them get a luick o' *Punch* or the *Mornin' Star*, let abee the *North Breeton* or the *Times*. What are we tae infer frae sic fears as thae? There maun be a reesin. Hae ye dune onything contrary to the Constitushin that ye fear discussion? It's weel kenned, sir, that a' through Paris naebody daur whisper on poleetykal subjecks, unless they're freends o' yer ain, an' agree wi' awthing that ye say an' dae. Spies are abroad there nicht and day, an' nae class o' society is exempt frae their pryin' inquisiteevness. Servants spy on their employers, waiters spy at the caufés, the police are spies, ilka man distrusts his neebor, the deerest freen's refrain frae taukin' polyticks, thinkin' that each may be a spy on the ither. Eleckit by universal suffrage, an' forced to resort to spies!—Eleckit by universal suffrage, an' afraid o' yer ain shadow! Eleckit by universal suffrage, and constantly followed by assassins! Eleckit by universal suffrage an' four attemps on yer life already! What can a free people think o' that?

Sir, if ou are tae abide by the strick rules o' non-intervenshin, why suid we cum between you an' yer assassins? An', if oor Government is askit tae prosecute folk for your benefit, whaur are we to draw the line? Ye, in a manner, ask oor Government tae uphaud ye on yer throne, an' proteck ye frae folk that plot against ye; but hoo if there's a revolushin? Are we tae send ower an airmy tae Paris tae help ye? Whaur an' hoo are we tae draw the line that separates the ack o' interference, rendered a' the mair obvious whan we ken that it was quite open tae ye tae cause Bernard tae be prosecuted at yer ain instance in the English Coorts? I canna see what necessity there is for oor government daein' the dirty wark o' your despotic and hated Government. Anither question I wad like tae hae explained is, what is the difference between the revolushin you attempit yoursel', an' such as that attempit by Orseeny? Did you send notice to Lewy Philip that you intended tae land on the shores o' France an' claim the Croon? Or did you publicly intimate your intenshin o' hawdin' a *coo de eta* in Paris? Sae far as I ken, ye naither intimated the ane nor the ither; an' I railly dinna, for the life o' me, see hoo ye can expeck a coortesy ye never extended tae ithers. I suppose ye expeckit Orseeny tae send ye a polite note intimatin' his intenshin tae heave a bom'shell at ye? That wad a been the polite way o' workin' oot a revolushin! Orseeny failed in this; but be warned, noo, sir, consider Orseeny's attemp as but the forerinner o' a hunder ithers, ane o' which may succeed. Take care whan ye venture oot o' nichts whaur ye gang, and keep in the bricht moonshine, so that ye may see the shadow o' the assassin's uplifted dagger; for the sons o' Italy, wha's liberty they proclaim ye hae buried, are followin' ye as the visionery dagger followed Macbeth; an' ye may depend on't, they will find oot yer heart, an' drink up yer life's bluid whanever they hae a chance.

Sir, there is anither important brainch o' the question tae be discussed yet, but it maun form a text for anither letter.

In the meantime, I remain
Your obedient servant,
ALEX. M'KORKINDALE.'

'Sandy's Notes on the Week'.

The People's Journal, 1858

'Sandy's notes on the Week' ran in the *People's Journal* during the first year of its existence, beginning with issue number one on 2 January 1858. In some ways 'Sandy', is typical of the first generation of vernacular political commentators in his adoption of a speech-based standard reflecting local usage, his sober matter-of-fact style, his moral seriousness, and the informed working-class perspective from which he views the world. As a rule his column begins with a detailed critique of the week's doings in parliament, followed by commentary on local affairs, mainly concerning the city of Dundee.

'SANDY'S NOTES. Oor ain fireside, October 14, 1858.' [16 October 1858]

[on the housing of the poor; reduction urged in the power of private landlords through local authority intervention, showing how Scottish advanced Liberal thought opposed *laissez-faire* and self-help (sometimes considered the dominant ideologies of Victorian Britain) virtually from the outset; strongly communitarian sentiment—the idea that the common good should prevail over private greed and measures should be enacted in law to make sure this happens; typically earnest, moderate tone, unostentatiously neat and logical argument; telling final claim that paupers and criminals are better housed than the bulk of the labouring classes]

'MR EDITUR,—As I havena fashed ye wi' ony o' my bits o' notes for a wee while, I'll expeck ye to gie me room for a word or twa this week on a subjeck o' interest to a gude wheen o' ye're readers, and ane that I'm glad to see is beginnin' to get some little attention, tho' no sae muckle as its great importance deserves in my humble opeenion. The subjeck I refer to is ... hoose accommodation for working folk. I've sometimes thocht, and I haena been slow to express the thocht, that oor ministers in their Presbyteries and in their Kirks are a wee inclined to look ower little to men's worldly concerns in their praiseworthy anxiety for their higher interests, forgetting that the twa things are sae closely conneckit that the negleck o' the ain maun, in the verra nature o' things, hae a bad effeck on the ither. I was unco weel pleased, then to see oor Free Kirk ministers comin' bauldly forrit, and sayin' that as "the interests of common humanity and morality are deeply involved" in the question o better homes for the workin' classes, the cause o' religion canna prosper if these interests are hurt. I look upon't as a cheerin' "sign o' the times" to see gude men bestirring themselves on sic a subjeck as this, that's been ower lang negleckit. The evil is ane that's been lang felt by the better class o' workin' men, wha are themsells perfeckly powerless to remedy it, hooever muckle themsells and their families may suffer frae't; but, like a' ither social evils, its bad effecks canna be confined to the class maist direckly concerned, and as they are beginnin to force themsells on publick attention, we may expeck sune to see some attempt at a remedy by pairties that are perfeckly able to do something if they only had the will.

It's often said that ae half o' the world disna ken hoo the ither lives, an' this is ower true as to mony o' the hooses for puir folk in a' oor large toons. In ower mony cases the places let oot for human bein's to live in—an' that at rents far higher in proportion than what's asked for rich folk's hooses—are a perfeck disgrace to our boastit ceevilization, no to speak o' oor religion. There's ae thing worthy o' notice aboot a' thae kind o' hooses, an' that is, that they're no aften let oot directly by their landlords, but are maistly aye in the hands o' middle-men, ca'd factors, whase tredd it is to tak as muckle as they can oot o' the tenants, an' lay oot as little as they can on the hooses, that they may recommend themsells to the landlord by showin' him a big per-centage on his ootlay. My notion is, that if the landlords themsells cou'd be got to gang ance or twice aboot their ain hooses an' colleck the rents, an' in this way see the true state o' matters, they wad be sae ashamed o' bein' owners o' sic dens that for decency's sake, if frae nae higher motive, some o' them wad set aboot pittin' their hooses in order, an' mak them habitable.

Ye manna mistak me, hooever, and think that I'm sae daft as to expeck that the proprietors o' sic hooses will, o' their ain accord, enter heartily into a reform that wud hae the effect at the verra ootset o' lessenin' their ain income a gude deal. That wud be expeckin' ower muckle frae frail human natur', and I'm clear for bringin' the strong arm o' the law into this matter. This is a social evil that affecks the haill community, tho' it fa's heaviest and maist direckly on the workin' man an' his family, and society has a richt to proteck itsel' frae this as frae ither monster evils, even altho' in daein' sae it shud come a wee bit across the money interests o' some o' its number. We boast o' oor freedom, but in some things we've ower muckle freedom, an' this is ane o' them. Nae man, gentle or semple, shud be alloo'd to build a hoose in a toon afore he has got the approval o' the local authorities, wha shud hae power to disapprove unless the hoose, when finished, will be ane that folk can live in withoot destroyin' their ain health, an' spreadin' disease amang their neebors. And if society has the richt, for its ain protection, to prevent the biggin' o' close, ill-ventilated, and badly planned new hooses, it shud hae as gude a richt to compel landlords o' auld hooses to mak them habitable as far as possible. If the law, for the sake o' publick health, interferes wi' the sale o' diseased meat an' sic like articles, there's a far stronger claim for its interference wi' the hirin' oot o' places that are ca'd hooses, but that wud mair properly be termed hotbeds o' disease and nurseries o' vice and immorality. The laws o' the country are unco particular aboot the health o' oor criminals in oor prisons, an' oor paupers in oor puir-hooses, but it wad be a wee mair wiselike if mair attention was gie'n to the preservation o' the health o' oor honest hard-workin' men wha are daein' their best to bring up their families in honesty and industry. The pauper in the puir hoose an' the prisoner in his cell maun hae sae mony cubic feet alloo'd them, that the air they breathe may be pure, while the workin' men that's sair taxed to keep up baith the ane and the ither canna get onything like as gude accommodation, though he's able and willin' to pay for't. If a Parochial Board canna build a puirhoose or a Prison Board build a prison withoot layin' the plans o' them afore higher authorities that they may see if the arrangements are likely to promote the health o' the inmates, some little attention micht be gie'n to the arrangements for the hooses o' the honest and independent workers o' the community...'

Nine Days in the Highlands by "Tammy Trampalot".

The People's Journal, 1858

So far we have been looking at the political side of the vernacular revival. Here, in contrast, is something from the booming lower-class leisure movement in Victorian Scotland, an example of working-class rambling. This is clearly quite well established some generations before the Depression of the 1930s when it is usually supposed to have got going. The hikers use the new railway network to get at the hills, and then bed-and-breakfast cheaply while there. There is a lot of detailed technical advice about boots, knapsacks, and what sort of food and equipment to take, and clear instructions about timings and routes. The writer takes a refreshingly unconventional view, too, of Walter Scott's poetry (which he doesn't much like), and thinks the Trossachs greatly overrated, although he is enthusiastically appreciative of other Highland scenery. The writing is plain and unpretentious, with an unfussy ability to convey a real sense of place.

'LETTER FIRST.' [28 August 1858]

[how to prevent blisters; footwear and what to take in the knapsack; the proper choice of travelling companions; advice about train timetables; the writer knowledgeable about his Walter Scott and his Scottish history; obviously Dundonian; cheery, practical, hard-headed and sceptical—especially of guide books and suchlike fictions]

'MAISTER EDITUR,—I've just come hame frae a grand pedestrian toor i' the Hielands. An' as I aye manage to do the thing very cheap, an' a' ither bodie I ken speaks aboot the dreadfu' expense they've been at, I wad just like to gie ony o' your readers that, like mysel', has neither muckle time nor muckle siller to spare, an idea hoo to do so as to enjoy themsel's (if they're no extravagant kind o' gentry), an' no be at sae very muckle expense after a'.

I ken lots o' fouk that canna gae to the Hielands for a week an' come hame again withoot spendin', they say four or five pound. Noo, that's a' very gude if they hae't to spare. But I've proved i' the coorse o' five years, takin' a toor ilka summer, that it's perfectly possible to do the thing upon the fourth pairt o' that soom. The first time I tried it was after the Fair in 1855. Me an' an acquaintance gaed aff on a Tysday mornin' to Perth, an' syne on to Blair Athole, an' up Glen Tilt, an' some ither places round aboot, an' cam' hame on Saturday nicht. We took twa pound each, an' was fear'd it wadna' do a' the time, but when we cam' back we hadna spent ane. If ye wad like to ken the exact soom it was just 17s 6d the piece. It's a perfect fact, sir; "I'd scorn tae lie." I keepit an accoont o' a' thing just as it was payed oot, an' have aye dune sin' syne, an' keep it aside me for referrin' to when I want. But afore I tell ye aboot my journey this year, I wad like to mention ane or twa things I've found indispensable as a preparation.

First, there's a pair o' gude feet needed. You'll observe, sir, I dinna coach ony. My certie, if I did my pouch wad be cleared oot in twa days. I wad be rooked afore I kent whaur I was. Na, na, I "drive my ain pair." It's harder wark than coachin', but its better for a bodie that needs exerceese, an' cheaper. A day's trampin' is like tae blister a bodies' feet, but I wad advise a walk' o' four or five mile ilka day for a week or a fortnight afore to harden the feet, an' syne there's less chance o' blisters—nane ava I should say. Some fouk rub the feet wi' whisky, I never tried it, indeed I dinna like whisky ony way ye like to tak it, but soppin' the stockins is no a bad thing. When the feet gets het I aye bathe them in a stream, an' feel quite fresh after to tak anither speel o' the road. It's no very safe to some fouk this though, for it gars the bluid rush to the head, an', if it dae naething else, gies them the cauld. Cuttin' twa or three bladders up into soles an' pittin' them next the feet is no a bad plan. Then there's the things to put on the feet. Socks are better than stockins. There's nae use for a lang worsit case up the legs i' the summer time. Dinna use socks that's been darned, nor new socks, they're baith bad for the feet. Of coorse they should be clean, an' shifted often—twice or thrice ilka day. Boots is better than shoon in ae sense and no sae gude in anither. Boots keeps the ankles ticht, an' protects them when walkin' through heather. Shoon keeps the feet cooler. Tackets is ower heavy; steel sprigs is better if there's plenty o' them. New shoon's no gude. They should hae thick soles, weel hammered. There's some soutars'll pit on as thick soles as ye like, but what aboot that, if they dinna hammer the leather weel; stap your fit in a dub an' you'll find the sole as saft as a—a—a bubble. Excuse me, sir, I canna get anither wird

Then you'll need a knapsack. I got ane made, and it cost me twa shillings—as gude's the bank—to strap on my back, an' I looked as respectable as possible wi'd. Dinna hing'd at your side, its no comfortable that way; on your back wi'd, an' you'll no ken it's there. Pit intill'd some clean socks, a cheenge or twa o' linen, a tool tae dry yoursel' wi', and some things for sleepin' in. Buy some tea, coffee, biscuits, an' ony ither thing for eating you want. Tak' you'r razor an' a bittie soap. Stow them a' in your knapsack, an' oot ye set. There's nae fear o' ye, if ye just tak' the trouble to chalk oot first your route, an' ken distinctly hoo you're to get back. Dina leave this to be sattled on the road, or else you'll mak' a bungle o'd. Ye maun ken the hours o' a' the trains you're to gae wi' baith gaun an' comin', or you'll maybe be langer awa' than ye coont upon. You'll need siller of coorse. I'll tell ye by an' bye hoo muckle it cost me, an' you'll hae an idea what you'll need. Tak' lots o' fourpence bits an' threepennies, to gae to ony chield that you've reason to think wad scool at coppers. The reason for takin' tea and coffee is that you'll maybe hae to pit up where there's naething o' the kind, an' if you're provided yourself you're independent. A drap boiling water you'll get at ony hoose. Be shure you choose a gude companion. Losh, it's a dreedfu' thing to be tied to a creature that's fu' o conseat, or a chield that canna open his mouth except to haver nonsense. I wadna gae twa mile wi' sic a customer if I could help it. An' aboon a', dinna tak' a fellow that drinks; you'll be tortered ilka public-hoose ye come to wi'm. He'll hae a dram in spite o' ye, just to help him on the road; an' maybe gin nicht you'll no get him to move fra the roadside. Whisky never helped onybody yet to tramp, an' never will. Half an hoor after it's taen it just dees doon, and syne mair maun be taen, an' so on, till you're as fu's a piper, and no able to gae anither stap. Water, gude caller water, that's the thing to drink on a journey. Milk is a bad thing to tramp wi', it's heavy, an' mak's ye feel very uncomfortable. Tak' a cup o' tea at nicht to cheer up the nerves, an', my word for'd, you'll be a great deal better i' the morning than if ye tak whisky.

Noo, sir, if ye please, I'll proceed on my journey. You'll just alloo me to observe that this is no an imaginary toor, concocted sittin' on a chair wi' a guide-book an' a map afore me. It's a real *bony feede* journey, ta'en by mysel' an' ither twa no aboon a fortnicht syne. This that I'm tryin' to write is a "full, true, an' particular accoont" o' my latest toor in' the Hielands. Some parts o'd I've gaen ower mair than ance, an' some were perfectly new to me.

Weel, sir, the three o's started on Monday mornin' wi' the train for Perth. We wanted to get to Dunblane, but as there was nae 3d class on the Central Line (except to Glasgow) till four o' clock, we had made up oor minds to walk to Auchterarder—15 mile an' a-half to the station—an' catch the 3d class train at half-past four. So, after buyin' some biscuits, we set aff up the Glasgow road.

It was a most delightfu' day for walkin'—no ower warm, an' a fine licht breeze blawin'. For aboot four mile the road's up hill, but it's no withoot interest. Aboot a mile frae Perth there's a very pretty view o' the "Fair City," wi' Moncrieff Hill an' the Hill o' Kinnoull opposite ane anither, an' the Tay sparklin' an' dancin' between. Farrer to the East an' North you see the range o' the Sidlees. Dunsinane Hill, whaur Macbeth's castle stood, is very conspeekious. After passin' Cherry Bank—a snod little placie a mile an' a-half frae Perth—you get a fine view o' the Vale o' Almond, an' the Grampians i' the distance. There's nae want o' cultivation here, an' at this season o' the year the appearance o' the fields is very fine.

Up hill the road goes—a gey stiff pull, but we maunna pit aff time or we'll no get to Callander the nicht. But we're no lang o' comin' to the head o' the brae at Dupplin policies, an' for aboot four mile the road gaes doon hill again. We didna see Dupplin Castle. I dinna ken if it can be seen frae this road, an' we had nae time to gang doon ony' o' the carriage roads till'd. The country on the North side noo is entirely shut in. But by an' bye a prettier scene to the South opens up. Shortly after leavin' the wast end o' the plantation a lang streetch o' Strathern opens afore ye. The view frae the highest part o' the road is worth a' the trouble o' walkin' five or sax miles to see. Lookin' to the left, ye see the bonny green Ochils—some o them high eneuch to be ca'd mountains. At the fit o' the range, as far as the e'e can reach, are little villages smilin' i' the sun; an' doon i' the bottom o' the Strath there's the River Earn twistin' an' twinin' so that ye canna oonderstand hoo it can be in sae mony places at ae time. This view continues wi' ye till ye get doon to the Balreoch

Brig. Oor feet were noo geyan het, so we gaed up the side o' the river an' washed them, took a piece, an' started again as fresh as ever. For a while there's naething remarkable to be seen till ye begin to ascend again, an' syne you come in sicht o' the hills aboot Callender. There that chap like a sugar loaf is Umvar. Wattie Scott maks Fitz-James an' his huntin' pairty come doon by the side o'd thro Glen Artney. But, what's o' mair importance to ken is that the road frae Callender to Comrie rins thro' that glen. That ither ane, wi' its head an' top ridges a' broken as gin it had been hacked wi' a muckle axe, is Ben Vorlich. He streeks himsel' alang a' the sooth side o' Loch Earn. That muckle, bull-headed chield there, far'er to the wast an' sooth, is Benledi. Tak a gude look o'm, for we maun be on's tap the morn. There's a bonny hill on yer left—that's Craig Rossie, ane o' the highest o' the Ochils. A muckle chasm on the wast side o'd there is ca'd the "Heuch o' Coul." A bit far'er on the road an' we passed thro' Smiddy Haugh, an' twa mile or sae mair an' we cam' to Auchterarder. The toon's built on baith sides o' the toll road, an a brae no quite sae steep as oor Bonnet Hill. This is the place that George Buchanan took the nap ower some English noblemen that were blawin' aboot sae mony draw-brigs some o' their toons had. Says George "I ken a toun in Scotland whaur there's fifty draw brigs." We didna gae thro' the toun, an' so didna see the brigs. But I saw them aince. It was a dreadfu' thunder-storm, an' rainin' cats an' dogs, an' the strand i' the middle o' the road was that deep an' broad that whan the fouk wanted to get across they had planks or stane slabs which they lifted up after them, for fear o' them bein' carried awa' by the flood. This is what George ca'd drawbrigs. The fouk here dinna like this storie, an' say its a lee. Maybe it is, but they shou'd mend their water-way there. We turned doon a road at the east end o' the toun, an' got the train joost i' the nick o' time, an' hurled awa' to Dunblane. We had only half an 'oor tae spend in Dunblane, for which we were sorry. Its a fine lyin' place. Hills an' risin' grund a' roond, an' finely sheltered fae the east wind. The auld Catherdal is worth a veesit. It was build they say aboot 1140, in the reign o' David 1. The Allan water rinnin' by the side o' the toun is baith a pretty an' a usefu' object. If we had a stream like this in oor toun, thinks I, an' could get the mills, an' foundries, an' sic like things keepit awa' faed, the Water Company micht "whistle ower the lave o'd". But here's the train to Callender, so off we go an' halt at Doune, wi' its auld castle in ruins, an' the Tailor's Brig o' Teith. The castle was built by Murdoch, Duke o' Albany, who was beheaded at the Castle Hill, Stirling. The brig was founded by Robert Spittel, tailor to Queen Margaret. Afore this there was a boat across the water, an' the tailor was sae sair annoyed at the ferryman for refusing to tak him ower aince whan he forgot his siller that he built the brig. This is no a likely storie, but it's popular. The Hospital at Stirling is anither monument o' this worthy man's benevolence. But here we are in Callender. The train lands us on the east end o' the village, an' as it had been a fine day, an' the sun was noo weel wast, the view richt afore's was most magnificent. Benledi rearin' its michty head in front, an' far'er in the distance the hills aboot the Trossachs; the lovely Teith windin' thro' the vale; the hills o' Leny wooded to the tap, wi' the bare rock appearin' here an' there, an' the white hooses o' Callender in the foreground, formed in the settin' sun one o' the grandest pictures ever I saw. We stood an' looked till I forgot we had to get lodgings, an' see Bracklin afore we slept. The twa last times I was here it was rainin', an' I was disappointed wi' what I was gi'en to oonderstand was a fine sicht. But this time I was perfectly converted. I dinna believe it possible to exaggerate the description o' this place in a fine sunset e'enin'.

We walked on to Kilmahog, a place a mile wast frae Callender (where I had lodged afore), an' put up in my auld quarters. I'm sorry I'm no at leeberty to mention ony names. It's a private hoose aside a water wheel, an' if onybody can find it oot wi' this description, I'm shure the honest fouk 'ill mak' them welcome, an' treat them weel at a very moderate rate. Leavin' oor traps ahint's, we set oot to see Bracklin. It's aboot a mile an' a half north-east frae Callender—just aboon whaur the railway lands. The Keltie water rins thro' a narrow glen, an' tumbles ower a high rock into a deep den below. There's twa falls, an' a brig across the lower ane. This place is weel worth seein', especially when there's plenty o' water. But tak' care o' your feet. Its a dangerous, slippery place, an' the heather growin' on the sides o' the rocks that shelves doon to the water is very treacherous; so take ye tent an' no be ower ventersome, or doon you'll go, an' there's nae sayin' what may be the upshot o'd.

We climbed up a hill on the wast side o' Bracklin, an' got a sicht o' a mountain the shape o' an elephant. We forgot to speer the name o'd, but it's ane o' the range that form the north side o' Glen Ogle. It's just the shape o' an elephant frae the head, back a' the length o' the body. But it was noo growin' dark, an' so we got to oor lodgings. I canna write ony mair eenoo, for I'm tired; but I'll gie ye anither screed neist week.'

'SECOND LETTER.' [4 September 1858]

[on climbing Ben Ledi with various possible routes suggested; glowing account of the view from the top; awareness of local folktales; evident geological and botanical knowledge; speculation on the forces which created the landscape; the Trossachs considered a tourist trap and greatly overrated as a beauty spot; the blame laid at Scott's door; the coming of the railways to the Trossachs likely to destroy the 'romance' of the place—which is the main thing it has to offer]

'You'll mind, Sir, whan I left aff last week at oor lodgings in Kilmahog. Well, the neist mornin' we started up Benledi. Them that's versed i' these matters say that the name is a contraction for "Beinn-le-Dia"—Hill of God—an' that the Druids made this a place o' worship. Be that as it may, it's a noble hill. It's no' easy to say what's the height o'd. Some accoonts say 2863, an' ithers 3009 feet aboon the level o' the sea. It's by no means the highest in the neighboorhood, but it's position gies ane a splendid prospect fae the tap. The ascent is no' an extremely difficult thing, an' it's no very easy aither. I've been twice on the tap, an' took the easiest way, first by gain wast to a farm-hoose aboot three miles or so fae Callender, an' up a cart-road the fouk tak for peats. Gaen this way, ye haud up the sooth wast ridge, an' the climb is no sae steep as the way we took this year. This time we began to climb just aboon the brig across the Lubnaig water, an' had aboot an oor's hard wark thro' boggie grund afore we got to the real mountain. There's nae less than seven great high shoulders to climb this way, an' when you're at the fit o' ony ane o' them, you're like to think, noo, if I was up here I'm at the tap. But na, my boy, you've a lot to do yet; tak' it easy, you'll win up some time, so dinna be disappointed when you get up there if ye see anither as high, an' after that anither, an' anither. Sit ye doon an' tak' a rest here at this stream, an' gies a drink. There's nae hurry—you'll fag i' the end o'd if ye tak na' care.

The truth is, if you're to gae up Benledi, you maun mak' up your mind to do'd. It's no to be trifled wi'. The tap o'd lies a gude bittie north yet, an' canna be seen fae Callender even. Yon that ye thocht was the head yestreen is the third ridge fae the tap only. I daresay if you'd kent this you wadna been here ee'noo. Up ye go—up, an' syne doon a bittie. Up again—that's no the tap yet. Come along; tak' a breath noo. Up yet; we're gettin' on. Anither breath?—weel, come awa' this is no sae steep. Up, lads—here's the tap. Horray-ay-ay! Man, do ye hear the echo? Come on; this is the shortest ane. Noo than, you're up. There's the cairn, an' the pole i' the middle o'd, an' the sticks showing the airts. What a glorious view! Look to the east, an' you see the Ochils; in a fine day you can see the Firth o' Tay. Carry the e'e sooth a little an' there's Dumyat, an' at the fit o'd Dunblane an' the Bridge o' Allan. Then there's the whole vale o' the Forth spread oot like a map. Far east there ye see the ocean, an' sooth there's Leith an' Edinburgh. That's the Castle, see. Come nearer here noo—there's Alloa, Stirlin', Craigforth. Thae hills there's the Touch hills. Thae twa sugar-loaf peaks ahint them is some o' the Campsie range, I suppose. There's the vale o' Menteith an' the railway to Balloch rinnin' thro'd. Ye canna see Loch Lomond for thae hills. You see that clood o' smoke?—that's Port Glasgow. Here's mair reek—that's Greenock. That water's the Firth o' Clyde. Look far'er wast noo—ye see a lang range o' high hills, an' a narrow strip o' water at the fit—that's the head o' Loch Fyne. There's a hill appearin' just i' the glack there, that's awa' aboot Oban some way. An' noo ye can see naething but mountain-taps an' lochs. There's Lake Menteith richt sooth—Loch Drunkie, Vennachar, at your feet—Loch Achray, Loch Katrine, an' Ben Harrow at the head o'd. There's the Trossachs doon there, see—Ben A'an, Ben Venue, an' Ben Lomond. Look wast an' north noo—what a forest o' hills—thoosands o' them. There's Ben More, that queer-looking chap wi' the twa peaks; there's the Braes o' Balquhither just afore ye; doon at your feet ye see the whole o' Glen Finlas; there's oor auld freend the Elephant, Ben Voirlich, an' a thoosand other Bens. Oh, this is glorious—you canna speak, you maun just look an' winder. Tak' your glass noo, an' lat's hae a look at some o' thae places.

Na, we'll no gae ower there; there's a great precipice on the north east side o' Ben Ledi, an' its dangerous to gang near'd; it gae's richt doon sheer into that lonely loch, Lubnaig. The view o' this loch fae here is weel worth a' the trouble o' climbin', suppose it was for naething else—it's sae lonely an' yet sae lovely, lying i' the hollow atween Ben Ledi an' the hills on the ither side, that ye canna help ha'ein' a kind o' affection for'd.

We spent the whole day here wi' oor maps an' glass, an' left as the sun was gaen doon, no half satisfied. There's some fouk pretend to see the Hills o' Arran an' pairt o' the coast o' Ireland fae this mountain, an' I've nae doubt they can if they're endowed wi' the power o' seein' thro hills instead o' ower them; or maybe mirage micht produce that effect. If so, they canna say that thae places are fairly within the range o' vision.

We cam' doon nearly the same way as we gaed up, an' got hame wi' oor feet soakin' o' weet wi' the bogs an' morass. Losh, they're an' awfu' bother thae bogs. You're gettin' on bravely, when a' at ance you're brought to a stand-still wi' the grund sinkin' aneath you, an' ye maun gae roond never sae far to whaur ye see heather growin', an' you're safe for a whilie again. There's naething like takin' time to look weel aboot ye afore ye gae thro' thae places.

We got safely doon, hooever, aboot nine o'clock, an' had oor tea. I sat doon to my notes o' the journey, an' gyin' tired; so we got to bed, and began to snore in no time.

Neist mornin' was Wednesday, the day we set apart for the Trossachs. We left after breakfast, an' walked alang the coach road on the north side o' Loch Vennachar. After passin' Bochastle Hill on the richt, the ruins o' Bochastle, Coilantogle Ford, an' Carchonrie on the left, there's a fine view o' the loch an' the hills beyond. The loch is aboot four miles lang, an' no quite ane broad. I canna say I admire this loch very much. The ugly bleak hill o' Dullater on the opposite side destroys the look o' the whole scene. The view fae the ither side, at the fit o' Dullater, is far better. But after you come to the head o' the loch, the hills on the richt begin to be covered wi' trees, an' the scene is far mair interestin'.

At the Brig o' Turk there's a fine view up Glen Finlas. The situation o' the New Trossachs seated here is excellent—far superior to that o' the ither ane farer to the wast. After crossin' the brig you're shut in completely; except turnin' back you canna see ony way oot. A high hill risin richt fae your feet blocks you up in front; the ootlet to loch Achray on your left, an' the narrow Glen Finlas on the richt, gars you winder what next. But there's a gude road afore ye, cut oot' o' the solid rock, an' by-an'-bye a lovely sicht bursts upon you.

There's the sweet little Loch Achray, about a mile or so lang, an' hardly three-quarters broad; an' maybe you'll see the coos wadin' across to a little island covered wi' trees—no the coos, sir, the island; an' shuttin' up the view, the Trossachs, wi' "huge Benvenue" on the sooth, an' Ben A'an rearin' its "forehead bare" on the north. This is as lovely a picture on a sma' scale as nature can furnish ony gate.

Afore the present road was made it wad be next to impossible to get alang this side o' the loch. The ither side is quite open an' bare.

Passin' the kirk on the left, an' opposite a hoose as big again, the manse, I suppose (for ye'll often see in the country the minister's dwallin' bigger than the kirk he preaches in), an' syne that thing like a sham castle (the grand hotel), we entered the Trossachs. This is certainly a strange place, but, in a' humility, I wad venture to say I dinna think it deserves a' the worship it gets. I've been there three times noo, an' have explored the whole place near, an' canna see what the fouk mak' sic a sang aboot. Scott's "Lady o' the Lake," I suspect, has to do considerably wi' the great popularity o'd. An' alloo me to observe, sir, that the hotel-keepers are under the deepest obligations to the fictionist for the lift he has gi'en them. His description o' the place is fine to read, but it's just barely true. I'm no an admirer o' Wattie's poetry tho', an' so I'm maybe prejudiced. I winna attempt to describe the place, but wad like just to gi'e ye my theory o'd. Imagine, then, twa great mountains, ane on the north, an' ane on the sooth, wi' a valley aboot a quarter o' a mile broad atween them, an' a loch in'd. Suppose, noo, some great convulsion o' nature has shattered the northmost mountain, an' great masses o' rock are flung doon fae the tap an' sides; that the mountain has been torn to pieces in fact, an' been thrown doon into the loch. The loch is divided in twa in consequence aboot a mile or so abune the fit o'd. The upper, an' by far the larger pairt o' the loch, seeks an ootlat an' finds it, on the sooth side o' the soothmost rock, just at the fit o' the opposite mountain, that's never been affected wi' the shock, or very little at least. Then suppose a lang, lang time to elapse—an age or twa say—the grund dries; the seeds tak' root, an' spring up into trees; the heather, brackins, an' ither plants grow up around; an' ye hae the Trossachs as they appear 'ithenoo. Noo, in support o' this I wad remark that Ben A'an, the northmost hill o' the twa, has evidently been shattered, an' Ben Venue, the opposite hill, is just like ony ither mountain, bleak an' bare, wi' its sides deeply worn wi' mountain torrents, great big stanes lyin' loose on'd, an' here an' there patches o' the bare rock lookin' oot o' the soil; but green to the very tap; nae great rocky precipices, nor juttin' points an' pinnacles o' bare rock; nae signs o' a broken doon mountain like his neighbour Ben A'an. Then the clothin' o' the Trossachs is o' the same kind as that a' alang the north side o' Loch Achray, an' on the side o' Ben A'an, as far up as there's soil. The rock seems to be the same as weel. The ootlat to Loch Katrine is on the sooth side o' the Trossachs—a narrow stream, an' deep water on baith sides. Ben Venue stands perfectly clear o' the Trossachs, this stream rinnin' atween it an' them. Again, the Trossachs are made up o' detached rocks, wi' narrow passages here an' there atween them. Lat ony body be at the trouble, or rather pleasure to spend a day in explorin' the place up an' doon, thro' here an' thro' there, an' I'm mista'en if he disna come to much the same conclusion as I have. It's no by gaun thro' on the coach road that you'll understand the place; you maun mak' an' explorin' expedition roond and roond the whole concern, an' you'll hae some idea o'd syne. We gaed alang the side o' Loch Katrine aboot a mile, saw Ellen's Isle, "coir nan Urskin," the gobblin's den, an' up the loch a great lump. There's a better view up the loch to be gotten a mile farer up, but we hadna time to gae sae far. By-the-bye, there's anither island just aside Ellen's noo, that Wattie Scott never saw. The Glasgow fouk, gettin' water fae this loch, are obleeged to keep the level o' the loch higher than what it was afore, an' what was twa year syne a promontory is noo surrounded wi' water, an' converted into an island.

It's a great piece bigger, an' quite as pretty as the famous Ellen's Isle. Baith are just pieces o' the same rock as the Trossachs, an' the same vegitation on them. The romance o' this quarter is fast wearin' awa. Twenty years after this there'll be less need for grand hotels, an' cockney travellers will be less plentifu'. The railway 'ill noo stop at Callender. The iron horse 'ill be rinnin' thro' the Trossachs, an' up the sooth side o' Loch Katrine, an' the Trossachs 'ill be a railway station. ... [The author continues his account in a third letter of his hike through central Perthshire by Lochearn and Loch Tay, and eventually back to the railway network and home...]

Noo, sir, I've brocht my journey to an end. We were awa nine days, and the sum total o' my expenses were, includin' everything, knapsack an' a', just twenty-twa shillins an' seven-pence.

When ye gae to the Hielands an' want to get comfort to your person an' purse, tramp as muckle as you're able, drink nae strong drink, tak a gude hearty breakfast ilka mornin', a piece i' your knapsack for your dinner, keep clear o' inns, lodge in some private hoose, an' tak your supper after you're landed ilka nicht, an' you'll gar a pound note spin oot wonderfu'.

I'm muckle obleeged to you, sir, for pittin' in your very usefu' *Journal* this lang story o' mine, an' if it has the effect o' garin' some ane or twa keep the siller they spend in the coorse o' the year upon nonsensical things, or maybe waur, an tak a week i' the Hielands, it'll repay your humble servant for the trouble o' writin' this oot. Yours, an'cetera.

TAMMY TRAMPALOT.'

'Tammas Bodkin.'

(W D Latto), *The People's Journal*, 1858-1879

William Duncan Latto was born in the parish of Ceres in Fife in 1823. He started life as a weaver, then became a schoolmaster, and finally a journalist. He was editor of the *People's Journal* from 1861 to 1898, and under his pen-name, 'Tammas Bodkin', the most famous vernacular essayist in Victorian Scotland.

The original text runs to more than three-quarters of a million words, making it difficult in the space available to give more than a hint of its striking range and quality. The selection printed below highlights one or two of the more obvious aspects of Latto's many-sided talent. Firstly, his social concern: his life-long struggle to improve the condition of the common people of Scotland which sprang from personal experience of poverty, and many years in the editorial chair of a crusading popular newspaper. Secondly, his role as a political commentator at the forefront of Scottish advanced Liberal opinion throughout the period, giving memorable voice to its characteristic anti-Imperialist fervour. Thirdly, his gift as a humorous observer of men and manners whose sparkling comic talent delighted two generations of Victorian Scots.

His powerful prose is saturated in the scriptures and the Scottish poets and ranges at need from explosive idiomatic directness to a comic elaboration of Gothic proportions. Best of all, perhaps, he is a brilliantly resourceful and inventive phrase-maker. Look, for example, at the way he transforms a conventionally dismal subject like the 'flu:

> 'The sudden cheenge o' the temperature i' the end o' last week completely nirled my neb an' sent the cauld shivers shootin' like arrows through my very banes an' marrow. A' Saturday an' Sabbath I was juist at deid's door, scarcely able to wingle a'e leg bye the ither. My head-piece was completly stappit up, an' as douf an' fushionless-like as an auld foggie turnip; an' an attempt to blaw my nose garred a' the internal organization thereof crack an' fizz like a ginger-beer bottle castin' the cork. My throat was like an open sepulchre in a literal sense, as it was a' red flesh, an' was as dry as a whistle. I couldna lat ower my spittle withoot doin' violence to my feelin's. My respiratory machinery, too, was as stiff as a rusty lock, an' the words cam' up frae the bottom o' my chest wi' a hoarse an' raspin-like soond, as if they had been generated in the interior o' a bass fiddle, or the drone o' a bagpipe...'
>
> [9 November 1861]

'Tammas Bodkin', the central character of the column, is a manufacturing tailor in Dundee with an apprentice called Willie Clippins who later becomes his partner, and a varied career which includes foreign travel and the inheritance of great wealth. He is elderly, childless, and married to a headstrong wife called Tibbie with whom he has an affectionate if stormy relationship. Between them Bodkin and Tibbie provide comment on a whole range of contemporary issues as seen by a couple of shrewd well-informed upper-working class Scots.

The essays reprinted below are chosen from the period of Latto's active career as a vernacular essayist from his earliest days with the *People's Journal*, to the height of his involvement with Liberal politics during the Bulgarian Atrocities agitation and Gladstone's Midlothian campaign at the end of the 1870s. [Further information on this writer will be found in *Popular Literature*]

'CLODPOLE ENLARGES ON THE EDUCATION OF THE POOR'. Ayont the Ingle, April 29, 1858.

[written, under an earlier pseudonym, when Latto was still schoolmaster of Johnshaven; rather idyllic view of early childhood, strongly contrasting with the forces of competition that ensnorl the lower-class child when he leaves school and his parents aged eight or nine; a curse on Mammon-worship which deeply and disproportionately affects the poor and their children; kids sent out to herd with their education scarcely begun; even if they try to educate themselves later, their reading skills are so insecure that few make it; obvious autobiographical element—this is much what happened to Latto when he was a child; wholly concerned with the education of boys]

'MR EDITUR,—Oor first steps in life are aye investit wi' a peculiar interest to us in a' oor after history. There is the day o' oor birth for instance, when we mak oor *debut* upon the stage o' frail existence—a day whose annual return it is the fashion o' mankind in general to hail wi' gladness an' mirth, feasting, an' mutual congratulations. There is the day, an' a maist important day it is, as the tailor weel kens, when we get oorsels bedight for the first time in a pair o' wee corduroy breeks an' moleskin jacket—a garb whilk delivers us for ever frae the disgracefu' thraldom o' frocks and petticoats, and elevates us to the proud distinction o' incipient manhood. The day at length arrives when we maun don the satchel, an' "creep like a snail unwillingly to school"—a day pregnant wi' varied memories, some sweet, some sour. A'thing seems sae strange—the dominie wi' his look severe, the new companions, new games, new experiences, an' abune a', the taws! most fearfu' to behold! Then, for the first time we begin to fecht the dour battle o' life, let go oor mither's apron strings, an' find oor noses on the grindin' stane. A few bright, joyous simmers speed swiftly ower oor heads, "like lambkins on the lea," ilk ane lookin' shorter than its predecessor, wherein we acquire a smatterin' acquaintance wi' readin', wreatin', an' arithmetic—the three simples, whilk, when mixed in certain due proportions, are popularly believed to be sufficient to form that important compound commonly ca'd edication; an' at last the day wheels roon' that sees the puir half clad, half-taught, ill-starred laddie o' aught or nine year auld, wi' tears in his een, an' a wee bit bundlie, containin' a clean sark an' a pair o' stockens, in his oxter, takin' a sad farewell o' faither an' mither, hame influences an' hame affections, an' turnin' his timid countenance towards the cauld, unfeelin' warld, to mingle manfully in life's teuch battle, maybe to conquer like a hero an' win a worthy place for himsel' in society,—mair likely to fa' in the dour struggle wi "the world, the devil, and the flesh."

Constitutionally disposed as I am to view the maist o' things on their sunny side, I maun here pause for a wee, in order to indite a few sentences o' sober, doonricht earnest. Mammon-worship, in whatever shape it may be offered up, has proved a curse in a' countries an' in every age o' the world's history. "The love of money is the root of all evil," maist truly remarks the sacred penman: an' it wad scarcely be possible to find this sad truth mair aptly an' forcibly illustrated than by a contemplation o' the hard fortune that commonly fa's to the lot o' the families o' the lower classes. This will appear abundantly obvious frae the followin' considerations:—If Providence has rendered it lawful for the labourin' man to hae bairns ava—an' this surely canna be denied—then maist undootedly that same Providence maun hae intendit him to provide for them baith spiritually an' temporally,—food for their minds as weel as for their bodies. Scripture an' reason are at ane on this point, I think; an' if sae, there can be nae doot but that ample means for accomplishin' baith o' thae ends wad be originally placed within his poor by that beneficent Being wha never sends his creatures on "a warfare on their own charges," an' wha never looks for the full tale o' bricks withoot in the first place supplyin' the workman wi' the necessary clay an' strae to mak them withal. The truth o' this proposition is, in my opinion, quite undeniable. Anither truth nae less clear, in fack universally admitted an' deplored on a' hands, is that the families o' the working classes, whatever may be their condition as to food an' clothing for the body—baith often scanty eneuch in a' conscience—are, even the maist highly favoured o' them, nae mair than half edicated when they are driven frae the kind, genial warmth o' the paternal hearth, an' compelled to carve oot for themsels a way in the warld, not only withoot the freendly assistance an' advice o' ithers, but totally destitute o' the equipments necessary to enable them to warsel wi' difficulties on their ain account. Noo, either the pawrents are able to gie their bairns proper schoolin', or they are not. If they really can weel-faurdly afford to mainteen their families at hame until sic time as they acquire a proper amount o' edication to fit them for acquittin' themsels' honourably in the battle o' life, an' if they nevertheless, moved by the lust o' filthy lucre, barter awa the birthricht o' their offspring—sell their tender thews an' sinews—nay, their verra life's blude itsel', what is this but a certain species o' Mammon-worship, an' that o' the verra warst description! Nor must it be supposed that this is a circumstance o' unfrequent occurrence, for it is being practised every day withoot disguise amang the lower orders o' a' classes an' conditions. The wages o' workin' men are no that leebral, to be sure, an' poverty has been, is, and will be their lot in this warld to the end o' the chapter, but surely the exerceese o' a sma' amount o' that same pinchin', self-denyin' economy in the use o' meat an' claes whilk enables sae mony—ower mony—o' that class to spend three or four shillin's on a Saturday nicht in the ale-hoose, micht enable the major pairt o' them at least to gie their families the benefits an' blessin's o' a soond an' usefu' education. There is still a large class, hooever, whase means winna alloo them to edicate their families, hoo willin' soever they may be to do sae, and their hard case is nane the less the direct result o' Mammon-worship, no on their pairt indeed, for they canna help themsel's, but on that o' their employers, wha wickedly screw doon their wark folk until they are in a waur condition than that wherein oor first pawrent faund himsel' when driven oot o' Paradise, for he was only condemned to eat his bread in the sweat o' his face—no to sweat an starve baith at the same time, as we see folk doin' noo-a-days. The sweat o' a man's broo sid aye be able to earn a sufficienty o' pabulum, mental as weel as material, baith for himsel' an for a' dependant upon his labour an' protection, an' wherever an' whenever the curse o' competition or money-grasping cupidity staps in an' deprives him o' the legitimate reward o' his labour, it is clear that in such a case something maun be far wrang wi' the original constitution o' society; a pin maun be loose somewhere in the weel-ordered machine, and as the All-Wise canna err, the faut maun clearly be laid to man's accoont.

Born an' brocht up, as I observed on a former occasion, in an agricultural districk, I've had ample opportunities o' seein' the bad results that invariably flow frae the reprehensible an' too common practice that pawrents hae o' sendin' awa' laddies to herd afore they've had time to imbibe a proper supply o' usefu' knowledge. At the tender age o' aught or nine, what possible amount o' mental an' moral trainin' can ony laddie, nae matter hoo clever he may be by nature, hae received either to qualify him for actin' his pairt creditably, sae far as this warld is concerned, to enable him to resist the temptations that sae thickly beset his path, or to guide him upward an' onward to the land o' endless happiness an' immortality! In such a case education, properly so ca'd, is an utter impossibility, for the youthfu' mind hasna had time to mature an' develop itsel' under the trainin' whereto it has been subjected. There wad be some sma hope indeed that the laddie, on arrivin' at the years o' sober reflection, an' seein' his mental deficiencies, might set to wark an edicate himsel' by personal application, were it possible for him to feel a real pleasure in doin' sae; but the misfortune is that his coorse o' schule instruction has been arrested lang afore he has acquired a knowledge o' the simple art o' readin' sufficient to render self-instruction either a pleasant or a profitable operation to him, an' consequently to set him doon' wi' a book in his hand at nicht he wad feel to be a piece o' doonricht cruelty an' oppression, frae whilk he wad vera soon seek deliverance by coortin the embraces o' the drowsy god. To him wha canna read half-a-dozen o' words on end withoot spellin' some o' them, an' wha canna comprehend the meanin' o' what he reads, books can never prove either interestin' or instructive companions. They are freen's wi' whom we maun be pretty familiar afore we can discover or appreciate their inherent excellencies.

The enormus evil o' sendin' oot ladies to herd in the simmer time may perhaps be mitigated to a sma' extent at least, by puttin' them to the schule for twa or three months in the winter time; but the verra best effeck that this half-time system can possibly accomplish is joost to preserve the knowledge previously acquired frae total obliteration frae the memory; an', accordingly, it hauds gude as a general rule, that such, in point o' mental cultivation, as the herd laddie is when he enters on the half time system, sae does the puir thing remain throughout a' his subsequent career. He laboriously revises, it may be, in the winter, what he has lichtly forgotten in the simmer; but nae fresh advances, nae new acquisitions, are added to his former stores o' knowledge.

Want o' space forbids me to enlarge ony farther on the evils attendant on this pernicious system, but I canna conclude withoot sayin' a word or twa on the remedies that micht be employed wi' a view to their mitigation; an first wi' regard to that class wha could, wi' a little self-denial, afford a sufficient edication for their families, but whom greed o' gain or apathy deters frae doin' sae, I wad observe that measures sid be adopted, such as by means o' public lectures, tracts on edication, newspaper discussions, an' the like, for the enlichtnment o' their minds, for impressin' them wi' a due sense o' their parental responsibilities, an' for makin' them comprehend that in withholdin' frae their offspring the benefits o' edication, they really shew themsel's to be "penny wise an' pound foolish." Wi' regard to the ither class again, that, namely, wha *would*, if they *could*, supply instruction to their families, I'm no sure if I could offer ony suggestions that wad be either verra hopeful or verra practicable. Some startlin' revolution maun tak' place in the present order o' society afore they can be placed in a position that will enable them to do their duty to their families, or that will render them fully responsible in the eye o' the Eternal for what, meanwhile, their poverty renders them almost if no entirely irresponsible. As society is noo constituted, hooever, it is clearly the bounden duty o' the rich, baith by words o' kindly advice, an' by the benevolent employment o' their riches, to see to the proper edication o' the poor an' needy. Those wha employ juvenile labour too, could they no lend a helpin' hand in promotin' this reformation? Let farmers an' tradesmen, for example, when they are engagin' young folk either as herds or apprentices, gie aye a decided preference to weel edicated laddies. A few bawbees o' mair wages held oot as a premium on intelligence wad speak wi' far greater force in the ears o' careless pawrents than haill volumes o' the best advice, an' o' the maist convincin' argument.

But I maun here address my pen as I sometimes do my horse, an' say "woa!"

JOCK CLODPOLE.'
[1 May 1858]

'BODKIN'S BATHING EXPLOITS.' [24 September 1864]

[on seaside holidays and the benefits of sea bathing; Bodkin and his wife Tibbie holidaying in St Andrews with their friends Mr & Mrs Davidson; good example of Latto's early mature style; little side-swipe at the evolutionists; real interest in the minutiae of mental processes; beautifully inventive imagery: 'I was dooms cauld, an' my spirits, erst as bauld as burry thristles, were noo as dull an' droopin' as a frost-bitten tawtie shaw.']

'MAISTER EDITOR.—We hadna been twa days in St Andrews afore I fell into a maist serious, a maist heinous—in fact, a maist unpardonable transgression. Not that I was guilty o' ony offence inferrin' a visit to the Police Court or a public appearance afore the Shirra wi' its disagreeable *denouement* o' a month or sax weeks in limbo—no, by nae manner o' means; but my guilt was nevertheless o' a very deep, indelible dye—o' a colour warranted "fast," in fact that nae amount o' saep an' soda can possibly wash oot. Mine was an offence for whilk neither fine nor imprisonment can atone—for whilk nae amount o' contrition can possibly compensate. I was actually guilty o' a breach o' guid breedin', I had gravely insulted a leddy, an' that leddy was nane ither than my ain flesh an' bluid—my wife, to wut! Moreover, I had done it calmly, deliberately, purposely, in *malice prepense.* Ay, that was the rub—that was what raised Tibbie's "dander"—for be it observed that she is a maist reasonable woman, wha can tolerate ony amount o' eccentricity on the pairt o' her husband, when it can be traced—*clearly* traced—to ignorance or thochtlessness; but deliberate systematic impudence she will not thole on ony account, either frae sib or frem'd; an' I must say I commend her therefor, because her disposition an' mine are unco muckle alike in that respect. But I maun tell ye the haill story, an' then ye can judge for yersel' hoo far I was or was not to blame in the premises.

It happened on the second mornin' o' oor sojourn in St Andrews—a fine, warm, sunny mornin'—that Tibbie says to me after breakfast, "Tammas," quoth she, "ye'll gang an' order a vehicle to the door, for Mrs Davidson an' me are gaun oot to the Wast Sands to hae a dook."

"Very weel," quoth I, "that sall be done, as it is your wull, but it seems to me that ye micht tak' yer fit i' yer hand an' walk for a' the distance, an' still be as genteel as yer neebors,' an' I quoted three or four leddies livin' i' the self-same street wham I had seen 'drivin' their ain pair' awa to the dookin' grund."

"The folk ye mention are naething to me, Tammas," quoth Tibbie, elevatin' her voice to the dignity o' the occasion, "they can crawl on a' fours for ought I care—it is easy for *them* to walk to the sands, for they hae claes for the purpose—but ye sanna get *me* to mak' a figure o' mysel' in the braid licht o' day for the sake o' auchteen pence or twa shillings, an' so if ye winna gang for the vehicle, I'll get Mrs Davidson to send for ane."

"Weel-a-weel," quoth I, "if a vehicle maun be had, it maun juist be had. Put on yer dookin' graith, an' I'se send the vehicle for ye."

So awa' I went tellin' her at the same time that, as I was to gang as far as the Rock an' Spindle afore I returned, she needna expect me hame for three or four hoors at the soonest. What possessed me to play the pliskie that followed, I canna pretend to accoont for, but the simple fact is that, instead o' gaun for a cab, as Tibbie intendit, an' as I ought to hae done, I set aff direct to the Wast Sands, an' ordered ane o' the bathin' machines up to the door o' oor lodgin's, tellin' the man to inform Lady Bodkin an' Mrs Davidson that he had come wi' the vehicle, an' that I had sent him.

"But," quoth the man, clawin' his head an' lookin' unco queer like, "we dinna drive folk up through the toon in oor machines, we only hurl them into the water."

"That disna matter a flee," quoth I, "mak yer charge, an' I'se pay ye for yer trouble, forehandit too, an' that's a' that ye need to care for."

"Very weel," quoth he, "I'se do yer bidden, but what if the leddies refuse to come?"

"Tell them that they *maun* come," quoth I, "that the bathin' machine is the only fashionable an' orthodox mode o' conveyance for leddies wha wish to gang in state to the bathin' grund, that a' the real gentry travel in that way, an' that in such an aristocratic city as St Andrews nane but the wives o' tailors an' greengrocers wad think o' travellin' on fit. Noo, scour awa, an' I'se stand atween ye an' a' skaith."

Whereupon the man mounted his vehicle, cracked his whip, an' hurried across the Links what he could drive, to the great wonderment o' sundry youthfu' gowfers, wha seemed perfectly puzzled to comprehend what it a' meant. As for me, I tane to my heels, an' held awa east past the Gowf Club Hoose an' the Martyr's Monument, an' up a narrow lane whilk leads frae the Scores to the North Street, in close proximity to my lodgin's, the object o' this movement bein' that I micht see the leddies bestowin' themsels into their vehicle without them seein' me. A peep alang the street satisfied me that the bathin' man had faithfully executed his commission. The vehicle stood at the door wi' a mob o' laddies roond it, while some dizzens o' adults o' baith sexes were lookin' on frae the neeborin' doors, close-mooths, an' garret-windows. A bathin' coach on the streets was evidently a phenomenon o' nae ordinary occurrence. Of coorse, nane o' the spectators kent me. I had ance acquaintances in St Andrews, but half a century maks sad havock amang kent faces—an' so it was never suspeckit by ony o' them that I had had a hand in the pye. By an' bye the man cam' oot o' the hoose followed by the twa leddies in bathin' costume. Havin' shown his "fare" into the vehicle, an' steekit the door, he flings his leg across the horse's back wi' a funny expression on his coontenance, an' drives aff at a rattlin' pace, a hourich o' bairns hochlin' at his heels as fast as their bits o' leggies could carry them, an' a' mair than delightit wi' the unwonted spectacle, if I might judge frae the hullieballoo they were makin'. My word Tibbie made a sensation in the toon for ance! But as soon as I had time to refleck, I foresaw, though ower late, the mischief I had done, an' I dreaded the consequences. Tibbie was never very gleg at seein' the guid o' a joke, especially a practical joke, played aff at her individual expense. Moreover, I had bargained wi' the man to tak' them doon to the beach, but I had made nae arrangements for their hame comin', whilk was an aggravation o' the offence, for they wad be under the needcessity o' findin' their way hame on fit, an' wi' neither hapwarm nor adornment save that furnished them by their dookin' abuliement.

Filled wi' fear an' forebodin's o' an approachin' domestic hurricane, I directed my vagrant fitstaps towards the risin' sun. A walk o' some twa or three miles alang the rocky beach stretchin' eastwards frae the harbour brocht me to the curious specimen' o' Nature's handiwark ca'd the Rock an' Spindle, where I had resolved to cool my fevered carkitch by a plunge into Neptune's native element. I had chosen this locality by reason o' the perfect seclusion it afforded, for I am naturally o' a modest retirin' disposition, an' hate aboove everything to hae my aquatic movements noted an' criticeesed by a wheen inquisitive rascals, wha seem to hae nought else to do but to spy ferlies. The tide bein' weel back, I made choice o' a pretty extensive pool fenced round on ilka hand by ledges o' rocks, cuist aff my duds, laid them doon in a safe place (as I thocht), an' then made a grand plunge into the liquid element. It is marvellous what effect the saut water has on a body's respiratory organs. As it dashes up aboot yer collar bane ye wad suppose that yer very breath was aboot to depart for guid an' all; an' a plunge ower the lugs is as guid as a shock frae a galvanic battery, garrin' ye sich, an' puff, an' blaw like a locomotive engine when the steam begins to steer aboot in its internals preparatory to a blatterin' race at the rate o' forty miles an 'oor. Yer spirits, too, dowie an' dooncasten though they may be, as mine were frae causes already mentioned, acquire a wonderfu' buoyancy an' enlivenment frae contact wi' what certain philosophical gowks, contrary to Scripture an' common sense, wad hae to be oor native element, insomuch that ye wad almost think ye could mount a broom-stick and flee ower to Norrowa' on the wings o' the wind. I was enjoyin' myself most famously, rowin' aboot like a porpoise, an' puddlin' like a deuk—for I'm nae soomer—it wasna inventit in my young days—when on sittin' doon to rest mysel' on a muckle loose bowlder covered wi' sliddery sea-weed, awa' whummeled the stane frae underneath me, an' left my body floatin' back doonmost like a log o' timmer. Until I had time to feel frichtened everything fared weel wi' me, but as soon as I proceedit to consider hoo I was to get oot, an' yokit to kick an' warsel an' haud up my hands, an' glaum at vacancy for support—whenever I tint faith in short—I straightway, like the doubtin' apostle, began to sink, an' to feel the billows closin' roon me like the jaws o' the shaft unfathomable. My thochts at that moment—were—were very confused, an' truth to tell, quite indescribable. Tibbie an' the bathin' machine—William an' the Crescent were somehoo jumbled thegether in my mind, but the impression produced thereon was sae indistinct an' transitory that it instantly melted awa', leavin' behind nae definite intelligible traces o' its short-lived existence. I had fairly tint a' consciousness—was in the dead-thraws, in fack—when restoration to thocht an' feelin' was produced by a circumstance whilk deserves to be stuffed an' placed for inspection in the Museum o' the Literary an' Philosophical Society, alangside o' the Egyptian mummy an' the skeleton o' the horse. The circumstance I allude to was the grippin' o' my muckle tae in the pooerfu' hydraulic press o' a partan's claw. The waves had vomited me up on dry land, even as the great fish did the rebellious prophet—in ither words, my almost inanimate body had been providentially wafted into a shallow pool, whaur, on a slicht abatement o' the waters—the tide bein' on the ebb at the time—my breathin' apparatus had in some mysterious way—I canna tell exactly hoo—got into blessed contact wi' the airy firmament, whereby I was restored to life, for whilk I can never be sufficiently thankfu'. While my head was aboon board, hooever, my legs an' feet hung ower the edge o' a rugged rock, underneath whilk there was a crevice wherein dwelt a partan, wha thocht to mak' a meal on my muckle tae, an' it was the bite o' that sub-aquatic cannibal that made me feel I was still a denizen o' this warld o' pain an' sorrow. Frae the day o' my birth an' doonwards, even until this present year o' grace, I never was sae near tinin' my precious life, if I except that momentous day when I rowed doon frae the riggin' o' the hoose an' lichted into the jawhole, an' if ye catch me venturin' again into water deeper than wad tak' me up to the brawn o' the leg, ye may let a'body hear o't.

When I had had time to shake my lugs an' collect my scattered senses, my first thocht was aboot drawin' on my duds an' gaun hame. I was dooms cauld, an' my spirits, erst as bauld as burry thristles, were noo as dull an' droopin' as a frost-bitten tawtie shaw. Ghaistly-looking as death on the pale horse, an' trimmellin' like an aspen leaf, I hirplit awa' ootour to whaur I had left my duds lyin'; but lo, a gust o' wind had blawn my coat aff the rock into deep water, an' there it was floatin' aboot amang sea weed, far beyond my wadin' or soomin' capacity, even if I had been able to muster courage to follow it after what had happened, whilk, of course, I was not. Ill as the case was, hooever, it micht hae been waur; for what if every steek o' my claes had gane the same gait? There was naething to hinder them, an' hoo, in that event, could I hae ventured into the city, especially in braid daylicht? The consequences wad hae been dreedfu'—ower awfu', in fack, to be made the subject o' calm contemplation! Hastily drawin' on the residue o' my raiment, I retraced my steps back to the city as fast as my legs could carry my carkitch. The exerceese I found to be exceedingly beneficial, for it restored a gratefu' warmth to my body, an' produced a correspondin' effeck on my spirits, whilk began to recover their wonted elasticity; an' by the time I was half-gaits alang Sooth Street, I felt a pooerfu' inclination to eat, an' seein' by a glance at the knock on the Toon's Kirk that it was atween twal' an' ane, I slips roond to the City Dinin' Hall, and orders a fourpence-halfpenny dinner. My bill o' fare consisted o' a basin o' first-rate warm soup, a platefu' o' mince collops, an' as mony petawtis as I could set a face till, together wi' a large slice o' plum-puddin'. I never ate a heartier dinner i' my life, an' seldom a better, an' a' for a groat an' a bawbee! Folk are really weel aff now-a-days, if they could only think it. But I had a double object in visitin' the Dinin' Hall, for bein' disinclined to appear at my lodgings in my sark sleeves, it struck me that I micht be able to negotiate the loan o' a coat frae some o' the waiters, whilk I did, an' so I managed to smuggle mysel' in aboot withoot attractin' an unusual amount o' observation frae the neebors.

But if I hadna a hame-gaun I ken mysel'! Nae mair than I expeckit, hooever, an' was fully prepared for. I never had seen Tibbie in sic a state o' anger sin' she had come under my jurisdiction, an' I houp never to see her in a like condition again. For the life o' her she couldna conceive hoo I, wha had come under obligations to honour her as a woman, an' to love an' cherish her as the wife o' my bosom, could hae been sae far left to mysel' as to go for to mak' her a laughin'-stock to the haill neeborhood by sendin' the bathin-coach to the door. This cruel indignity she could hae tholed for her ain pairt, as she had been constrained to thole mony affronts o' a like description sin' she had come to reside under my roof; but to hae Mrs Davidson made a bogle o' at the same time an' by the same means was mair than she could thole, an' sure she was that when Mr Davidson (wha had gane to Dundee on the previous evenin' on business) cam' back, an' was informed o' the circumstance, he wad be an angry man—that is, if he was really worthy the name o' a man! In this animated strain Tibbie's tongue went on for the space o' an 'oor, an' only ceased to wag when natur' becam' exhausted, while I sat mute an' motionless as patience on a munument, waitin' for a lull in the storm, in order to edge in an accoont o' the perils I had encoontered. Gradually I prevailed on her to lend an ear to my story, an' when at last she cam' to realise hoo nearly I had been lost to her an' to the warld at lairge, it was beautifu' to see hoo her wrath meltit into meekness, hoo she forgot her ain vexation in contemplatin' the fearfu' danger I had miraculously escaped frae, an' hoo she at last faulded me in her arms an' breathed words o' forgiveness, an' expressed her unalterable love, duty, an' devotedness towards her kind though errant husband,

TAMMAS BODKIN.

P.S.—Mr John Davidson, far frae bein' displeased at the trick I had played his guidwife in common wi' my ain in the matter o' the dookin' hurley, was perfectly delighted when he heard tell o't, an' has privately thanked me for my courage in venturin' on sic an effectual way o' rebukin' female extravagance.

T.B.'

'BODKIN IN THE SALTMARKET' [8 April 1865]

[Bodkin and Tibbie on a visit to their friend Sgt. M'Donald of the Glasgow police; lively scenes of the Glasgow roughs of both sexes and their antics in the Sautmarket on Saturday night; one of a series of papers in which Latto does a spot of first hand reporting on Scottish slum life—language, prostitution, drink, degradation and so forth]

'...I reached the Saatmarket juist as Tibbie an' Mrs M'Donald were aboot to sit doon to their tea...Of coorse, Mrs M'Donald set doon anither cup for me, an' put an additional spunefu' o' tea into the pat, an' so we had a very comfortable four-oors the three o' us thegither, for the Sergeant happened to be oot on duty that nicht, an' Mrs M'Donald said he wadna be hame till ten o'clock. This was onything but pleasin' intelligence to me, for Mr M'Donald is the best o' company, an' I immediately began to refleck in what manner I wad be able to spend the evenin' withoot him. Ae man an' ae woman may get on smoothly eneugh thegither, but wi' ae man an' twa women the thing is absolutely hopeless, or as the auld proverb has it—

> "Ane to ane is very fair,
> But twa to ane is rather sair."

When Tibbie an' me are oor twa lanes we can commune on topics mutually interestin', but when she gets Mrs Davidson prappit up at the tae cheek o' the chimla, her sel' at the tither, an' me the central figure i' the group, the babbles that pass atween them are positively ugesome—eneugh to stammagast a horse, an' I maun hear the whole o' them too, an' daurna signify either by word or gaunt, hooever tired or sleepy I may be, that I feel itherwise than deeply interested an' edified by their claivers. I jealoused that the case wad be muckle sic like wi' Tibbie an' Mrs M'Donald. I soon discovered frae their evenin' conversation the nature o' their ongaens durin' the day—that bein' naething mair profitable or entertainin' than a mutual inspection o' wardrobes, haudin' an inquest on bannets, an' intercheengin' ideas anent the sellin' price o' beef, butter, aitmeal, eggs, sugar, an' saat-herrin'. Tibbie loodly expressed her disapprobation of what she was pleased to ca' my stubborn obstinacy in refusin' to allow her to fetch her entire stock o' wearin' apparel alang wi' her, allegin' that but for said obstinacy she wad hae been in a position to astonish Mrs M'Donald wi' the extraordinary variety, quality, an' splendour o' her goons, shawls, plaids, crinolines, *eckcetrie*.

It was a great easedom to my mind when, after the twa o' them had spoken what if pricked doon on paper by a short-hand wreater wad hae filled a lairge octavo volume o' sma' print, a proposal I ventured to mak' to the effect that we sid stap oot to the Saatmarket for an oor or sae, an' see what was gaun on, met wi' their united sanction an' approval. Mrs M'Donald offered to accompany us, but as I perceived that her being oot o' the hoose at that oor wad interfere wi' her domestic duties, I begged her to forbear, since I was morally certain that, wi' Tibbie's assistance, I could venture as far north as the Rottenraw, an' as far sooth as the Briggate without rinnin' ony risk o' tynin' mysel' or meetin' wi' ony serious mischanter either to purse or person. To this the honest woman reluctantly agreed, though she didna fail at the same time to admonish us to leave oor purses an' ither valuables behind us, as there wad be nicht hawks abroad, wha wad mak it a matter o' conscience to relieve us o' oor superfluous treasures if sae be they could conveniently get their cleuks upo' them. This admonition seemed most judicious an' rizzenable, an' showed that Mrs M'Donald was weel versed in the infirmities o' human natur', particularly wi' those arisin' oot o' the general non-observance o' the things required an' forbidden in the aucht comman'ment—a branch o' Christian ethics whereof there are but few professors or students in the Saatmarket an' its immediate neeborhood, notwithstandin' that the jail is always, an' the widdie sometimes visible at the far end o' the street preachin' repentance to the crooked an' perverse generation that drinks an' rieves an' blasphemes daily an' nichtly within its unhallowed dens an' wynds an' closes—eneugh to bring doon the judgments o' Heeven on the haill city. So Tibbie an' me laid oot oor purses on the tap o' Mrs M'Donald's drawers. Moreover, Tibbie tane aff her waddin' ring an' put it into her purse, for o' jewelry, it bein' her decided opinion that the waddin' ring is the palladium o' the married state, whilk, bein' tint or stown, coontless evils, misfortunes, an' mischanters wad follow as a necessary consequence. I also pu'd my watch oot o' my fob, an' laid it doon beside my purse—not that I entertain ony superstitious fears as to ulterior consequences in the event o' its bein' tint or curnabbit by the tarry-fingered gentry, but because it would tak' sax pound ten to put "anither o' the same" in its place.

Havin' divestit oorsels o' whatever was likely to excite the cupidity o' the rogues an' vagabonds we were aboot to rub shoothers wi', we ... launched furth into the seethin' sea o' raggit an' rascally humanity that sweltered an' struggled an' foamed an' roared, far as the e'e could penetrate in ilka direction, alang that noisome tideway o' low life—the Saatmarket. Pity me! what a coontless multitude o' folk! What a warld o' wretchedness, want, an' misery! What a congregation o' rogues an' vagabonds o' baith sexes! Whaur did they a' come frae? Whaur are they a' gaun till? On what business are they bent? Hoo do they a' manage to pick up a livelihood? ... Hunders o' them, I doot, live like the fowls o' the air—unable to tell i' the mornin' when they get up whaur their breakfast is to come frae. An' this is the far-famed Saatmarket o' Glasgow, whaur Bailie Nicol Jarvie made his groats an' spent his groats, an' lived in civic splendour, like his father, the Deacon, afore him! Alace, hoo hae the michty fallen! Like Babylon the Great, the Saatmarket, ance the centre o' wealth an' comfort, has noo degenerated into the haunt o' wild beasts, an howlets, an' bats, an' a' kinkinds o' vermin—the chosen habitation o' unsavoury smells, uncomely sichts, an' blasphemous soonds!

Havin' made a general survey o' the multitude, we proceedit to view it in detail. We find oorsels—Tibbie an' me—in front o' a whisky shop. The gill stoups an' tappit hens are a' clear an' glitterin'—the shopman a great red-nosed fallow, wi' a paunch hoved oot as big as ane o' his ain casks—the shop floor sprinkled wi' sawdust after the similitude o' the shambles—an' truly a place o' butchery it is to mony ane, for thoosands destroy baith body an' soul by frequentin' that sink o' sin an' misery—a stream o' victims are flowin' in wi' toom bottlies i' their laps an' oxter pouches, anither stream are flowin' oot wi' fou anes. Yon fierce-lookin' limmer, wi' tautit hair, bloodshot een, an' scarce a rag on her back or a shoe on her fit, has just come frae the bundle shop across the way, where she has pledged her puir wean's frockie—a birthday present frae its grannie—for a saxpence, an' that saxpence gangs into the publican's till—I heard the clink o't—an' here comes the weirdless waif o' a woman wi' the whisky bottle in her hand, nae shame on her broo—na, it is lang, lang since it was anointed wi' the brazen candlestick o' shamelessness. She reels across the street, an' enters the mou' o' a close, whaur she pulls the cork an' taks a sook. A man whase apparel is baith dirty an' raggit has been watchin' her movements frae the thick o' the crood. He has a heart-broken look aboot him, puir chield, whilk speaks o' shattered houps an' dreams o' happiness that ance possessed his soul, but that has evaporated lang, lang ago! He springs frae the crood, dives into the close, snatches the bottle frae the woman's lips, an' dashes it to the stane o' the wa'. That woman, peradventure, was to that puir man what the warld wad ca' his wife, but what I wad ca' his evil genius, his tormentor, his she devil!

"Ye see that," quoth Tibbie, after the twa o' them had disappeared doon the close. "Think muckle o' yer wife after this, an' dinna grudge me an occasional new bannet or a new goon. If your wife was like that ane ye micht hae some room to complain."

My reply consistit o' a heavy sich—naething mair—for at that moment my emotions were ower deep for utterance, though I felt that what Tibbie was sayin' was the God's truth, an' couldna be gainsaid. I *was* thankfu' that

MR W. D. LATTO,
Editor of "The People's Journal" ("Tammas Bodkin.")

Fig. 5. W D Latto.

Heevin had blest me wi' a virtuous wife an' a weel-doin', an' frae this time hencefurth I'll do my endeavour to mak' my remarks on new bannets an' new goons as few an' weel-chosen as may be consistent wi' prudence an' richt reason. Still, I say it wi' a' humility, I canna perceive that because ae man's wife buys ower muckle whisky anither man's wife sid be allooed to by ower muckle silk mercery an' haberdashery, withoot her extravagance bein' made the subject o' remark an' animadversion by her husband, wha has the piper to pay.

We moved on for a short distance towards the Cross, whaur we observed a curn weans amusin' themsel's by chasin' ane anither hither an' thither oot an' in an' back an' fore amang the crood. Thinly clad the maist o' them were, an' raggit as craw-bogles. Ane had on a lang-tailed coat that had evidently belanged to his faither—his marriage-coat very likely, or it may hae been coft at a pawn shop for tenpence or a shilling. The tails hang doon to his heels—a circumstance whilk led me to examine into the condition o' his puir feet, an' what was my astonishment to find that, though the weather was cauld as Greenland an' the dubs clad wi' ice—the puir misguidit laddie had neither stockin' nor shoe on to fend his bits o' feeties frae the frost. An' this, too, in a land o' Bibles, an' kirks, an literature, an' philosophy, an' civilisation! What a mercy it is that the Almichty tempers the wind to the shorn lamb;

for that bit loonie, wi' his shoeless feet an' hungry stammack, I was glad to find, had some grains o' happiness left in his youthfu' heart, that cauld an' hunger had not been able to snatch awa'. It made me feel a sort o' eerie to see him dancin' noo an' then—probably to keep his feet warm—an' to hear him singin' in a shrill pipe—

"Oh, dear me,
  I wish I ne'er had seen
The bonnie wee lass wi' the curly hair
  That works the sewin' machine."

Proceedin' alang the High Street, past the College, an' up the "Bell o' the Brae," we arrived belyve at the junction o' the Rottenraw an' the Drygate, at ilka fitstap forgaitherin' wi' sichts fitted to excite sober reflection. The entire population seemed to be in the streets, some gaun quietly aboot their business, some flytin' an' quarrelin' an' threatenin' to knock ilk ither doon, an' some swearin' like Pagan heathens...'

'BODKIN'S SKATING ADVENTURES.' [22 February 1862]

[a country scene; Bodkin & Tibbie visiting farmer friends in Kincardineshire, the Mr & Mrs James Witherspoon of Crummiehillock and their neighbours Mr & Mrs Andrew Swingletree of Puddlemadubhie; following a previous upset in a dog-cart they decide to walk to Puddlemadubhie; the main idea is to go skating on a nearby mill dam; Bodkin has no skates so, a common country ploy, gets some horseshoes fixed to his boots and this does service; when he consequently goes headfirst through the ice with only his soles showing, the natural conclusion is drawn]

'MAISTER EDITOR,—Jeams an' me made it up between us, that we wad set oot for Puddlemadubbie, on the back o' dinner-time, in order that, as Jeames suggestit, we micht hae the afternoon afore oor haund, an' especially that we micht hae an oor or twa's skatin' on Puddlie's mill-dam, until sic time as Mrs Swingletree sid get her browst brewn. So Jeames brocht the arrangement before Tibbie an' Mrs Witherspoon, whereunto they baith signified their adherence, only the mention o' a mill-dam was to Tibbie a source o sae muckle terrification, seein' what happened at Powburn i' the summer time, that she made a stipulation wherein she was fortified by the deliberate opinion o' Mrs Witherspoon, that on no account were we to be allooed by travel by the dog-cart, lest, peradventure, a similar catastrophe, or something waur, micht happen to us on oor voyage to Puddlemadubbie. Jeames an' me were profane eneugh to mak' game o' their havers but, of coorse, after some argie-bargein', we were obliged to yield up the point, an' consent to a pedestrian expedition.

As we had aboot four miles o' gate to gang, Mrs Witherspoon proposed that Jeames an' me sid carry a little provender alang wi' us in her radicle-basket, for sustenence by the way, but as Jeames demurred to that proposition—very properly, as I thocht—seein' that, owin' to the cauld weather, it wad behoove him an' me to walk wi' oor hands in oor pooches, I cut the Gordian knot, an' so squaired up the difficulty, by slippin' two o' Mr "Shon" M'Nab's puddin's into the tail pooch o' my top coat. Jeames very considerately threw oot the hint that, as there was a far greater liklihood o' oor bein' dry than hungry, it was at least quite as necessary that we sid hae the means o' slockenin' oor drooth as o' satisfyin' oor hunger by the way, an' so he freights the cutter oot o' the "North Port" greybeard, an' claps it into his oxter pooch. Bein' thus equipped for oor campaign, we taen an early dinner, consistin' o' the reversions o' the previous nicht's supper, wi' a concludin' caulker to sharpen oor nebs against the nirlin' winds that were comin' soughin' an' howlin' doon the snaw clad glens o' the Grampians, an' so, after Mrs Witherspoon had gien her final orders to the servant lass to see that the red-kaimed cock didna fa' foul o' the white hen's chickens, an' put their spunk oot; that the farrow-soo received her prescribed dose o' loo-warm whey, wi' a teat o meal on it, at sax o'clock; an' that the ill-deedy bruckit stot didna break his baikie, an' butt the onweel beastie in the stall behind the door, the way he did on Sabbath was aucht days; we set oot for Puddlemadubhie aboot ane o' clock i' the afternoon, explorin' oor way through "mosses, waters, slaps, and stiles," for Jeames was clear for gaen as the craw flees, as we wad thereby shorten oor voyage by a mile an' three quarters, accordin' to his computation.

Naething noteworthy happened by the way, only Tibbie, when attemptin' to scale a palin' that interruptit her progress, had the misfortune to let her creenoline get entangled thereon, insomuch that she could neither advance nor retreat, but only cry quarter, an' appeal to Jeames an' me to deliver her oot o' the gled's hands. So Jeames an' me flew to the rescue, Jeames grippin' her roond the waist, to preserve her equilibrium, seein' as hoo ilka blast o' wind threatened to turn her heels upmost, while I made an investigation into the causes o' her detention, my researches bein' rewarded by the discovery o' a big roosty nail (the name whereof, accordin' to Jeames's dictionar', bein' a "double-double"), that had penetrated between twa hoops o' her creenoline, causin, an ill-faured rent i' the garment, an' stickin', wi' its crookit neb i' the claith, like the fluke o' an anchor. It was a dreigh undertakin' to separate the steel hoops frae the embrace o' the roosty nail—there bein' a sort o' affinity between the twa—but after nae that little pechin' frae Jeames, flytin' frae Tibbie, an', no to mention the skirlin' o' Mrs Witherspoon, patient perseverance an' heroic ruggin' an' rivin' on my pairt, Tibbie was at last an' lang restored to "terry firmy," as Jeames remarked, but sairly oot o' humour at the misgugglement o' her gude creenoline. Hoosomdever, anither half-oor's travel brocht us to Puddlemadubhie, where Mrs Swingletree, Mrs Witherspoon, an' Tibbie sat for aboot twenty minutes "in secret session" on the creenoline, an', on the public bein' admitted, it was announced, that though the garment wasna a'thegether past redemption, it wad yet be advisable—"indeed absolutely necessary," as Tibbie said in giein' her verdict—that a new ane sid be providit on or return to Dundee, especially for Sabbath-day's wear, as, owin' to the filthiness o' the streets in rainy weather, it wad behoove her to haud up her goon-tails, when, of coorse, the screed wad be visible to a' the toon, an' be mair picturesque than pretty.

Leavin' the women folk to their ain meditations, Jeames, an' Andrew, an' me set oot to get a visie o' Puddlemadubhie, an' a' that pertained thereunto. Of coorse, Jeames an' Andrew were eloquent on stots, an' queys, an' turnips, an' petawtis, an' though I've got nae that little insicht aboot rural affairs durin' my sojourns at Crummiehillocks ... I couldna pretend to haud up logic wi' them twa, an' so I let my words be few an' weel chosen. Havin' surveyed the byre, the pigstie, an' the hen-hoose, we at last landed in the stable, where Jeames, at Andrew's invitation, inspeckit the mou' o' a mare, that had been coft short syne frae an Aberdeenshire jockey, aboot whose youth Andrew entertained some doots at variance wi' the warrandice o' the said jockey. As Jeames an' Andrew were perfectly agreed on the point, I doubtna but his jockeyship has heard o' the business lang afore this time, for Andrew declared he wad rather wair the haill worth o' the beast than be victimised, an' Jeames said he was muckle o' the same spirit himsel'. The jockey's conduct havin' been duly considered in a' its various aspects, an' vengeance vowed against him, Jeames suggestit an' adjournment to the mill-dam for an oor's skatin' juist to put aff the time an' infuse a little vigour into our veins until Simon, an' Pirrie, an' Snipie, an' Mr Rouster, an' the rest o' them sid arrive. We had nae skates, but Andrew bein' a genius, improvised substitutes for them by fastenin' auld horse-shoon to oor soles by means o' leather thongs, an' so to wark we gaed. The ice was in capital trim, an' the dam bein' nearly an aucht o' a mile lang, we had full scouth to rax oor legs an' cut as mony capers as we could set a face till. Jeames was an' awfu' hand on the ice, an' Andrew was nae that far ahent him, but as for me, I found it a dooms dour job to keep my head an' my feet on the plumb, the consequence whereof was that I was as often on my bottom or on a' fours as on my twa feet. Hoosomdever that was naething, for I found it to be as pleasant slidin' in the horizontal as in the perpendicular style; an' aye when I cam' doon wi' the ither bump Andrew laughed, an' Jeames laughed, an' I laughed, an' we a' laughed throughither, an' ye never heard sic laughin'. We had carried on at this rate for better than half-an-oor, when Mr. Saunders Branks showed his nose ower the tap o' the feal dyke, whereby the dam was enclosed on ane o' the sides thereof, an' quoth he—"Preserve's a', Mr Swingletree", quoth he, "has ane o' yer horses drooned itsel' i' the dam?" For ye'll observe that in the precise moment proceedin', by a wanchancie dispensation o' Divine Providence, my head had come in violent contact wi' the ice, knockin' a round hole therein, rather larger than my body, whereby my haill corporation was submerged, wi' the exception o' the soles o' my feet. Saunders, puir body, saw nocht but the horse shoon glowerin' up i' the air, an', therefore, he naturally concludit that the horse itsel' couldna be far awa. Hoosomdever, Jeames and Andrew comprehendit the true state o' the case at a single glance, an' without takin' time to explain matters to Saunders, they ran to my assistance, seized me by the heels, and restored me to "terry firmy," as Jeames said, juist as I was i' the dead thraws.

"Gude guide us a'," quoth Saunders, comin' in-bye an' liftin ane o' Mr

M'Nab's puddins, that had slippit oot o' my pooch i' the midst o' the collieshangie, "Gude guide us a', but the puir man's very inwards are comin' oot!"

"Losh, an' so they are!" quoth Andrew, takin a visie o' the puddin'. "What's sairest aboot ye, Mr Bodkin, my man?"

"Ou, na," quoth Jeames, "there's naething wrang wi' Mr Bodkin, only ane o' Mr M'Nab's puddin's—that's a'. Tak' you ae shoother, Puddlie, an' I'll tak' the ither. Pirrie, rin you into the hoose an' tell Mrs Bodkin no to be alarmed, for that it's naething waur than a case o' involuntary immersion. Canny, noo, Puddlie; aye, that's the scientific plan—roond his waist wi' yer left arm, grip me by the shackle-bane, an' haud up his shoother wi' yer richt hand; there, noo—grip siccar, an' march."

Jeames laid doon a' thae directions withoot stoppin' to tak' breath, an' baith o' them threw their utmost strength into the enterprise, insomuch that had I been Goliath o' Gath instead o' a puir wurlie body o' a tailor, they wad hae found nae difficulty in transportin' my corporation roond to the front-door. By this time I was beginnin' to recover my faculty o' speech as weel as my powers o' locomotion, an' so the first words I uttered were "O, Tibbie, Tibbie, but that water cure is a dooms cauld job..."

Anti-Imperialist and anti-Tory writings from the 1870s:

These pieces were prompted by the Bulgarian Atrocities agitation of 1876-8, the Russo-Turkish War of 1877, and general Liberal outrage at the 'forward policy' of the Conservative government in the Middle East, Afghanistan and South Africa. News broke in the summer of 1876 about the massacre of Balkan Christians by the notorious *bashi-bazouks*, and a vigorous campaign was launched to change the long-standing pro-Turkish bias of British foreign policy, based on the concept of denying Russia control of the Black Sea and safeguarding British communications with India. The rejection of the Russian proposals of joint action against the Turks provoked a furious reaction in advanced Liberal circles where there was deep opposition to the idea of Imperial expansion in any case, and a pronounced readiness to cooperate with the Russians in protecting co-religionists under Turkish rule. In the general election of 1880 the Tories lost 100 seats and were practically annihilated in Scotland.

'BODKIN ON THE PERTHSHIRE ELECTION.' [2 February 1878]

[a naked piece of electioneering in which the Perthshire election is viewed as deciding between peace and war, a Liberal victory serving to curb 'that madman Disraeli'; Disraeli's support for the Turks condemned, his sponsorship of the Second Reform Act dismissed as cynical opportunism; fierce condemnation of the Balkan atrocities]

'...The tremendous issues dependin', baith directly an' indirectly, upon the result o' this plea between Liberalism an' Toryism—even the honour an' wellbein' o' the British nation, no to mention the interests o' the unhappy Christian subjects o' the Porte—maun be my excuse for thus presumin' to stap into the political arena.

The question to be decided this day by the Ballot Box in Perthshire is not merely whether a Tory or a Liberal shall represent that great coonty in Parliament, but whether we are to hae peace or war—whether Great Britain is to go ploddin' on in the path o' peacefu' industry, or to rush madly to wreck an' ruin in defence o' that corrupt abomination, Turkey. That is really the question the Perthshire electors will hae to decide this day at the Pollin' Booths. In presence o' that momentous question, I wad say that a' ither questions dwindle into utter insignificance. Under ither circumstances, nae doot, the Kirk question or the drink question, or the various agricultural questions, micht have demandit the chief consideration; but there is naething pressin' wi' them—they can afford to lie ower for a year or twa if need be; an meanwhile the thing of supreme importance to be dune is to bind ower that madman Disraeli to keep the peace. For some time back—a' through this Russo-Turkish squabble, in fack—he has ackted like a fule, an' a'body kens hoo dangerous it is for fules to hae chappin' sticks i' their hands. I've aye admired him at makin' a speech—Dizzy's capital at that—but his statesmanship is aboot the warst we've been curst wi' since the days o' Castlereagh an' Sidmouth. Durin' the whole o' this by past twalmonth his entire energies seemingly has been prostituted to the diabolical purpose o' plungin' this country into war. Noo, I could easily tolerate the mischief he does in domestic legislation, because anither Parliament an' anither Government can undo the evil, but when he sets himsel' wi' a' his micht to drive the nation into what wad undootedly prove a disastrous—an' whether disastrous or no, at least a maist unjust war—I say he ought not to be tolerated, no, not for a moment; because the mischief he may do in that way micht prove utterly ruinous an' irreparable. It was very funny in him to "dish the Whigs" as he did, by vaultin' like a harlequin frae the one extreme o' resistance to a' reform whatsoever to the ither extreme o' hoosehold suffrage, although at the same time it was an amazin' exhibition o' inconsistency an' want o' principle; but to let him play his mad pranks wi' the Eastern Question in the way he proposes to do wad be mair tragical than funny.

There are twa very satisfactory reasons why we should not fecht Russia in defence o' the Turk. In the first place, the conduct o' the Turk is indefensible on Christian principles. He is a moral nuisance amid the civilisation o' Europe. He is ignorant, cruel, tyraunical. His Government is a hatefu' system o' spoliation and oppression. Had he lived near-by God's chosen people in Auld Testament times, he wad hae been condemned to utter extermination like the Amalekites, the Hittites, an' the Perizzites. He wad hae been put under harrows o' iron, his name wad hae been blotted oot from off the face of the earth. We live under the Christian dispensation, of coorse, an' hae nae warrant to exterminate onybody wha conducts himsel' properly, nae matter what his religion may be; but are we as a Christian nation called upon to spend oor siller an' spill oor bluid in shieldin' a rascal like the Turk frae the vengeance justly due to his manifold iniquities? That the Turk is a believer in the False Prophet is maybe mair his misfortune than his faut, but that he is a murderer o' Christian men an' women an' bairns is clearly his ain faut, an' let him pay the penalty for his hard heartit cruelty. It's no a twalmonth yet since he was murderin' thoosans o' puir inoffensive bein's at Batak an' elsewhere, an' see hoo he has murdered the Russian wounded on the battle-field whenever he could get a chance—see hoo he has mutilated an' dis-honoured the bodies o' the dead! Villains wha could do deeds o' that kind dinna deserve a spark o' human sympathy, let their misfortunes be what they may. An' yet it is for the protection o' this accursed race that Lord Beaconsfield intends to mak' a raid upon our pouches to the tune o' sax millions sterling! For this unholy purpose it is that he wad plunge the nation into war! Electors of Perthshire! tell Beaconsfield this day by your votes that you—that the nation at large—will not spend a saxpence o' your siller, will not shed a drap o' your bluid, in sic a fiendish enterprise!

But even if the defence o' the Turk were ane o' the holiest crusades that ever was preached up, Great Britain is not in a position to redd the marches single-handit. Whaur are oor allies? In the Crimean war we had France on oor side, an' Sardinia on oor side, while Austria observed a benevolent neutrality. In the present squabble—if we were dementit enough to throw oorsel's intil't—we wad hae naebody on oor side, except—the "unspeakable Turk." A year syne oor Government had a chance o' settlin' the Eastern Question in concert wi' the ither European Pooers. They wantonly threw that chance awa' an' boasted that they had dune sae. They rejected the Berlin Memorandum, an' sulked; they preferred the freendship o' Turkey to the friendship o' the ither Pooers o' Europe, an' here they are to-day withoot an ally! Splendid statesmanship truly! An' noo Beaconsfield wad hae us to fecht like "Hal o' the Wynd"—for oor ain hand. Nay, verily, Mr Dizzy—the nation has not tint its senses a'thegither. You may get your henchmen to vote the sax millions—they'll vote for onything ye like to propose—but I tell ye—an' I fervently houp that the electors o' Perthshire will this day tell ye i' the deafest side o' your head—that their vote will not in this case represent the will o' the majority o' the nation. Juist you daur to submit the question o' peace or war to the decision o' the nation at lairge by means o' the Ballot Box an' ye'll sune see that it will be a "wrang box" for you. In Perth City—in Leith—in Greenock—your insane policy of brag and bluster has been submitted to the arbitrament o' the "box," an' ye ken wi' what results. Let Perthshire do its duty this day faithfully an' fearlessly—let it place the Honourable Mr Greville at the tap o' the poll by a decisive majority—an' the fire-eaters, baith in Parliament and oot o't wha are clamourin' for war, will be filled wi' dismay...'

'BODKIN ON THE AFGHAN WAR.' [28 November 1878]

[a passionate denunciation of Tory Imperialism; Disraeli compared, unfavour-ably, with King Ahab]

'MAISTER EDITOR,—So I see Beaconsfield has at length an' lang managed to plunge the nation into war. For the last twa twalmonths he has keepit barkin' awa at the heels o' the Rooshian Bear, but although he valiantly showed his teeth, he was prudent enough no to venture on bitin'. In the settlin' up o' the stramash the Bear got aboot a' he wantit, while the Beaconsfield cur was fain to be content wi' a puir stinkin' bane to pick in the shape o' Cyprus, wi' the guardianship o' the malodorous knacker's yaird whilk the Turk keeps up in Asia Minor. It was a miserable moothfu' after sae muckle barkin'. Hoosomever, it pleased or seemed to please oor Anglo-Jewish mongrel cur richt weel, for he cam' back frae the division o' the Turkey wi' a claw o' the bird in his teeth, an' he barkit richt valorously on the Thames aboot his great an' michty deeds on the Spree. He had brocht back "peace with honour" he said, but in my opinion he brocht back a piece o' Turkey that it was neither honourable in the Sultan to gie nor in Beaconsfield to receive. Findin' that the bit o' Turkey he snatched at Berlin disna agree wi' him, oor Premier has noo cast a greedy glower farther eastward, an' he thinks a slice o' Afghanistan wadna be a bad thing for his stammach. Wi' Cyprus on the west an' Afghanistan on the east, an' Asia Minor atween the twa, he thinks that a very toothsome sandwich micht be made up wherewith to appease the earth-hunger o' his gutsy followers. But the saat an' mustard, I doot, will prove ower strong a dose for the country to swallow.

The time was when highwaymen withoot the slichtest warnicement way-laid unsuspectin' travellers, clappit a pistol to their heads, an' invitit them to surrender their purses or their lives, an' were coontit heroes for so doin'. Highway robbery is nae langer wark for a gentleman, but thievery is still as rife as ever. Burglars on a sma' scale are nabbed when the bobbies happen to be smart enough, an' very properly relegated to penal servitude; but when the burglars chance to be statesmen they may thieve an' murder as muckle as they like, wi' the comfortable assurance that their dishonesty an' bluidshed will be dignified wi' the grand names o' "high policy" an' patriotism; an' they very confidently rely on bein' decorated wi' stars an' garters by the Sovereign, if sae be they manage to kill a reasonable number o' their fellow creatures, and bring in aboot wi' them a pretty valuable haul o' 'swag'. But your political burglar o' the modern stamp is a polite rogue. He may hae a "single e'e" to the "swag", but he manna lat it be kenned that "swag" is his main object. He maun pit on the air o' injured innocence, an' *pretend* that he has been wranged by his intendit victim. He maun get up a "row," an' hae a black e'e to show afore he picks the pocket, an' syne he can plead that the "swag" is only a sma' pairt o' the compensation justly due to him for the pains he has been at in settlin' the stramash. Of coorse it doesna matter a preen although he made a' the stramash himsel', for if he come aff wi' fleein' colours the injured pairty daurna say a word in his ain defence; if he did sae there wad juist be anither roond o' the "maulies" an' a fresh onslaught on the puir wretch's guids an' chattels.

Noo, Beaconsfield and Co., havin' burglarious views on the North Western frontier o' India, must begin operations by gettin' up a "row" after the approved style o' political thieves. The Afghan ruler, Shere Ali, has a bit o' grund belangin' till him that the burglarious firm aforesaid thocht was juist the very thing that was wanted to square aff the boonds o' oor empire in that direction. They were sadly in want o' what they ca' a "scientific frontier," an' Shere Ali had the identical article they were lookin for. But Shere Ali was not the sort o' person that was likely to pairt wi' his property withoot resistance. England has changed her Indian frontiers sae aften, an' aye to the detriment or utter extinguishment o' her neibors, that Shere Ali is no to be blamed for lookin' wi' a suspicious e'e upon the manoeuvers o' the burglarious firm. Shere Ali, dootless, thocht it wad be sheer folly to become the ally o' Beaconsfield an' Co. He desired naething better than to "abide in his breeches" withoot bein' disturbed by meddlesome an' ill-designed intruders.

But a "scientific frontier" *maun* be had at whatever cost. Spies an' eavesdroppers reported to Beaconsfield an' Co. that Shere Ali was enterteenin' strangers at Cabul—Rooshians, they seemed to be—a dreedful discovery! What could they be wantin' there! And what business had Shere Ali to harbour sic gangrels? It was very provokin', nae doubt, that the Rooshian Bear sid cast up at Cabul sae sune after he had been fleggit awa' frae Stamboul. What was to be dune? "Ah, we maun hae a share o' the Ameer's hospitality likewise," quote Beaconsfield an' Co., "or we'll kick up a michty rumpus, an' annex that scientific frontier on the heids o't. The very thing! Ho! you Shere Ali there, you are feastin' them Rooshians: come gie huz a share o' the banquet also, or else we'll punch your head for you..."

Shere Ali, it wad seem, hasna a castle within a' his wide dominions that he daure ca' his ain. He maun open to Beaconsfield an' Co. on pain o' havin' his hoose blawn aboot his lugs if he says no. That may be justice in the estimation o' oor wonderfu' Premier, but I confess I canna see't.

I've read somewhaur in a Beuk, that bein' an Eastern production oor Disraelitish Premier maun be acquaintit wi, aboot a certain monarch wha wickedly set his mind upon obtainin' possession o' his neibor's vineyaird wi' the view o' acquirin' a "scientific frontier" for his cabbage garden. The King was a very wicked King, an' Ahab was his name, but, wi' a greater sense o' justice than Beaconsfield has exhibited in his treatment o' Shere Ali, he offered to buy the vineyaird or excheenge it for a better ane. "And Naboth said to Ahab, The Lord forbid it me, that I should give the inheritance of my fathers unto thee." Quite as covetous as Beaconsfield, but less wicked than he, the King retired into his palace very sore displeased wi' Naboth, an' sae deeply mortified that he dortit at his meat. But Ahab had a wife wha had as few scruples as Beaconsfield at seizin' on a "scientific frontier." She didna demand that Residents frae the King's Coort sid be quartered upon Naboth, but she got Naboth to attend a grand Durbar, an' there sneckit him aff. Then the wicked limmer returned to her petulant husband an' said, "Arise, take possession of the vineyard of Naboth the Jezreelite which he refused to give thee for money, for Naboth is not alive, but dead."

Noo, I dinna doot but oor modern Ahab—Beaconsfield, to wit—will get possession o' Shere Ali's bit grund by hook or by crook, for the Afghan Ameer is juist as sure to be lickit, noo that the scrimmage has begun, as Naboth was to be murdered when Jezebel had made up her mind to hae his heart's bluid; but I've juist as little doot that a "scientific frontier" acquired by means sae unjust will be as little profitable to us as Ahab's "garden of herbs" was to him. The covetous King hadna completed the perambulation o' his "scientific frontier" when the ominous words o' the Tishbite fell upon his ears. "Thus, saith the Lord, in the place where the dogs licked the blood of Naboth, shall dogs lick thy blood, even thine!" I dinna need to recapitulate the fate o' Ahab an' his wicked wife; every schoolbairn kens what became o them; an' if Beaconsfield an' Co. escape a like fate, it canna be because they arena guilty o' a like transgression.

I'm sorry to say sae, but it's nevertheless a fact that Beaconsfield an' Co. hae managed to plunge this nation into a war sae utterly unjust an' wicked, that patriotic Englishmen wha believe in the eternal principles o' richt an' wrang, really canna pray for the success o' oor arms without ignoring the teachin' o' Christianity an' doin' violence to their consciences.

TAMMAS BODKIN.'

'BODKIN'S PROVERBIAL PHILOSOPHY, CH.6,—"A hantle cry murder, yet are aye uppermost."' [27 September 1879]

[this formed part of a series of lay sermons based on proverbial texts; in this case the pretence by the mighty that they are effectively the underdogs and the injured parties, as a cloak for imposition, greed and masterful oppression of the poor and weak; three illustrative examples: one, the tale of the wolf and the lamb from Aesop; two, the prosperous businessman who pleads poverty in order to cheat his customers; three, (and this is the real point of the essay, and the part I reprint below), Disraeli's foreign policy with regard to Afghanistan and South Africa]

'...It is surprisin' hoo mony folk there are in this world wha think that fortune uses them badly if they haena "a' the butter on their ain side o' the plate." Not content wi' a fair share o' "the good the gods provide them," they wad hae baith their ain an' ither folk's portions likewise, utterly oblivious apparently, o' the fact that "a' is nae pairt." An' when they find themsel's arrested in their career o' acquisitiveness by the legal barriers happily ereckit by society for safeguardin' the interests o' the general community, they hae the barefaced impudence to set themsel's doon as much injured individuals. Their governin' principle is pure selfishness. If sae be that they themsel's are made a' richt they carena a fig hoo mony o' their fellow-mortals are ruined in the process. Their e'e is single, terribly single; but, alas! it never gets the length o' glowerin' ayont the brig o' their ain noses. Of such a man I wad say, in the scathing words o' Watty Scott:—

> "High though his titles, proud his name,
> Boundless his wealth as wish can claim,
> Despite those titles, power, and pelf,
> The wretch concentred all in self,
> Living, shall forfeit fair renown,
> And doubly dying, shall go down

To the vile dust from whence he sprung,
Unwept, unhonoured, and unsung."

This vicious habit o' cryin' murder withoot sufficient cause is not confined to individuals, but is equally rampant amang mankind in their corporate an' national capacity. No to gang far frae hame, I could point oot a nation that has of late had a lang spell at cryin' murder although it was patent to everybody wi' an' unprejudiced e'e that the complainant was the only pairty that showed ony disposition to shed bluid. Oor present rulers, wha hae been, in plain terms, a curse not only to this country, but to the haill warld for the by-past five or sax years, hae been, if ye tak' their word for't, sair, sair haudden doon by thae ruffians o' Afghans an' Zulus, an' yet the curious thing is, they've aye managed to be uppermost. There was the late Shere Ali, for example, he was a most ootrageous tyke, it wad seem, wha was constantly plottin' the ruin o' oor Indian Empire. Lord Lytton cried murder; oor rulers at hame re-echoed the cry; an' the result was that, although the Afghan ruler was doin' us nae harm whatsomever, he was huntit to death, an' his son an' successor robbit o' a big slice o' his dominations. I dinae wonder a bit that the Khans has kickit up a row aboot the peace of Gandamak and murdered the members o' the Embassy. The victims are to be pitied, but them wha sent them to Cabul are sair to blame. We had nae business to meddle wi' the Afghans ava.

Then there was Cetewayo, King of the Zulus, wha had the misfortune to be hauntit wi' a desire, laudable eneugh frae his point of view, to imitate his betters in the direction o' defendin' his ain kraal an' "keepin' the croon o' the causey." He was anither object o' terror an' envy to the wiseacres wham Providence, for wise reasons nae doot, has suffered for the last five years to misgovern an' bamboozle this afflickit nation. The Zulus werena seekin' to interfere wi' us in ony shape or form whatsomever, bein' weel content to "abide in their breeches," or to speak mair truly, to rin aboot within the boonds o' their ain territory wi' nae "breeches" on their stalwart hurdies to speak o'; but most unluckily for the puir Zulus they were strong, brave fellows, wha prized their independence an' had the will an' the means to defend themsel's against their savage neebors at least; an' for thae very insufficient reasons, I must needs say, the murder cry was raised against them, their territory was invadit, their cattle driven aff, their kraals burnt to the grund, an' themsel's murdered. Cetewayo, puir fallow, has been huntit like a paitrick up hill and doon dale, an' noo he is a captive an' aboot to be sent aff like anither Boneyparty to St Helena or some ither prison home equally loathsome to a child of nature like him. I'm richt wae to think o' the Zulu king, for albeit I've nae particular affection for Pagans wha rin aboot withoot breeks, an' keep a score o' wives, yet I like to see a'body gettin fairplay, an' that's what Cetewayo hasna received at oor hands.

Naebody could doot the superiority o' Britain's pooer to that o' Shere Ali or Cetewayo, an' yet although we were "uppermost," we—or rather oor rulers, for the nation wasna consultit on the matter—had the assurance to "cry oot murder, an' let slip the dogs o' war!" Noo, if there was onybody by anither that had guid reason to cry murder it was Shere Ali an' Cetewayo, for it was evident afore a blow had been struck against either o' thae potentates that they were undermost, an' hadna the ghost o' a chance o' ever gettin' uppermost in a contest wi' this country. They micht be able to do us some mischief in a wrestlin' bout, but in the end o' the day they were sure to gang to the grund.

Upon the whole, I've no hesitation in sayin' that it is the quintessence o' meanness, selfishness, cowardliness, an' injustice in nations as well as in individuals to be ever whinin' an' "cryin' oot murder" as if they were sufferin' great wrang, when in reality "they are aye uppermost."'

'BODKIN BUYS A LOBSTER.' [7 April 1877]

[this essay shows Bodkin's preoccupation with food and changes (usually for the worse) in contemporary eating habits; a cookery school has opened in Dundee; Tibbie catches the rage for innovation from his partner Willie Clippins's wife Mary Ann, and determines to try her hand at lobster sauce—with alarming consequences]

'MAISTER EDITOR,—I let fa' a hint some time ago that Tibbie's sentiments in regaird to the Cookery Skule had undergane a sudden, not to say an unaccoontable revolution. On first hearin' that an institution o' the kind was aboot to be startit, she expressed hersel' weel pleased thereanent; but, for some reason or ither, she has latterly embraced every occasion that offered to speak aboot it in a manner that, to say the least o't, is not respectfu'. Noo, I never meet in wi' an effect but I incontinently set aboot lookin' for the cause thereof, for a cause there maun be for everything under the sun, an' Tibbie's contempt for the Cookery Skule can be nae exception to the rule. She professes to grund her objections to the Skule on the fact that the teachin' therein imparted is not confined to kail, parritch, an' petawtis, but extends to puddin's, pastry, and sic like foreign flummery; but if the truth daur be tauld—an' especially by ane sae nearly related till her as mysel'—that's no the real grund o' her aversion ava. Not to speak in parables, I wud say that the Cookery Skule had only a very indirect hand in renderin' itsel' odious in the eyes o' my beloved spouse, wha', to her credit be it said, is just as fond o' pies an' puddin's an' puff pastes, an' things o' that sort—-ay, an' just as clever at the manufacture o' them—as ony woman within the sphere o' my acquaintance. The real truth o' the matter is, that if there hadna been a Cookery Skule a certain mischanter that recently befell her would not have happened; but then, as I've tauld her a hunder times, the blame o' said mischanter did not attach to the Cookery Skule, but to hersel'...

The thing fell oot in the manner followin:—Mrs Clippins happened to look in on Tibbie an' me ae forenicht, wi' the view o' gettin' a pot o' blackberry jam to cure a sair throat that one o' the twinnies was labourin' under, when the conversation turned on the Cookery Skule. Mrs Clippins had that very day been gettin' a lesson in the airt o' makin' labster sauce, or something o' that sort, an', as a maitter of coorse, she fell a tellin' Tibbie hoo the thing was dune. I forget a' the oots an' ins o't, for, as I was busy readin' the papers at the time, I paid little attention to the conversation; but the short an' the lang o' the business was that Tibbie engaged to get a labster an' subject Mary Ann's precepts to the test o' practical experiment.

So the very next mornin' after breakfast Tibbie speers at me if I wasna gaun doon the toon ony time through the forenoon. I confessed that I didna ken o' ony business requirin' me tae tak' sic a stap, but that if she had ony bit errant to the toon *I* wis prepared to obey her behests.

"Very weel," quo' she, takin' half-a-croon oot o' her pooch and slippin't into my loof, "ye'll gang yer wa's doon to Union Street or Crichton Street an' buy a labster."

"A labster!" quo' I. "What i' the warld's earth are ye to do wi' a labster? Labsters are no for common folks eatin'." quo' I, "an' I wad as soon eat a gude partan as a labster ony day. A labster is a luxury that only millionaires can indulge in. Wad a half dizzen o' gude rizzered haddies no be a mair profitable investment?"

"I'm no thinkin' o' profit ava, Tammas," she replied wi' a half-displeased curl on her lip; "I'm gaun to mak' an experiment. I've as gude a richt to mak' an experiment wi' a labster as ye hae..."

"Certainly, Tibbie—certainly," quo' I in a conciliatory tone. "I admire experiments. A labster! Ou, ay, ye'se get a labster, if there is sic a thing procurable for love or money within the haill compass o' Britain's Isle, lat alane Dundee."

Awa' I goes doon the toon an' buys a labster—a strang, lively, healthy-lookin' substantial labster—for whilk I paid three shillin's, bein' a saxpence mair than Tibbie had allowed for't, but, as the man said, they were dear because they were very scarce, owing to the great demand that had sprung up for them since the Cookery Skule was started.

"Juist sae," said I to mysel', "Tibbie's no singular; there maun be mair folk than her makin' experiments wi' labsters."

I grudged sair to gie awa' sae muckle siller for sae sma' an eemage, but neverthelesss I paid the chairge, an' marched hame wi' my precious purchase rowed up in a bit o' an auld newspaper. I hadna gane a dizzen yairds when I was startled frae my reverie by feelin' an excruciatin' pain in the little finger o' the hand wherein I was carryin' the labster. I had eneugh ado, I can tell you, to refrain frae roarin' oot "murder!" for the pain was something mair than I could weel thole in silence. Instinctively I endeavoured to transfer the labster to the ither hand, but sune discovered that the process o' transference was to be a dreigh job. The truth gleamed into my understandin' like a flash o' lichtnin' that the savage monster had managed somehoo to get my curnie wurnie (as we used to ca' oor little finger when I was a youngster) into its ill-faured claws.

"Ye devil's buckie!" I yelled oot, in the extremity o' my unspeakable agony, "*wull* ye let go yer handy grips, an' be hanged ti' ye?"

Bit I micht juist as weel have spoken to the stanes o' the wa'. It paid nae attention whatsomever to my cry o' distress. Never a bit did it relax its hold, but rather grippit the harder the mair I howled an' remonstratit. I've read i' the "Scots Worthies" an' the "Clud o' Witnesses" aboot the thoom-screw an' the boots—instruments o' torture that were greatly used aboot the period when the "Confession o' Faith" was drawn up—to convince the erring an' convert them to a proper way o' thinkin'; but never had I been able fully to realise the pangs the puir misguidit victims had to endure until I sheuk hands wi' that labster. Oh, it was dreadfu'! I thocht every moment the bane wad be grused thegither like an egg shell. I had a gude mind to dash the cruel tyrant against the wa', an' mak an end o't; but not wishin' to disappoint Tibbie, because it was the last labster the man had in his shop, besides bein' sweer to destroy three shillin's worth o' live stock at a single blow, I made up my mind to seek deliverance by mair pacific means. The pain I was endurin' suggestit to my mind the pangs o' the toothache, an' that again, by what is ca'd the association o' ideas, suggestit an adjournment to the dentist.

"Ken ye, if there's a dentist nearby?" I inquired o' a gentleman wha happened to be passin'.

The man looked me hard i' the face, and kindly speir'd if it was toothache that was the matter wi' me.

"Toothache!" I roared. "No, hang it, no, sir. It's a labster."

"Alabster," quo' the man in evident astonishment. "That's surely a new disease. Is it painful, sir?"

"Tremendous," quo' I; an' as the brute at this moment put on another turn o' the screw, I howled oot—"Ah, ye relentless monster, ye'll hae my finger aff belyve, if ye gang on at that rate."

The man lookit quite bumbased, an' proceedit to enquire in a kind way in what region o' my body corporate I felt the pain.

"I' my little finger," quo' I, pointin' to the paper parcel wi' my right hand, for I durstna budge my sufferin' member i' the least lest I should thereby provoke my persecutor to apply additional force to his nippers. "It's a labster that's bitin' me, sir, an' if ye could direct me to a dentist I wad be eternally obleeged t'ye."

I believe if I had been labourin' under ony o' the common ailments that flesh is heir to the man wad have been prompt to commiserate my fate in a truly Christian manner, for he had the look o' bein' a kind-hearted, compassionate gentleman, but the instant he was made aware o' the nature o' my malady he burst forth into an uncontrollable paroxysm of demoniacal laughter, whilk was, nae doot, marrow to his banes, but failed to impart the sma'est iota o' comfort an' consolation to me. Haigh, I can tell ye it was nae lauchin' matter.

"Sir," roared I, in a fit o' indignant desperation, "if ye hae ony bowels o' compassion within ye tell me if ye ken whaur I can find a dentist."

"Round the corner there," quo' he, pointin' the way wi' ane o' his hands an' wi' the ither dichtin' frae his cheeks the tears that had flowed frae the fountain o' his unseasonable hilarity.

Withoot wastin' a single moment in thankin' him for the information I ran off in the direction he had pointed oot an' found the residence o' the dentist, wha seemed raither astonished when I explained the nature o' my complaint.

"Tak' yer nippers," quo' I—"the nippers ye draw teeth wi', an' see if they are fit to overpower the claws o' that vile labster, an' be as quick as ye can, like a man, for my finger is endurin' something far waur than the pains o' purgatory."

"D'ye believe in purgatory?" quo' he, takin' the thing quite coolly, and reengin' aboot in his drawers, as I thocht, for his nippers, but, as it turned oot, for a sma' bottlie, labelled "poison." "I don't believe in purgatory," he continued, as he steekit ae e'e an' peered through the bottlie atween him an' the licht wi' the ither. "You have been reading what is in the papers about eternal punishments?"

"There's punishment enough for me i' this bit paperie," quo' I, pointin' impatiently to the parcel wherein was my tormentor, "an' if ye'll only gie me immediate deliverance frae this deil's buckie o' a labster I'se grudge ye neither thanks nor payment for yer trouble."

"Let me see it," quo' he, takin' a haud of the afflicted member, an' causin' the vicious monster to redouble its deevilishness. I near hand faintit ootricht.

Cautiously removin' the paper, the teeth-extractor scrutineezed the brute for a wee, an' havin' found oot whaur its head was—a thing not easily ascertained in the case of some' o' thae submarine monsters—he dextrously squirted a little o' the liquid oot o' the aforesaid poisonous bottlie into its mooth. The effeck was perfectly miraculous. The instant it got a snifter o' the chloroform—for *that* I learned was the particular drug employed—the rascal let go his hold an' I was free! The mark o' the beast was on my little finger for a month afterwards.

"Thank ye sir," quo' I to my deliverer, "an' noo what's yer charge?"

"Oh, nothing at all," said he; "it's the first operation of the kind I ever performed, and we don't charge for first operations. I rather owe you something for the experience I have derived from the unique operation. The lobster will be quiet enough till you get it home, I daresay."

"It's no dead is it?" quo' I.

"Dead! No," said he. "It's only in an anaesthetical state. It'll become lively enough by-and-by."

The man never said a truer word in his life. It did become lively eneugh in a' conscience. But I see I'm owre near the end o' my tether to gie ye the finish up o' the business at the present heat, an' so remains yours,

TAMMAS BODKIN.'

'BODKIN SORELY TRAUCHLED WI' THE LOBSTER.' [14 April 1877]

[on the infinite malignity of the animal creation; the lobster revives; Tibbie discomfited; likewise Jenny Nettles, the cat; mad chase through the streets of Dundee; rich, highly wrought prose, strewn with biblical and poetic tags and pang full of rhetorical devices, repetition, circumlocution, alliteration; as usual, serious point emerges at the end, about social pretentiousness, waste, and how to live the right life]

'MAISTER EDITOR,—A certain poet saith that things are not always what they seem. Not havin' leisure at the present moment to think oot the problem, I'm not prepared to affirm the truth o' the assertion in regaird to things in general, but I've nae hesitation whatsomever to subscribe to its verity in regaird to labsters in particular. Never did livin' creature look mair harmless—especially after it received the dose o' chloroform, at the hands o' the dentist—than did that labster whase ootrageously cruel procedure I described last week. To a' ootward appearance its behaviour was exceedingly circumject—naething could be mair sae; indeed, to ony person wha had never penetrated into the unfathomable depths o' its inherent deevlishness an' deceitfulness, it wad have seemed to be as guileless a bein' as ever breathed the breath o' life; for neither by articulate soond nor by movement o' a claw, as far as I could hear or see, did it ever gie the slichtest premonition o' its wicked thochts an' intentions. A cat, if tied up in a newspaper, wad have scartit an' miawed an' struggled to get awa'; it wad have gi'en fair warnicement that it was prepared to do a' the mischief it could in order to deliver itsel' frae thraldom; but that sly rogue o' a labster never let on but what it felt perfectly contentit wi' its lot, until my little finger happened to come in contact wi' its bit claw, an' *then* it showed, as the poet saith, that it was not what it seemed. Except the vice-like grasp o' its claw, it made nae visible or tangible sign either o' pleasure or displeasure when it got me in its grips. In short, the labster seems to be a creature utterly destitute o' emotion—a most undemonstrative little monster, and yet withal a most vicious ane.

Hoosomdever, the business I have in hand at present is not to philosophise on the unregenerate nature o' the labster tribe, but to complete the history o' the particular specimen o' the genus, a few of whose achievements I described in my last epistle. My word, the chloroform garred the billie sing unco sma'. A' the road hame I keepit on temptin' him to tak' a sweet revenge on me, but never a claw could he be prevailed upon to mudge in his ain defence. He lay in the paper as lifeless an' as harmless as a pund o' butter. To tell the truth, I was beginnin' to think that the dentist had gien him an overdose o' the stuffie, an' that he was "sleepin' the sleep that knows no wakin'."

Forgaitherin' wi' a friend wha snuffs, I procured frae him a pinch o' "Irish blackguard," whilk I keepit atweesh my fingers and thoom wi' the intention o' giein' the brute a snifter o't to see if peradventure it wad hae the effect o' waukenin' him frae his trance. I stappit into a close mooth, an' there all unnoticed an' unknown administered the medicine, puttin' it as near as may be into the identical hole whaur the dentist had squirtit the chloroform. The effect was not great, but it was eneugh to certify me that the beast was still alive. It juist gied its claws a waggle, an' that was a'.

"Here's a gallant lookin' labster for ye," quo' I to Tibbie, as I handit the parcel till her. "A gey dear pennyworth it is too—three shillings worth o't a'thegither. Did I no tell ye truly when I said that labsters werna for puir folk's eatin'? They're perfect ruination."

"Lat me see what like it is," quo' Tibbie, seizin' hold o' the paper parcel, an' turnin' oot his labstership upo' the table. "It *is* rather dear, Tammas, considerin' the size o't; but, losh me, it's awfu' lifeless like."

"Livin' eneugh though, as ye may see," quo' I, pokin' the beast up wi' a breakfast fork that happened to by lyin' on the table beside it. "It's maybe like Baal, that we read o' i' the Scriptures—peradventure it sleepeth, an' needs to be waukened."

I made nae mention o' the pliskie it had played to my finger, nor o' the dose it had received frae the dentist, nor o' the pinch o' "Irish blackguard" it had inhaled; because I was convinced frae a lang an' ripe experience in sic matters that the least said is soonest mendit. I kent weel eneugh that, albeit I had had the warst o't, I wad have had to thole the haill dirdum o' the business in the event of its bein' brought under the review o' my domestic coort o' last resort.

"Something waur than sleep is the matter wi't, I doot," quo' Tibbie, takin' the creature up in her hand an' makin' a close inspection o't. "Didna I tell ye to select ane that was strong an' lively?"

"I had nae choice, Tibbie, my woman, an' besides, it was lively eneugh when I got it—that I'll swear till. It's maybe been seized wi' some sudden illness—maybe something has come ower its heart—maybe it's in a faintin' fit. Ye can smell it, an' satisfy yersel' that it is quite fresh."

So Tibbie held it up till her nose, an' very soon discovered, mair frae the sense o' feelin, I daursay, than frae the sense o' smell, that the labster was not only in life, but in a state o' the maist robust health, for the instant that her nose cam' within reach o' its muckle claw the said claw made a grab at the said nasal organ, an' held on til't like grim death!

"The wretch," exclaimed Tibbie, "it has grippit me by the nose."

"So I perceive," quo' I, takin' the matter as coolly as may be. "Ye believe noo that it is quite conform to the specifications, that is to say, strong an' lively. I told ye it was a tip-top labster, but ye wadna tak' my testimony for't."

"Mercy me, it'll nip the nose aff my face," roared Tibbie. "Canna ye gar it lat go!"

"Haud it awa' frae yer nose," quo' I. "When folk get into disagreeable company the best thing for them to do is to get oot o't again as quick as possible. Fling it frae ye! fling it frae ye, woman!"

"Fling it frae me!" she cried, in a terrible pavee o' passion. "It wunna fling frae me unless I fling my nose wi't."

By this time her puir nose was bluidin', her face as red as a labster after it is boiled, an' the tears were standin' in her e'e holes like blabs o' dew. I've lived the better pairt o' half a century in her society, an' seen her in mony a sad tribulation, but never, sae far as I can mind, hae I ever beheld her in a mair deplorable plicht than when she had that relentless deevil o' a labster bestridin the brig o' her nose. My first thocht was to seize it wi' the tangs, an' tear it awa' by main force, but then I trembled for the nose, for what if that particularly prominent an' noticeable feature should suffer ony permanent disfigurement in the operation? It wad be a standin' reproach for me ever after, an' I wad never forgie mysel' for havin' a hand in't. If I had had a lickie o' chloroform i' the hoose I wad have tried it; but I hadn't. A happy inspiration flashed into my brain. To the press I ran, an' brocht oot a pair o' nutcrackers!

"Noo, ye wretch," quo' I, "there's only twa ways o't. Ye maun either lat go Tibbie's nose or bang goes yer leg."

In a twinklin' I had the nippers roond his big tae, an' if I didna gie it a wrench he kens himsel'! The claw instantly collapsed like a ripe groser i' the cheek o' a hungry ploughman, an Tibbie's proboscis was saved! Doon fell the labster on the floor, an' I concludit that the measure o' its iniquity was surely filled to overflowin' at last, but na, feint a bit o't. Thae shell fish tak a warld o' killin' to put the spunk oot o' them. Jenny Nettles, attracted by the fishy odour—for as the poet saith, "What cat's averse to fish?"—had come purrin' in aboot, expectin' nae doot to hear o' something to her advantage. It sae happened that the labster fell upon her tail, whilk was immediately seized by the remainin' claw, an' grippit like a very vice. Jenny set up a fearfu' yell, an', turnin' roond on the offender the best way she could, flew at him tooth an' nail; but as has been well observed there are claws an' claws, an' it soon becam' apparent that a cat's are but a poor match for a labster's. Encased in his body panoply his labstership laughed poor Jenny's impotent rage to scorn. Writhin' wi' pain, the puir four-footed brute beast bolted oot o' the room afore I had power to lift a finger to free her frae the "auld man o' the sea" wha had got on ahent her. Findin' the front door standin' ajee, she tane to the street, wi' the labster stottin' at her heels, for sooner than lat go its grip I verily believe it wad have suffered itsel' to be "dashed in pieces small."

Very thochtlessly I maun admit—but there was really nae time for reflection—I rushed oot in pursuit, bare-headed as I was, thinkin' I micht overtake her afore she could mak' a mairter o' the labster by harlin' it at her curpin' through a' the rotten stanks in the neeborhood. I hadna run twenty yairds when I heard the youngsters roond the corner shoutin' at the pitch o' their voices—"Bodkin's cat wi' a pan at her tail! Hooray! Come on, Jim, an' yoke the stanes on her. We'll hae bloomin' sport. Hooray!."

"Ye wretched pagans," quo' I, turnin' the corner afore they were aware an' gein the ringleader o' them a douffart i' the side o' the head wi' my steekit neive, "wad ye maltreat the puir animal an' her sae sair bested at onyrate? Lay doon thae stanes this very instant or I'll be the death o' ye!"

This reproof had the desired effect, for the stanes they had colleckit were forthwith drappit as if they had been red-het.

A' this while I had keepit my e'e on Jenny's movements. I observed that she ran doon a close some little distance awa', an' thither I followed her as fast as I could bicker. A baker loon wha was deliverin' bread in the said close happened to emerge therefrom just as I was turnin' the corner, an' as I cam' against him wi' a bang afore I was aware o' his presence, doon gaed the brod aff his head, an' of coorse a' the baps played clash i' the gutter. Time bein' precious, however, I tarried not to offer ony apology or reparation for the injury I had unwittingly done, but held doon the close at a breakneck pace, reservin' a' apologies, as the auld pagan did his conversion, till a mair convenient season. The close, I found, endit in a square coort, wherein were a score or sae o' bairns playin' at jingo-ring. The appearance o' Jenny an' the labster at her tail smote their young hearts wi' terror, insomuch that they set up a lood skirl, an' fled into their respective places of abode. The unearthly yells they set up, an' the hubbub they made when rinnin' awa', added additional fuel to the flame o' puir Jenny's bewilderment an' terror, an' put fresh mettle into her heels. Findin' nae rest for the sole o' her fit within the coort, she flew past me like the wind, utterly regairdless o' sic soothing an' conciliatory overtures as I had time to offer, an' in less than no time she was aff an' up the close again an' spangin' alang the street like five ell o' wind, while I followed as hard as I could put doon, the baker's laddie an' a curn idlers wha were helpin' to pick up his baps salutin' me i' the by-gaun wi' a volley o' profane languidge that I sall not pollute pen an' paper by repeatin'. Warmin' up till her wark under the stimulus o' the pursuit, Jenny bounded alang the plainstanes—

> "So like an arrow swift she flew'
> Shot by an archer strong—"

an' still the labster clung till her tail wi' a persistency an' perseverance worthy o' a better cause.

At the next turning o' the street I had the misfortune to rin foul o' a German mannie wha was grindin' the "Queen's Anthem" oot o' a barrel organ. He had an assistant in the shape o' a puggie dressed up in a Rob Roy tartan kilt an' a Hielant bannet on its head, the said puggie bein' owre the lugs in business, playin' divertin' antics, an' colleckin' bawbees frae the onlookers. Luckily the collision passed ower withoot producin' ony organic catastrophe; but the puir puggie, tynin' his equilibrium, fell aff the tap o' the hurdy-gurdy, an' played clyte i' the gutter, whereby a' his braw duds were sairly belaggered wi' dirt.

"Mein Gott!" yelled the gurdy man, "was is you mean by dat? You are vone trunken fellows, you are; you vill haf keel mine pore Jacko."

Afore I had pooer to reply—for the haill affair occurred in the twinklin' o' an e'e—Jacko had gathered himsel' oot o' the mud as livin'-like as ever, an' not only so, but he had actually scrambled up my back, an' was sittin' grinnin' on my shouther an' turnin' up the hair o' my wig as if lookin' for beasties. Wi' the view of makin' some sma' amends for the evil I had done I put my hand i' my breek pouch an' brocht oot a saxpence, which Jacko snippit oot o' my haund as nimbly as ye like, an' after viewin' the coin on baith sides, as if to satisfy himsel' as to its genuineness, he sprang frae my shoother on to the tap o' the hurdy-gurdy, an' delivered it up pointedly to his maister, wha lookit very weel pleased at my liberality, an' noddit an' smiled as much as to say that I had amply atoned for my fau't.

The precious moments I had lost in balancin' accounts wi' the wandering Orpheus, however, had put sic a distance atween me an' the object o' my pursuit that I was obliged, sair against my will, to recognise the wisdom of giving up the chase, an' retracin' my steps hamewards. I could see neither hilt nor hair of Jenny an' the labster, an' not bein' able tae hunt by the scent, there was naething else for't but to own mysel' beat, which I did wi' a heavy heart.

Hame I gaed, expectin' naething less than to hae some words wi' Tibbie aboot the day's proceedin's. The first object I saw on enterin' the door was Jenny Nettles fleein' up the stair to the garret, takin' four staps at a bound, an' wi' her tail spruced oot to the dimensions o' a bottle brush. Hoo she had managed to get hame afore me is mair than I can tell, but cats tak' queer roads sometimes, an' it's no ootside the boonds o' possibility that she may hae taen a short cut ower the roofs o' the neeborin' hooses.

"Ye've been makin' a bonny fule o' yersel', I'm thinkin'," was Tibbie's first observation. "Hoo did ye rin awa' withoot yer hat?"

"Hat!" quo' I. "Wha has time to think o' hats when settin' oot on a labster-hunt?"

"An' muckle ye've made o't," was her next observe. "Afore I wad had a' the weans i' the neeborhood at my heels, I—"

"Tibbie," quo' I, stappin' towards her, an' narrowly inspectin' her face, "hoo's yer nose?"

That was evidently a sore point, hooever, an' bein' in an ill-humour, she vouchsafed nae reply to this kindly inquiry but hurried aff to the kitchen, leavin' me to my ain meditations.

Resolved to let her cule i' the skin she had het in, I calmly lichtit my pipe an' sat doon to consider the Eastern Question. After comin' till hersel' awee, she returned to the parlour again, an' mildly observed that it was like to turn out a very wet day. I agreed that it was, an' wi' the view o' impartin' additional mollification, I hinted that I wad try next day to get anither labster for her, if sae be she was still in the humour o' tryin' her hand at makin' labster sauce.

"Na, na," quo' she, gi'en' her head a decisive shake. "I'm to hae nae mair o' yer labsters i' the hoose. If this is what comes o' their braw cookery eddication I've had eneugh o't. 'Deed, Tammas, in my opinion their cookery skules are juist a curn new-fangled nonsense. If they wad teach workin' men's wives to mak' guid patfu's o' kail for their husbands' dinners, instead o' teachin' braw leddies to waste their substance on labster sauce an'—an'—an' flummery o' that kind, they wad do some service to the community, but not itherwise."

I was far frae bein' convinced by this reasonin' that cookery skules are wrang, but I saw clearly eneugh that Tibbie was not then in a suitable frame of mind to be argued wi' on the subject—her nose bein' very much swollen, an' therefore I forbore to mak' ony reply, either gude, bad, or indifferent.

TAMMAS BODKIN.'

'BODKIN ON THE HIGHLAND CLEARANCES.' [16 February 1878]

[on the greed and oppression of the Highland lairds; rabidly, indeed savagely, anti-landlord; the Highland lairds as a gang of cynical unprincipled black-guards callously manipulating their people and traditional clan ties (for which they care less than nothing) to further their own careers, butchering the younger generation in extravagant foreign wars then turfing the rest off their estates to find their way to the wilds of Canada and suchlike as best they can; the lairdly class as represented by the M'Whaups of Clashglowerum shown to be utterly base and vile, without honour, principle or gratitude, canting about military 'glory' which is convertible, by them, into cash and preferment; while for the common people it means mutilation, death and exile; the scene is set in the Highlands, in which Bodkin is holidaying; Bodkin in conversation with his guide Sandy Sanderson, a Lowland shepherd from Forfar; the talk ranges over the operations of illicit distillers and whisky smugglers, then turns to the reason for these things—the rapacity of the Highland lairds]

'...Durin' the latter pairt o' this conversation Sandy an' me had moved aff slowly in the direction o' Glenboulder, for he was gaun that gait ony way, an' he had kindly offered to be my guide as far as he gaed...As we approached the mooth o' the Glen I observed frequent traces o' habitations an' kail yairds.

> "One rose of the wilderness left on its stalk
> To mark where a garden had been."

"Surely there has been a toonie hereaboot in the days o' yore," quo' I, stoppin' an' lookin' at the grass-grown foondation o' what seemed to have been a hoose.

"Ou, ay," quo' Sandy, "ye'll see plenty o' ruinous placies like this i' the neeborhood. Indeed, ye'll see them in hunders gang whaur ye like a' through the Heelants. Man, ye maybe haena heard o' what are ca'd Heelant 'clearances?' "

I said I had read aboot them in beuks, but I had been under the impression that they had been chiefly confined to the coonty o' Sutherland an' some ither districts i' the far north an' wast.'

"Aha," quo' Sandy, "the devastation was spread ower a far wider area than Sutherland. Ye'll fin' traces o't everywhere. I haena been very far travelled, but I've been ower by at Badenoch, an' I can tell ye the cruelty o' the lairds has been bad eneuch in that quarter. A' roond in the neeborhood o' Kingussie, if ye set oot explorin' the cosy neuks that are hidden awa' in the sheltered glens frae the observation o' the passing traveller, ye'll meet wi' mony a trace o' what was ance on a time the habitation o' a leal-heartit an' contentit, if not a wealthy nor even a very well-to-dae family. Gang up the Gynach—the little burnie that rins through Kingussie—an' ye'll see the foonds o' dizzens o' cottar hoosies wherein were reared a sturdy race o' men wha helpit Britain to lounder her foes in the beginnin' o' the century. An' whaur are the kiltit warriors noo? Their banes are fertileezin' the fields o' Spain, an' France, an' India, an' America. An' whaur are the faithers an' mithers, an' sisters an' brithers o' these heroes o' the North? Scattered over the face o' a' the earth—driven oot o' hoose an' hald—an' forced to emigrate to Canada or the United States, or Australia, an' a' to mak' room for a curn sheep an' deer. Man, I'm sometimes wae to think that the sheep I herd sid hae been preferred to the brave men wha ance lived here. Let Britain's back be at the wa', as has been her lot aftener than ance afore this time o' day, an' whaur will she gather "kilties" to fill up the ranks o her invincible Heelant Regiments? We still brag o' oor Heelant Regiments; but hoo mony real Heelantmen are in them? We pick up a mixture o' a' nationalities—English, Irish, an' Sassenachs—an' dress them up in kilts, an' tartan hose, an' bannets, an' plaids, an' a' the rest o't, an' we pass them aff as Heelantmen, but it's a' a blae-flum. They are as muckle Hielant as I am, an' I belang to the shire o' Farfar. A fack! I was born an' brocht up in ane o' yon feal hoosies on the links o' Barry, belangin' to the michty Earls o' Dalhousie—a perfect disgrace (the hoosies, I mean) to the ceevileezation o' the nineteenth century."

"But are ye sure thae bits o' hoosies were dung doon wilfully," quo' I. "Did they no juist gang to ruin o' their ain accord—through auld age, as it were?"

"Na, na," quo' Sandy, shakin' his head; "there was nae *ain accord* aboot it. They wad hae stooden to this oor an' day yet if they had been letten stand. They were dung doon by the strong han'. 'Man, proud man, dressed up in a little brief authority,' as saith the poet, was the sole agent o' their destruction."

"Wha ordered them to be demolished?" quo' I.

"Wha but Clashglowerum?" quo' Sandy. "No the present laird, but his grandfather, forty years syne. The M'Whaups o' Clashglowerum hae aye been a selfish race. Hector, the present laird, is a kind o' daft, but he tak's precious guid care o' his ain interests. The family are as puir as kirk mice an' as proud as Lucifer. Man, the M'Whaups are as auld as the Flood. They cam' in wi' Noah, an' they'll gang oot wi' the general conflagration. As the poet saith—

> 'They'll see the last of human mould
> That shall creation's death behold
> As Adam saw her prime.'

In the auld days when they had the pooer to hang folk they were aye at some sort o' barns breakin'. They were everly swearin' a feud against some ane or anither o' their neebors, an' mony a hunder head was broken, an' mony a 'pit peastie' was liftit in the dreich process o' reddin' up their bits o' quarrels. They lived by murder an' stouthrief. If the wa's o' Clashglowerum Castle had a tongue they could unfauld mony a dire tale o' cruelty an' oppression. It was a waefu' day for them when they were deprived o' the pooer o' pit an' gallows, an' when they durst nae mair gang oot an' spulzie the gear o' their neebors. As the poet saith—

> 'The sodger dwalt at their door-cheek,
> And tat was sair vexation.' "

"An hoo did thae rievin' rascals manage to amuse themsel's," I inquired, "when they could nae langer hang an' steal?"

"Hoo did they amuse themselves?" quo' Sandie. "Brawlie, brawlie. They couldna be oot o' mischief o some kind, for the deil's aye busy. They startit the smugglin' business an' when legitimate fechtin' happened to break oot they raised regiments for the Government an' got themselves appointed offishers, an' some got as high up as to be generals. There's M'Whaup, for example, his grandfaither was the great General Sir Donald M'Whaup, K.C.B., wha commandit the Heelant Brigade at the bluidy battle o' Bloodanouns oot in India, when the famous Sirdar Snickersnee was defeatit an' slain. The M'Whaups, wha had followed their chief to the wars abroad as they had often dune to brulzies at hame, in the 'Forty-five' an' ither domestic stramashes, performed prodigies of valour on that eventfu' day, an' covered themsel's an' their leader wi' glory. They focht under Sir Donald through a' the Peninsula campaigns, an' at Waterloo likewise, an' scores o' them sacrificed their lives to mak' him a great man. Some o' them, nae doot, played when they were bairnies on this very cauld hearthstane we are standin' on, an' 'ran aboot the braes' there, an' pu'd the gowans fine,' as the poet saith. Ah, sir, tears, burnin' tears o' faithers an' mithers hae wat this desolate hearth when the news came hame that their beloved sons were lyin' cauld in the clay in a foreign land. An' noo, as the poet saith,

> 'The autumn shilfa sits an' chirps
> Upo ilk cauld heathstane.' "

"The attachment between the chief an' his dependents must hae been very strong," I observed, "or else the puir laddies wad never hae left their native glens an' mountains at the laird's biddin' to help him for a saxpence i' the day to redd up quarrels that didna concern them, especially whan there was nae plunder gaun. The glory o' the thing may hae some value in the eyes o' the officers, seein' it brings to them titles an substantial rewards, but I canna see what guid glory could do to the puir private. There's no muckle glory in bein' killed an' yerdit like a dog, or in hirplin' through the warld on ae leg or wi' a toom sleeve beggin' frae door to door, an' that was what the puir maimed sodger had to do very aften in the auld times. I wonder hoo the Heelant bodies were sae saft as to march to the battlefield at the command o' their chiefs.'

"I've aften wondered sae too," said Sandy; "but ye see in their case obedience to the great man was a sort o' hereditary instinct. They had sookit it in wi' their mither's milk. I wonder less at the blind obedience o' the puir clansmen than I do at the cauld-blooded cruelty an' black ingratitude o' their chiefs, for after the wars were ower an' there was nae mair glory nor prize-money to be reaped by thae selfish scoondrels, what did they no dae but set aboot rootin' oot the puir creaturs whase sons they had led to the shambles o' death, an' turnin' their bits o' crofts into sheep-runs an' deer parks! They actually pu'd doon the hoosies aboot their lugs an' drave them forth as if they had been nae better than a wheen noxious vermin."

"But surely," quo' I, "this great General M'Whaup, K.C.B., wad never be guilty o' sic a diabolical deed as that; he wad, nae doot, deal kindly wi' his faithfu' clansmen as lang as he lived, oot o' gratitude for their fidelity to him 'in day an' oor o' danger,' if for nae higher motive."

"Sir Donald M'Whaup, K.C.B.," replied Sandy, an' his een flashed wi' indignation as he spoke, "Sir Donald M'Whaup was the very wretch wha laid desolat a' the bits o' habitations whase ruins we see scattered aroond us. He had nae langer ony wark for the brave lads wha had poured oot their bluid to win his braw title for him; they were treated 'like a disabled pitcher of no use,' as the poet saith, an' so the edict went forth that they maun decamp. Whaur they are noo, or their descendants, I canna tell, but except the laird himsel' an' a few o' his distant relations, there is hardly a M'Whaup left in a' this kintra side. Oh, it was base!"

"Sae it was," quo' I, "sae it was. It was aboot as deevilish a transaction as ever I heard tell o'. I've seen it affirmed that the victims of this atrocious cruelty were better aff in their new hames than they were in their auld anes. Maybe they were—I dinna ken whether or no—but they micht hae been allooed to gang awa' o' their ain accord."

"Weel," quo' Sandy, "it was greed o' gain that dictatit this policy o' expatriation, but I doot the Heelant lairds haena made fortunes oot o' their sheep, an deer, an' grouse, an' I'm certain sure they've earned as little honour. For my pairt, I wud raither be an' auld-fashioned Heelant chieftain wi twa or three hunder sturdy clansmen to stand as a wall o' fire aroond my ancestral castle, glued to me in heart an' soul, an' proud to be called by my name, than I wud be a modern Heelant laird livin' in the midst o' a wilderness wi' naething to break the weary monotony o't but a few shepherds, a curn upsettin' English gamekeepers, wi' the addition o' twa or three vulgar Cockney millionaires durin' the shootin' season."

"Amen," quo' I, "them's my sentiments to a tee. I see, Mr Saunderson, that ye've studies the subject thoroughly, an—"

"Weisht! weisht!" quo' Sandy, castin' furtive glances up the glen an' cowerin' like a hare when it sees a greyhound. "I'm aff! I see M'Whaup comin' spankin doon Glenboulder. He'll be on ye in a twinklin'. If he sees me wi' ye he'll be in a bonny rage. Dinna be feared at him—cheek up till him; he'll no eat ye. Pay nae heed till his swearin'; hard words break nae banes. Guidbye; we'll maybe meet again..."

Afore I had pooer to utter a single syllable in reply Sandy was aff an' awa' like the shot o' a gun.

TAMMAS BODKIN.'

'BODKIN'S PROVERBIAL PHILOSOPHY. Chapter 11. "A gi'en piece is sune eaten."' [21 June 1879]

[on problems of the poor and the alleged improvidence of the working class; Bodkin points out that improvidence is much more common in higher social classes; concedes the labouring classes are not blameless, they do spend too much on drink and fancy clothes and they don't look ahead enough and recognise that their incomes are insecure; but working folk don't earn enough to put by more than a shilling or two a week, and even if they did this for years, it still wouldn't be an adequate cushion against the economic effects of long term illness or unemployment. Fine sense of movement between explicit moral fable, trenchant social criticism, and overall political implications. As usual, Disraeli and Co. turn out to be the real villains of the piece with their arrogant and futile imperial policy]

'The fact folk seldom think o' when they gie a bawbee to a beggar. It has come across my mind ower an' ower again durin' the late severe winter, when sae mony hunders o' the unemployed were bein' keepit in life by the dole o' charity, an' when even the very sparrows could scarcely scrape up as muckle as wad haud soul an' body thegither. A peck o' meal, a loaf o' bread, a bowlfu' o' soup, an' a pokefu' o' tawties are very sune eaten up whaur there are half-a-dizzen o' hungry mooths to fill. Puir folk hae a dreigh struggle to get ends to meet even when they are weel an' hae plenty o' wark; but what maun their lot be when they are laid up wi' "gripes an' grains," or when wark is not to be had?

Hard-hearted Nabals wha grudge to pairt wi' a farden are very ready, when invited to subscribe saxpence for behoof o' a distressed family, to cry oot, "Oh, they sid hae been mair carefu' o' their earnin's when they were weel an' had big wages; they sid hae laid something by for a rainy day; they dinna deserve ony sympathy; it's a' their ain wyte," an' so on, an' so on. Noo, I'm no sayin' that workin' folk are, generally speakin', blameless as to the way in which they spend their siller. The drink bill o' the nation, for instance, is by far ower big, an' although I wadna gang sae far as to affirm that its size is due entirely to the workin' man, I maun yet be allooed to remark that he adds mair to its bulk than he ought to do. Then the wage earnin' class spend a hantle mair on braverie then their incomes can weel afford. The cryin' iniquity o' the present age is that folk wi' sma' uncertain incomes will ape as far as they possibly can the style o' dress an' livin' o' the folk wi' big incomes or wi' incomes accruing frae realised property, an' therefore quite independent o' personal health or the state o' the labour market. The man whase means o' livin' arises frae property or the public funds may spend every bawbee o' his income wi' the comfortable assurance that the next quarter day at the farthest will see his coffers replenished; but the man wha has naething but his head or his hands to depend on maun look afore him a gude bit, or else he may sune find himsel' in a bad fix, for he may lose his health, or he may lose his situation, an' in either case his income ceases.

In a wee burnie near to whaur it joins a big, roarin' stream I've seen a lusty troot disportin' itsel' in a clear, sparklin' pool, nabbin' the flees richt an' left, wi' nae finny competitor within its solitary habitat to dispute wi' it the possession o' the savoury moothfu'. Durin' a spate it had strayed frae its natal stream that it micht enjoy life unmolested—"the monarch of all it surveyed"; an' it got on weel eneuch as lang as there was plenty o' water i' the bit burnie, but alas! the het, sunny days o' summer cam', and day by day the brook dried up until the sparklin' pool becam' a muddy stank. Fain wad the troot hae rambled back to the roarin' stream hard by, but betwixt its prison an' the glorious expanse o' the cool, hissing flood there spread an insurmountable bank o' sand an' shingle whilk effectually barred its way. An' there, in that stinkin' pool, lay the improvident fish gaspin' awa' its sickly life inch by inch, within the very soond o' the leapin' waters o' the big stream, wherein its wiser brithers an' sisters were dartin' to an' fro in merriment an' ease, undisturbed by thochts o' future woe an' wretchedness. Noo, the trouts in the big stream are emblems o' the wealthy, weel-to-do, an' provident portion o' the community; while the gaspin' prisoner i' the muddy stank is the representative o' the weirdless, hand-to-mooth section o' mankind, wha, when dull trade or ony uncommon disaster overtakes them, are straightway stranded on the rocks o' poverty an' starvation.

But withoot disputin' the fact that there is amang the industrial classes a certain want o' forethocht an' thrift in the warin' o' their siller, it is equally a fact that even in the best o' times they couldna manage oot o' their sma' incomes to do very muckle towards layin' up a fund sufficient to tide them ower a period o' distress, whether arisin' frae want o' health or want o' wark. Suppose they could lay by twa shillin's a week, that wad only amount to five pounds four shillin's a year, ten years at this rate wadna far exceed fifty pounds, or, say, sixty pounds principal an' interest thegither. Noo, it wad be a great matter if every workin' man had sixty pounds i' the savings bank, but onybody wha kens hoo easily siller is spent can be at nae loss to understand that sixty pounds wad gang but a short gate towards keepin' a wife an' family if the regular sources o' income were dried up.

But wi' regaird to the ootcry aboot the improvidence o' the workin' classes, I've had occasion to notice in the course o' my observation an experience that those wha are the readiest to join in the ootcry are themsel's the greatest spendthrifts. They hae their hunders or thoosands o' pounds a year, and they think they do a great daurg if they manage to save a hunder or twa; but only let them try to keep a family on five-an'-twenty or thirty shillings a week, an' they wad sune see that savin' is no sae easy a job as they, in their ignorance, imagine it to be. A man wi' a large income has it in his pooer to save if he likes; whereas a man wi' a sma' income that is juist sufficient an' nae mair to procure for himsel' an' family the barest necessaries o' life, no to mention the comforts an' luxuries thereof—hasna the means o' savin', hooever anxious he may be to do sae. Among the latter class are the great majority o' workin' men; among the former are the middle an' upper ranks o' society wha are aften, in their ain sphere, as hard up an' as little given to savin' as them that they presume to blame for their extravagance an' improvidence. There is nae use o' ae class flytin' at anither for bein' extravagant, for a' classes are in this respect tarred wi' ae stick—they are a' ower prone to live up to an' even beyond their incomes, an' that's the great wrack o' society in the present day. It's naething but show—show—show; ilka ane strivin' to ootshine his neibor wi' braw hooses, braw claes, braw carriges—in short, as far as I can see into the matter, there is sma' room for ae class o' the community to blame anither for extravagance; but if there is ae class mair blameworthy than anither, it is the class that live in grand hooses, clothe themsel's in purple an' fine linen, an' "fare sumptuously every day," an' yet they hae the audacity to set themsel's up as censors o' the working classes! I wad advise them to pyke the beam oot o' their ain een afore they begin to find faut wi' the mote that they profess to see in the een o' ither folk.

I perceive on lookin' back on what I've written that I've been betrayed into a slicht digression frae the even thread o' my subject, an' noo to return to whaur I left aff.

"A gi'en piece is sune eaten," says my text, an' truly I had occasion to realise the truth o' the observation during the lang-continued storm o' frost an' snaw last winter. In common wi' maist o' my neibours roond aboot, I had compassion on the puir birdies in their fruitless efforts to gather frae the wilderness o' snaw an' ice the wee bit harl o' grub that was requisite to keep them frae deein' o' cauld an' hunger. Robin Redbreist was amang the first to hint that the commissariat o' the feathered tribes was aboot exhausted. He cam' hap, happin' in aboot the kitchen door wi' the tear in his e'e lookin' earnestly for ony bits o' orrals that micht hae been flung oot; an' by-an'-by oor familiar freends the sparrows began to inspect the ashpit, as if they had been seekin' for hid treasure ... Shilfas an' linties an' blackbirds an' starlins began ere lang to congregate on the lum-head, ready to drap doon upon an' devour ony bit scrap o' meat-kind that happened to come within the sphere o' their observation. Even the craws an' sea-maws, like "love" as described in the auld sang, "ventured in whaur they daured na weel be seen," bein' driven by stress o' hunger to court a closer intimacy wi' mankind than "is in their nature to do." I was richt wae for the puir things, they lookit' sae cauldrife an' forjeskit like, sae painfully human-like in their little artifices to excite pity an' extort charity. I began them wi' a handfu' o' mullins, an O! hoo greedily they picked them up! Every curn o' meal was carefully socht for amang the poothery snaw and greedily devoured. Amang birds as amang human bein's, hunger is gude kitchen. I've seen when his sparrowship wadna hae lookit the airth o' a dry crust o' loaf bread, but when a' the hills an' fields were covered wi' snaw the daintiest bird is unco gled o' the mustiest morsel he can clap his neb on. Like the prodigal son i' the parable, my feathered pensioners were fain to fill their bellies wi' the husks that the swine did eat. By-an-by a rulin' member o' my hoosehold began to grudge the wark involved in bakin' aitmeal cakes for a' the birds, an' suggestit ... a dish o' crowdie twice a day. When I objeckit that they micht not relish a cheenge o' food it was mildly hinted to me that "beggars shouldna be choosers." Crowdie was made accordingly for breakfast an' dinner, an' it was worth a' the trouble an' expense to behold hoo pleased like the wee flichterin', shiverin' things were wi' their "mess o' pottage." I've seen nearly a hunder roond the dish at ae time—starlins, sparrows, an' blackbirds—a' fechtin' throughither for a dab o' the daigh an' drummock. In the course o' a very few minutes as muckle meal as wad hae made brose for twa hungry ploughmen disappeared doon the clamorous throats o' the puir bits o' birdies, an' still they glowered for mair. It was like the "gi'en piece," it was "sune eaten."

It was instructive as weel as divertin' to watch them at their charity dinners. I sune perceived that there are differences o' character an' disposition amang the feathered tribes, much the same as amang human bein's. To gie the sparrows their due, they didna' seem to envy an' grieve at the gude o' their neibors, an' were apparently intent solely on promotin' the interests o' "number one," withoot takin' time to think o' doin' ony injury to number two, if sae be it could be avoidit, but I'm sorry I canna bear the same testimony to the fair dealin's o' the starlin's. No that they were a' equally selfish an' envious, for there were some contentit creatures amang them that, while diligent in fillin' their ain gebbies, were perfectly content to lat ithers do the same; bit I noticed twa or three chaps wha had sic greedy, graspin' dispositions that they focht like mad to get the hail spoil to themsel's. They tried to tak'the entire command o' the dish, an' feint anither neb but theirs durst be dabbed into it as long as they were feedin'. When twa or three o' that stamp happened to foregaither there was generally a grand scrimmage. Then was exemplified on a sma' scale the means that some nations adopt in order to carry oot what they ca' a "spirited foreign policy." Wi' scarcely the semblance o' a preliminary *pour parler*, they proceeded to gape their nebs an' mak' ugly faces at ane anither; syne they flapped their wings in a manner that was meant to be very frichtsome; an' afore ye could hae said Jack Robinson, they were jumpin' at an' dabbin' ilk ither like as mony game cocks; but I noticed that there was mair noise made than bluid shed in thae squalls. An' while the "spirited-foreign-policy" chaps were thus squabblin', what were the peacefu' anes aboot? Busy gobblin' up the crowdie. An' that's juist something like what a "spirited foreign policy" leads till. Oor Government, wi' their Imperialist nonsense, are roamin' ower a' the face o' the earth in quest o' petty warlike adventures, an' while they are quarrellin' wi' Rooshians an' Egyptians, an' fechtin' wi' Zulus and Afghans, ither nations are busy gobblin' up oor trade. The grand result is that oor industrial population, wha are the strength an' mainstay o' the nation, are being reduced to poverty, an', in ower mony cases, to an abject dependence upon the "gi'en piece that is sune eaten." '

'BODKIN ON THE WAR.' [2 June 1877]

[on the Russo-Turkish war. Bodkin expresses a profound Liberal gloom—considering that as history advances human depravity appears to intensify rather than diminish, and that, as a consequence, society is not perfectible. He surveys a whole century of political history in the West, tracing the origins of the contemporary Eastern Question back to the Treaty of Vienna and the inherent contradictions of European power-politics; fiercely anti-Turkish; burning indignation about the Bulgarian Atrocities; queries whether the British by virtue of their Imperial possessions have the slightest moral right to protest against Russian territorial ambitions; we see again that line of Scottish Liberal doubt about the means by which India was acquired; suggests that Britain should *help* the Russians to chastise the Turk]

'MAISTER EDITOR,-The blissfu' epoch foreshadowed by the inspired penman, wherein men shall beat their swords into ploughshares an' their spears into pruning hooks seems to be a lang, lang time o' comin'. In spite o' a' the philanthropic preachments o' the Peace Society the warld is really becomin' mair bluidthirsty the aulder it grows. During the first three-quarters o' the nineteenth century mair human bluid has been shed in Europe, I verily believe, than in any period of like duration since the dawn o' Christianity. In the first fifteen years o' the century there was a continual process o' bluid-lettin' gaen on frae ae end o' Europe to the ither. The cuttin' o' ilk ither's throats was then the daily occupation o' the "maist enlichtened" nations in Christendom. The recording angel, as Byron observes, having mair to do than he could weel accomplish, was forced to tak' in a dizzen saunts an' half-a-dizzen angels as extra clerks.

"And yet they had even then enough to do
  So many conquerors' cars were daily driven,
So many kingdoms fitted up anew;
  Each day, too, slew its thousands six or seven,
Till at the crowning carnage, Waterloo,
They threw their pens down in divine disgust,
The page was so besmeared with blood and dust."

The Treaty of Vienna put an end to the lang agony o' what are ca'd the French Revolutionary wars—that micht have been avoided if the "Pooers" had only been wise eneuch to mind their ain affairs an' leave France to mind hers. The wise men wha patched up the peace an' shipped off Boney to St Helena flattered themsel's that they had put the European machine in workin' order, and that everything wad henceforth gang on like clockwork. Their job was scarcely aff the irons, however, afore it was beginnin' to show signs of gaun to crokanition. The Vienna Pacificators fell into the serious error o' steekin' their lugs against the demands an' their een against the visible interests o' the populations, an' only listened to an' looked at the ambitious cravings an' despotic ideas o' sovereigns an' statesmen. The consequence was that the fabric they reared was like a castle o' cards. Every puff o' wind has blawn doon some bits o't, an' noo there is unco little o' the original structure to the fore. The only permanent effect o' the Napoleonic wars remainin' til this day is the National Debt, incurred in keeping them up durin' the twenty dreary years that they lasted. Every year a third pairt o' the taxes we pay gangs for interest on the legacy o' debt left us by the wretched Tory rulers wha cursed oor country in the early years o' the century. Noo I dinna grudge to pay taxes when the siller is waired on some usefu' purpose, but I am dead sweer to pay for naething. An' the warst o't is that we're aye pay, payin' at that debt an' never seem to get ony nearer to the end o't.

For a few years after the peace o' Vienna there was a comparative lull in the storm o' war. There was a short period o' quietude arisin' frae sheer exhaustion, but it was only a hollow truce. The elements o' discord were seethin' underneath the surface, an' by an' by they brak' oot here an' there like the lava o' Vesuvius, an' set on fire the combustible materials which the Pacificators o' Vienna thocht they had hidden awa' oot o' sicht for ever an' ever! There was fechtin' in Spain, fechtin' in Greece, fechtin' in Turkey, fechtin' in Poland, fechtin' in France, fechtin' in Belgium, fechtin' everywhere. I'm safe to say that durin' the last half century there never has been an unbroken peace in Europe for mair than five years on end. I'm speakin' o' Europe alone. I'm no referrin' to India, nor to South an' Central America, nor to Africa, whaur the puir benichted pagans o' inhabitants are everly spleetin' ane anither's craigs. I'm speakin' o' civilised, enlichtened, Christian Europe.

Durin' the last twenty-five years hoo mony bludy wars hae we seen waged on the Continent? No to mention the Austro-Italian war, the Russo-Danish war, the Austro-Prussian war, the Franco-German war, there was what is ca'd the Crimean war that brak' oot aboot twenty-three years syne, an' that has a special interest at the present moment in connection wi' current events.

Some squabble had taen place at Jerusalem 'atween the Catholics an' the Greeks aboot the key o' some kirk door—that was the beginnin' o' the brawl. The French Emperor interfered in behalf o' the Catholics, an' the Czar in behalf o' the Greeks. The Turk, I've nae manner o' doot, cursed baith pairties very heartily, but strong language failed to relieve him frae his difficulties. The Czar's "dander" got up, an' he alleged that the Turk was a "sick man" wha needit physic very badly. He wud administer a strong dose o' poother an' leaden pills till him. John Bull alleged that he had a special interest in the "Sick Man," an' wadna hear o' that mode o' treatment ava. The Emperor Nap', fired wi' a' the fervour o' an upstart, wantit to try his hand at fechtin', an' he wadna hear o't either, an' so at it they went tooth an' nail. They began a tremendous hullabaloo—Auld Nick (the Czar, that is) on the ae side, Britain, France, Sardinia, and Turkey on the ither. Charlie Napier "sharpened his cutlass," an' set oot wi' a pooerfu' fleet to the Baltic, threatening to play the very devil wi' the Rooshian Bear an' a' his cubs, but Charlie, puir fallow, did unco little for a' his blaw. He tane guid care o' his fleet, it is true, but he did not tak' Cronstadt, though he made havoc o' Bomarsund an' Helsingfors, an' sic like sma' game. Oot gaed Raglan to the Crimea wi' a gallant army, an' for the first time Frenchman and Englishman focht shoother to shoother. Alma was focht an' won, Inkerman was focht and won, Balaclava was focht an' won, the Licht Brigade made its celebrated charge, Sebastopol was battered to the grund, the Russian Black Sea fleet was destroyed, and then the Rooshians soondit a parley. Auld Nick had dee'd o' vexation at the loss o' the Alma; his son, the present Czar, reigned in his stead. The "Sick Man," it was thocht, had been healed. Peace was restored. Great rejoicin's thereanent. Bells jingled frae ilka steeple, bonfires blazed at ilka Market Cross, thanksgiving sermons were preached in a' the Parish Kirks, medals were preened to the coats o' heroes by the hands o' Majesty, "Dowb" was tane care o' an promoted, Rooshian cannons were sent as trophies o' victory to every toon that socht ane—everything, in short, was tooralooral. Rooshian ambition had been effectually curbed. The Turk henceforth was to be "a good boy an' take care of himself." He promulgated something that he ca'd a Hatt, wherein he made great promises and protestations o' what blessin's he was aboot to pour oot on the heads o' his Christian subjects. Their lot was to be quite Paradisaical. That Hatt was to do for them what a certain enthusiastic reformer alleged wad be the effect o' the first Reform Bill—they wad get "their sugar an' tea for a bawbee, an' their snuff for naething."

But never was there a mair worthless Hatt manufactured than this Turkish ane. It was a hollow deception. Instead o' shieldin' the unprotected heads o' the Ottoman Christians, it was sent roond a' the money markets o' Europe to collect bawbees for the Turkish Exchequer. On the strength o' the promises contained in that precious Hatt, the Sultan raised loans in England an' France an' elsewhere, an' spent the siller thus obtained in purchasing whittles wherewith to cut the throats o' his Christian subjects. Far frae regeneratin' Turkey, the Crimean war only rendered her ten-fold mair the child o' Sawtan than she was before. English an' French capitalists lent their cash to the Sultan at an exorbitant rate, an' the Sultan spent it in buildin' palaces, fillin' his harems wi' Circassian beauties, buyin' monitors, an' generally speakin', in gross sensuality an' debauchery, utterly regairdless o' the miseries o' his subjects. Never a cheep as lang as the interest was paid! But there cam' a time when the interest could not be paid, an' then was there weepin' an' wailin' an' gnashin' o' teeth among the money bag men. The Turk was found out to be naething better than a cheat. He promised great things—he is great at promisin'! He wad pay up ev'ry plack an' farden if only thae Herzegovinians an' Bosnians an' Bulgarians sud behave themsel's. Put them doon by main force, cried Derby, grind them to powder—scrunch them—exterminate the villains. An' the Turk proceedit to do sae. He's never slow to stick his scimitar into the bowels o' a "Christian dog." Then cam' the news o' the massacres in Bulgaria. The moral sense o' Europe was ootraged, an' nae wonder. The Turk "had bettered his instruction." He had gane a wee thochtie ower far. Armed insurrection he had some sort o' a richt to suppress if he could, but he had nae richt to slaughter an' unoffendin' an' defenceless population. Women an' bairns at least should have been sacred in the eyes of the "gallant Turk."

The innocent bluid shed in Bulgaria twelve months ago has not been shed in vain. It has sputtered on the forehead o' the Turk an' marked him wi' the mark o' Cain. Thenceforth he will be a hissing an' a bye-word to every generous soul in Christendom. The bluid o' thae helpless women an' innocent bairnies cries for vengeance. By thae inhuman actions the Turk has alienated frae himsel' the sympathies o' the Christian warld. Unless it be amang the high minded gentlemen o' the Tory persuasion I'm no aware that he has left himsel' a single freend in this country ...

When we sent oor fleets an' armies to the Black Sea to defend the "Sick Man" we committed a very serious blunder. In that foolish Quixotic enterprise we wasted—absolutely wasted—an ocean o' British bluid an' a mint o' British money. We hurled back the tide o' Rooshian invasion for the time bein', but we failed to transfuse fresh healthy bluid into the corrupt veins o' the moribund Turk. We made him tenfold mair the deil's bairn than he had been before. Under oor shield he steeled his heart an stiffened his neck, an' waxed mair an' mair cruel an' profligate. We had loodly proclaimed that the Turk was the only man to keep the keys o' the Dardanelles—that we wud permit nae man but him to bear rule at Constantinople—that he, and he alone, was to be the guardian o' our route to India. We howled about the ambition o' Rooshia till we grew perfectly red i' the face. Rooshia, we said, had an inappeasable hunger for territory. She had spread her giant arms aroond her in every direction—had pressed the life bluid oot o' Poland—had wrested Finland frae Sweden—had crushed Circassia, robbed Georgia, an' bagged the northern half o' the Asiatic Continent. Noo, I'm no prepared to deny that Rooshia has dune a' this, an' muckle mair besides in the same line o' business. But does it become us—can we really hae the face—to blame Rooshia for extendin' her territory by conquest? We are feared for oor road to India, but hoo has it come aboot that we hae sic a deep interest in a road to India? Hoo did we get a haud o' India? Was it no by the sword? Ay, an' aften by the maist ootrageous proceedin's that were ever seen or heard tell o' in this world! We got India by murder, treachery, an' stouthreif, an' we hae the cheek to blackguard Rooshia for annexin' her neebors! What did we do the ither day in the Sooth of Africa? Did we no annex an independent republic ca'd the Transvaal? O yes, but it was for the guid o' the inhabitants. But that is juist what Rooshia says when she swallows up her neebors, an' she has as guid a richt tae say sae as we have. We winna hear o' Rooshia takin' possession o' Constantinople, because she wad then dominate the entrance to the Black Sea. But, of coorse, there's nae harm in Britain dominatin' the entrance to the Mediterranean by keepin' possession o' Gibralter. We've a perfect richt to clap oorsel's doon at Aden, an' so control the entrance to the Red Sea. Naebody has cause to complain o' oor keepin' a grip o' Heligoland near the mooth o' the Elbe. We are quite justified in squattin' oorsel's doon at Malta, at the Cape o' Good Houp, at Cape Coast, at Sierra Leone, at Hong Kong, at the Falkland Islands, at New Guinea—at scores o' ither places in a' pairts o' the habitable an' uninhabitable globe. But Lordsake, dinna let Rooshia get a grip o' the Dardanelles! She may hae as guid a richt to haud the keys o' the Dardanelles as we hae to haud the keys o' the Mediterranean, but nae maitter, she maunna get them juist, an' that's an end o't. John Bull is the king o' the meadow, an' he'll no thole anither beast to graze alang-side o'm, if he can by hoof or horn keep oot intruders.

Noo a' this is very selfish, an' therefore very contemptible. We pride oorsel's on bein' a Christian nation, but do we act like Christians? There is a golden rule laid doon in the Guid Buik whilk says:—"Whatsoever ye would that others should do unto you, do ye even so unto them." Do we act upon this rule in oor attitude towards ither nations? We like to keep possession o' Gibralter. Wad we like to let Spain or ony ither foreign Pooer get and keep possession o' Dover or Portsmouth?

I'm no apologisin' for Rooshian ambition. I mean not to affirm that Rooshia is blameless in the case o' Poland an' in ither cases that could be mentioned; but I do mean to affirm that it ill becomes the kettle to rail against the pat for the bleck that's on its bottom.

Noo, I canna but express a fervent wish that Rooshia will in this squabble gie the Turk what he richly deserves—as soond a drubbin' as ever he got in his life. It is juist a great pity that Rooshia has been allooed to wield the cat-o'-nine tails single-hand't. If the Great Pooers had laid their heads thegither, and whakit the "unspeakable" vagabond on the limited liability principle, it wad a been a spectacle edifyin' alike to gods and men. As we're no to be allooed to help the Rooshians, hooever, I sincerely houp wi'll do the next best thing—an' that is keep clear o' the hobble a'thegither.

TAMMAS BODKIN.'

'The Laddie o' the Peeriod.'

The People's Journal, 13 November 1869

[on contemporary youthful shortcomings; youth has degenerated since the author's early days; smoking and impudence towards elders and betters are now all the cry; middle partings and canes and suchlike foppery; old games are abandoned for dangerous or trivial newer ones; and the morals of the young are debauched by reading low modern 'comics', an interesting early example of adults fretting about the bad effects of the mass media on the young—in this case trashy English/London comic papers which glorify crime and the criminal]

'MAISTER EDITOR.—I look forrit wi' a feelin' akin to uneasiness to the probable future o' the laddie o' the peeriod; an' yet, hoover muckle there may be in his conduct I dinna exactly approve o', I ken it's little or nae use being angry wi' him, for a' attempts at puttin' an auld heid on young shouthers have hitherto proved abortive. Boys will be boys; aye, even to the end o' the chapter. Laddies, as a rule, are na sae muckle influenced by the external warld o' fashion as men, for onything they dae pick up is learned mair through a speerit o' imitation than ony inherent vanity in themselves. For instance, laddies never think o' pairtin' their hair in the middle; it is only when they hae grown up an' their brains hisna grown wi' them that sic a notion enters their heids; an', generally speakin', they tak' possession o' a cane, an' the idea at the same time, as if their intellectual weakness were an indication o' a like failin' at the knees. Auld folks, it is said, are lauched at noo-a-days, an' for nae ither reason than that they *are* auld an' grey heided. This disrespect o' age, and mair especially o' parents, is a noticeable feetur o' the laddie o' the peeriod. He thinks shame to ca' his faither by that respected an' venerable name, thinkin' it mair manly to dub him "the auld chap," "the auld cock," the "governer," or "auld fallow," while his mither gangs under the like unfeelin' and indecent names. The laddie o' the peeriod carries a concealed pipe, generally wi' a cherry tree shank, an' a wee pickle shag rowed up in a bit paper. You fa' in wi' three or four o' them at close mooths equipped in this fashion. The ae pipe serves the lot, an' the gemmest speerit o' the pairty carries it. They smoke till they're sick a' roon', an' gang hame wi' faces like chauk to be treated for a filed stammack by their unsuspectin' an' indulgent parents. They spit generally through their teeth, an' smell abominably o' auld dottles. They break their pipes every time they turn sick, wi' a firm determination o' never smokin' mair. Yet they would endure a' the pangs o' sickness wi' fortitude to be able to say they had seasoned a pipe in a week.

You can see the tendencies o' the age in the laddie o' the peeriod when he plays at bools. The auld scientific games o' "Irish ringie" or "spangle" are thrown aside for the fousionless pastime o' "slap dash" or "chasie," an' for nae ither reason than that mair bools can be made in a shorter space o' time an' wi' less mental forethocht an' ingenuity in the winnin' o' them. Even the walkin' on stults—sic a confoonded nuisance in oor public streets jist noo—is a noticeable characteristic o' the laddie o' the peeriod. His restless an' unsettled speerit seeks to rise abune the common plainstanes, an' so he leaves his dragon—a far finer an' mair elevatin' kin' o' amusement—to strut aboot the street, to the danger baith o' the lieges an' himsel'. You see him at a' hours o' the day in the street, puttin' his heid into the stammack o' peacefu' citizens wi' a nummer o' "Spring-heeled Jack," or "Tales o' Highwaymen" in his han', and thochts busy in his breest o' buyin' a pistol an' taking to the road after the manner o' the notorious scoondrels wha gloried in the motto o' "A short life an' a merry ane." Yes, sir, it is mair the leeterature than onything else o' the laddies o' the peeriod that I fin' faut wi'. I wad like to ken to what kin' o' men we could expect laddies to grow up wha indulged in books wherein Jack Shepperd or Blueskin are held up as brave but unfortunate gentlemen, the vara sauls o' honour, but that only a corrupt state o' society couldna understan' the humour o' the tricks they played, an' sae hanged them. Their "pluck" below the gallows is conspicuously held up until laddies may weel think that the *summum bonum* o' a man's existence is to dance a jig wi' the hemp roun' his craig, ca' the feet frae the hangman, an' dee "gemm," as they wid ca' it. Had I my will o' the maitter, there wid be twa three printin' offices in London—that spue oot naething else but sic demoralisin' trash—burned to the grun'. The wecht o' toned-paper trash sent oot o' the London market every week is enuff to obliterate every spark o' manhood that should be showin' itsel', an' drive us back again to atheism an' the dark ages. When I was young there was nae sic trash to wheedle the bawbees oot o' oor pooches. We were quite content wi' Robinson Crusoe, Sandford an' Merton an' Gulliver's Travels; an' as oor stock was sma', whenever we had read it through we jist began owre again, an' books like these could stan' to be read twice withoot pollutin' or vitiatin' the taste. I ken weel enuff that Robinson Crusoe has been the means o' firin' mony a youngster wi' an ambition to rin aff to sea, bit I had thochts mair than ance mysel', when I took the huff at my parritch, o' stowin' mysel' off in some vessel at the Broomilaw, an' seekin' some far-off an' desolate island, there diggin' a cave, catchin' a Friday, an' leevin' on cocoa-nut milk for the rest o' my life; but if even that idea wasna nobler far than the ambition to become a knight o' the road, whilk some o' the laddies o' the peeriod hae actually put into practice afore noo, my name's no

CALEB.
Glasgow.'
[13 November 1869]

'Back to Macduff.'

(William Alexander) *Aberdeen Weekly Free Press*, 1872

William Alexander, the author of *Johnny Gibb of Gushetneuk*, was a leading figure in the vernacular revival. He was born in the Garioch in Aberdeenshire in 1826 and gave up his first ambition, which was to be a farmer, after losing a leg in an accident. He joined the staff of the *Aberdeen Free Press* in the early 1850s and later rose to be its editor, and a major force in Liberal politics in the North East. Although his main achievement is as a novelist—one of the most important of the period, and author of a whole series of recently-discovered 'lost' works (now being republished by A U P)—Alexander did occasionally turn his hand to the vernacular essay and two examples are reprinted here.

'Back to Macduff' was published anonymously in the *Weekly Free Press*, 21 September—5 October 1872. It is clearly by Alexander, not only on account of its highly distinctive idiom and orthography, but because of its re-use of material from *Johnny Gibb of Gushetneuk*, and his pioneering social history *Notes and Sketches Illustrative of Northern Rural Life in the Eighteenth Century*.

The essay deals with a trip to the Wells of Tarlair, near Macduff, a well-known North East spa. It has a relaxed, anecdotal flavour and flowing speech-based rhythms, a strong sense of implied community and familiar, almost confidential, tone. It is basically about social change, railways, and commerce, the beginnings of the leisure industry, and the way that more traditional patterns of life resist them, or at least manage to survive alongside them. Its use of Scots for picturesque scene painting is highly unusual. [For further information on this writer see *Popular Literature*]

'1.—THE DOONWUTH JOURNEY.'

'"Fat tyeuk me doon to Macduff?" said ye. Weel, I'll tell ye that tee in twa minutes' time. An oye o' my sister Katie's—my aul'est sister, ye ken—was here seein's fowk—ou, the laddie Peter, ye'll maybe min' upon 'im afore he gaed awa oot o' the pairt. He's been workin' at's trade aboot Edinboro' an Glaisca for three-four year, an's sattl't doon noo wi' a wife o's nain, fat ither. Oh, weel, fan he was a bit gangrel laddie, or little better, he was unco cryn't an' misthriven for several year; an's mither was i' the wye o' lattin 'im doon to the Walls sometimes wi' neebour fowk. So naething wud sair him fan he cam north but's uncle sud tak a play-day, an' gae doon to Macduff wi' 'im. It's a rael fact, sirs, though ye wud hardly believ't that I haena been at Macduff for therty year afore. Deed no! nae at the Walls for therty year. I eest to gae reg'lar; but ye see I was jist upo' the turn at that time, an' gey fu' o' bleed; the water hed been unco strong ae sizzon—it was past Lammas day ere I wan doon—an' nyod disna my legs begin an' knot the vera first time 't aw dookit' an' forbye that there came oot the terriblest humour that cud be a' owre the boss o' my body. Ere the ouk was deen an' me wan hame again, I was a feerious sicht as cud be, an' jist clean eeseless. "Did ye persewaire wi' the reg'lar coorse?" says the doctor. "As reg'lar's the knock strack—every mornin'," says I. "Well, Hairry, man," says he, "ye've made a naar escape o' your life, strong Goth as ye are. Hooever, gae ye nae mair to the Walls till I tell ye." Weel, as sure's deith fae that time till noo my een's never seen the toon o' Macduff. But that's nedder here not there; 's aw was sayin', Peter wud tak' nae na-say. He wantit to see Macduff again, an' I be'to gae wi' 'im—awat the loon paid my train back an' fore as gentlemanny as ye like, an' wud 'a wair't never sae muckle for enterteenment gin I wud 'a latt'n 'im. Hooever, we're a gey bit fae the station, ye ken, so we taks road in braw time, an', as ill luck wud ha'et, it turn't oot a vera drappie mornin'—het an' mochie, wi' heavy plyps o' simmer shooers. We tyeuk across the feedles, an' up the lip o' the stank amo' the roch girss for nearness till we gat to the road; but I'se asseer ye, wi' the weet girss and the dubbie road thegither, my Sunday's sheen wus geyly socht ere we wan to the en' o' oor traivel. We tyeuk the train at Wartle, naitrally, an' aff we goes. Weel, raelly, fowk does see unco cheenges in' the coorse o' a life time, an' less. Fan I was castin', an' wheelin' peats foorty year syne to my aul' apprentice maister, fa wud 'a ever thocht o' seein' the line gae throu the vera hert o' the Moss o' Wartle! A bodie cudna but luik oot at the door an' admire at the alter sin' I was a laddie, fan' the curracks was hardly oot o' fashion. They smuggl't a gweed hantle aboot that time; an' nae thanks till't nor the draps made up an' doon aboot the moorside sud hae a gweed youder o' the peat reek. Muckle and little o' them like't to rin a drap; an' mair by token, there was aul' Robert Fraisher o' Folla, jist o' the brae abeen the moss yon'er, 't I min' weel upon. As the story gaed, Robert sud hae fa'en i' the rive at ae time amon' a set o' them aboot Durno an' Wartle 'at wus a' ta'en till a coort at Pitcaple for smugglin'. He wus a fine aneuch man Robert, but jist raither lairge in's wye upo' some things: an' abeen a' thing he wud 'a liket to be thocht worth an ondeemas thing o' siller. Oh weel the coort meets; the Yerl o' Kintore hed been heid deester like amo' them—him that keepit a pack o' houn's, an' ees't till scoor the kwintra side aifter the tod—an' some o' the lave that kent Robert hed pitten't i' the yerl. So, aifter they hed been keepit on a gey file o' a day wytein', Robert's call't to get doom pronunc't—they warna vera hard o' them for smugglin', an' some o' the lairds themsell's aiven wudna a' been vera skair at a drap gweed stuff fae the sma' still at the time; hooever, bein' His Maijesty's Joostices they be'to mak' a fashion o' finin' ilk-ane a fyou shillins. Robert he's call't, an' says the yerl—'Fraisher, I oonderstan' you're vera rich?" says he. Robert—he was a lang man at ony rate—sets 'imsel up full ben—"Vastly so, my lord," says Robert, as oondependent as ye like, "Well," says the yerl, wi' a glent across as muckle's to say, I'll tak' it oot o' the old buck, though; "Well, Fraisher, you had no excuse for smugglin', like the others—you'll be finet five pounds." Upo' the instant, Robert oot wi' the muckle pocket buik, freely buzness-like; "I hed rather been finet fifty poun's nor keepit standin' here a whole day among a parcel o' poor things.—Div ye take it in goold or paper, my lord?" That wasna that deen ill o' a plain farmer carl, no—. But seerly I'm losin' my memory or my jeedgment, some o' the twa. Only, ye see, fan I gae in amo' that aul' stories there's nae winnin oot amo' them; an' ere the loon Peter an' me wan doon the len'th o' Turra, we hed severals o' them throu han'.

"Weel uncle," says the loon to me, "I min' upo' ilka fit o' the road that they ees't to gae fan the fowk hurl't a' the gate in a cairt amon' a puckle strae an' a cauff saick or twa. We gat a went o't at Mill o' Meadaple, syne doon at Hatton again; an' noo here we are past the toon o' Turra, an' luikin' doon upo' the Deveron an' Forglen Hoose—eh but it's a bonny pairt as ever my twa een saw." An' so on he wud gae, pointin' oot this and the tither bit turn, an' faur the road rins atweesh twa thorn hedges that he sud 'a min'et upon aboot Kinedar. "Nyod, ye hae a braw memory laddie," says I till 'im; "but it was a slow process by'se this, comin' doon ca'in' in a cairt, fan they tyeuk a haill day till't, fae early morn till sin-doon." "Deed awat," says Peter, "the train itsel's nae jist owre sywippert, appearandly;" an' wi' that he begins to mak' fun aboot the slow rinnin' an' the lang stops at the bits o' stations. "Hoot-toot, noo, Peter," says I; "dinna ye begin an' tell me fat your sooth kwintra fowk can dee—prannin' the tae half o' their passengers wi' their haiveless ongaen, garrin' their trains cry knyp against ane anither ae time, an' rinnin' them owre some ooncanny bunkert anither. Awat, I see nae ill o' the lads stappin' aff o' their engeen takin' their breath a fyou minutes, or ha'ein' a crack wi' the station man aboot fat's deein' i' the pairt—fowk's a' in owre gryte a hurry noo-a-days." An' wi' that Peter sud set on till a story aboot a line startin' fae a braw bit boro's toon faur they did things o' the "slow-an'-siccar prenciple." The train's a' ready to start, an' the guard gi'es his han' a bit floorish, fan the tither ane sings oot till 'im, " 'Heely, min, dinna tussle yet! I think we mith wyte a filie; Geordie here heard somebody sayin' the streen that they thocht the droggist was comin' the day'—that style o't wud please you, uncle, wudna't?" says Peter.

Hooever, afore I cud say aucht or ocht, we're roun' at the Brig o' Banff; aff draps a pucklie o' fowk, an' doon a bit stair to the road; an' syne the train gaes on wi' a swype alang the brae face till we're vera naar the Pairis' Kirk o' Macduff, faur they hae their new Station; but I'se gi'e the lugs oot o' my heid gin that didna tak Peter doon a hack or twa. "Weel, uncle," says he, "this is raelly worth the pains! A railroad across the face o' the Hill o' Doune; my certy, luik at the ben' o' the train as it comes roun' the shou'der o' the hill' that's a fine sicht, noo! An' sic a capital ootluik upo' the Bar, an' owre to Banff itsel'."

"An here we are at the Corse," says I, aifter we hed lichtit. So we daccles there to hae a luik' aboot's; an' Peter—he was aye a terrible loon for ter-rogatin' into things—he gars me haud's stick till he wud tak' aff the vreetin' that's upo' the face of the Corse—he gied me a copy aifterhin. I can hardly mak' it oot wuntin' my specs, but I think it rins something like this: "Macduff Cross, rebuilt at Macduff by the Earl of Fife, 1783, when that place was constituted a Royal Borough by George 111. May it flourish and long increase in numbers and in opulence." "No an ill sentiment that," quo' Peter fan he hed read aff the bit litany. "We'se awa an' see gin the aul' yerl's gweed wusses be aye takin' effeck upo' the place."

"Jist heely a minute," says I. "There's the herrin' boats begun to gae oot; an' ye winna get a better vizzie o' them nae gate nor jist faur we're stan'in'." Wi' this the boats't hed been lyin' grippin' ither's sides to the vera mou o' the herbour an' oot-wuth 's a' cogle-coglein, an' the men an' loons creepin' aboot amo' their spars and nets like as mony ennerteens. The tide was up, an' a bit braw air o' win' fae the nor-wast. They war a' hurryin' to clear oot an' win awa, an' as ae boat aifter anither gat up its big broon sail, the sturdy, honest-like chiels, haulin' awa' upo' the ropes till't was fairly set, an' siccer fes'nt, an' syne flappin' doon as they listet, lea'in' the man at the helm to direck their coorse, the boat leanin' 'er owre an' lichtly loupin' to the motion o' the bits o' fite-headit waves curlin' in aneth 'er, as the fleet scuddit awa aff the lan' to the easter't, it really was a bonny sicht; and Peter declair't 't he never saw nothing finer. "It's wordy the pencil o' a Cassie," says he, in ane o's bits o' feerochs. "Luik, uncle, foo they stream awa in a lang curv't line, an' spread oot upo' the horizon like as mony sea-birds—sic a splendid pictur'!" "Nae doot, nae doot, laddie," says I, "but I'se warran' the fishers hes a gweed sair nicht's wark afore them, an' 'll lickly be thinkin' mair aboot that nor makin' pictures, an' siclike."

2.—MACDUFF AND ITS PEOPLE.

[This is a bit like an "advertising feature" for Macduff: i.e. the intention seems to be at once to stress the community's links with its past as a source of social health and virtue and to notice approvingly new developments and the thriving commercial prosperity of the place. Mind you, the modern tourist or health-seeker is an effete creature compared with Alexander's youthful days—all the bathing is done in the baths rather than in the sea, and folk sit about on the grass twirling their canes and holding the new-fangled 'pic-nics']

Weel's aw was sayin', we drew bridle for a minute at the tap o' the hill. It was throu the aifterneen a filie, an' Peter he says, "We'll awa' till a hot-el or inn, an' tak' oor bed for the nicht, uncle, an' get some refreshment afore we set oot for a daun'er roun' the toon." "Keep me, laddie," says I, "fat for wud ye dee that, an' sae mony gweed lodgin' hooses i' the place?" "We're bidin' only a nicht, ye ken, or twa at the far'est," says Peter. "An' although," says I, "I hae nae feast o' yer new fangl't wyes o' deein'. I've traivel't a gweed hantle up an' doon i' my time; but I never 'cep ance twice pass't the nicht in a public wi' fat they ca' a man 'waiter' at it—an' please peace, I sanna rin the same road wi' my wull again. A chiel deen up like a new leeshins't probationer, plauverin' aboot, ca'in' ye 'Sir' the tae time, and the neist lattin' ye oon'erstan' foo weel *he* has his menners at's finger en's, an' syne finishin' up wi' beggin' a saxpence fae ye in a genteel wye, for's wauges—na, na, commen' me till a hoose faur ye can gae to the kitchie fireside wi' the goodman an' the goodwife at a time, an' get yer piece, or yer dram, gin it sud sae happen, wi' naething but fat's necessar' i' the wye o' leems." Peter taks a hearty lauch, an' gi'es twa-three words b'wye o' banter; only he kent brawly't was o' nae eese tryin' to swye me—so he says, "Weel, weel, uncle, come awa' roun' by the Shore; it was aye an' entertainin' kin' o' place." An' roun we goes to see the Herbour. Weel, as seer's ony thing, the haill place luikit jist as kent like as gin I hed been there the day afore, forbye therty year syne; I cud min' o' seein' the vera same names upo' the signs owre the choppie doors, an' the ships lyin' tee—the "Eliza." ladenin' wi' corn, a bit vesshelie deliverin' Caithness flags, the "Urania" dischairgin' Norroway logs, wi' a roch luikin' breet o' a loon ploiterin' o' the water, an' cleukin' them intil raft shape as they cam' oot at the breast o' her, and the men inside hois'in' awa' wi' an "Oichee-o-hoi" at ilka wheep—man, I fairly steed still onwuttin' in a kin o' maze, jist's gin a' 't was passin' afore me hed been a dream o' langsyne. Peter notice't that I was in a menner ca'd aff the plumb wi't—he never was that oon-sharp, the loon—an', says he, "Weel, uncle, ilka nyeuk an' turnin' here, fae the jetty faur we're stannin at the fit o' Duff Street to the half finish't back pier an' breakwater, an' a' the moveables thereon, animate an' inanimate, are so very like fat I min' upon fan I was a little ane, that the place luiks exactly as gin it hed this minute wauken't up fae a Rip Van Winkle sleep, nae o' seven years but o' a quarter o' a century." "Hoot, laddie," says I, "dinna ye be carriet awa' wi' extravagant notions aboot muckle upstart toons like Glaisca; min' ye Macduff's been lang a gweed tradin' port, forbye the fishin' an' roperie, an' the bone mill." Ye see it wudna dee to lat 'im rin aff wi' the harrows a'thegither. "Far be't fae me to lichtlifie Macduff," says Peter, "an' noo fan ye speak o' Glaisca, uncle, if ye'll jist luik alang the quay to the east, takin' in the buik shoppie there an' the baker's i' the corner, it remin's me in a vera mild wye o' the Broomielaw. Hooever, it's the life an' haibit o' the place, as a body micht say, that tak your attention maist. Luik at the skipper o' this craft here, in's sark sleeves, enjoyin's smoke an' crackin' awa' owre the rail till's owner stan'in' o' the quay; his freight o' oats 's been pour't in bagfu' aifter bagfu' oot o' ever say mony fairmers' cairts, an' the hatches are clos't doon a' ready for the despatch fan win' an' tide fawvours; there we hae the neist ship's crew hard at it turnin' the winch till unlade; an' again twa oonwashen foreigners hingin' in wi' the simple rope an' pulley. Noo a' the picturesque maritime sichts an' soun's o' a place like this are gone in oor lairger ports; the sailor's manual exertions, haulin', windin', an' so on hae been supersedit by the drivin rod of the donkey engine, an' his musical "Oichee-o" by the sputterin' an' puffin' o' the same article; an' the cheenge, hooever advantageous in an economical point o' view is far less attractive to the senses o' the onleuker." "Laddie," says I, luikin' at Peter, "ye've seerly gotten that by hert oot o' a prent buik—come awa, come awa, an' nae stan' 's gin ye war reestit by the millert word, wi' yer tae han' up i' the air. That chaps sittin' o' the bing o' planks newsin,' 'll think we're playactors or caravan fowk."

By this time the herrin' boats hed feckly gane oot to their nicht's wark, so we wud tak a stap alang Crook o' Ness Street, and up the hert o' the toon a bittie, pairtly to luik oot lodgin's, an' pairtly to see fat was to be seen. For keeriosity we wud gae past the quarter faur I ees't to lodge lang syne. There was unco little alter no; but still an' on there was some. Here was the hoose that Donal' M'Craw bade in noo—the red tiles hed been rippet aff, an' the sclate reef pitten on: the en' neist the street aw wud 'a maistly miskent it a'thegither. It ees't to be the kin' o' kitchie en', an' Mrs M'Craw keepit her skweel in't; but its turn't until a choppie noo, wi' a bit new door ta'en oot for convainience, an' some lozengers, an' bits o' washin' pooders an' biscuits, and fiteiron pipe heids i' the ga'le window. Donal' an' her tee maun be wi' their forbears langsyne, for they war aul' frail fowk, an' the place that kent them kens them nae mair. Awat they war decent weel-livin fowk. An' weel as I min' upo' ilka fit up the clossie, an' in at the bit yett to the aul' fashion't yardie, there's naething seerer nor that naebody aboot the place noo wud ken onything aboot me though aw was to gae in an' speer aifter a nicht's quarters. Hooever, there's a hantle o' fine respectable fowk in Macduff; an' after we hed hed a dram an' a bite o' breid an' cheese at the Pleuch Inn—for Peter *wud* hae's in to get something—we gat lodgings wi' a nice couthy bodie, a widow wi' a grown-up faimly. "I'll tell ye fat it is uncle," says Peter. "I've never seen a toon o' the size o' Macduff wi' sae little appearance o' degraadit poverty an' vice in't. Luik noo, we ha'ena seen neen o' that kin' o' close filthy bourachs o' dwallin's, wi' ugsome bare heidit idle randies o' women lollin' aboot, an' peer half-nyaukit hungert-luikin' creaturs o' litt-leanes wamlin' amo' the gutters, that ye may see nae only in ony bit toon, but i' the maist insignificant burgh i' the kingdom maistly. Ou aye, gaen throu the fishertoon, ye wud fin' a gey rank smell o' fishy maitter noo an' than; but that perteens to the trade o' the place; it's nae sign o' filth nor poverty—the vera revarse. The hooses are biggit braw an' sperse, wi' room to get breath; an' as for the fowk, they're a vera intelligent peaceable set, wi' mair o' the oonsuspeckin' hameliness o' decent kwintra fowk about them nor ony toon population that ever I've seen."

We hed ta'en a step oot as far as the Bath Hoose—a vera commodious place. I was fin'in' my weyk leg a bittie, an' we hed jist turn't to mak' hamewith again, past some vera weel finisht substantial fisher hooses that's been a' biggit sin' I was last at Macduff, fan we sees some partan creels lyin' o' the chingle afore the door o' ane o' the hooses. "Nyod uncle," says Peter, "ye was aye ill aboot a partan—we'll see gin the fowk hae ony. Can ye gi'es a gweed partan, 'oman?" cries Peter. The wifie was men'in' a net at the door; an' says she, "Weel I canna dee that, goodman, ye see oor men fowk's at the herrin'; but gin ye'll gae roun' the corner an' speer at the nearest door i' the neist hoose, the 'oman 'll maybe hae ane." Roun' we goes accordin'ly, aifter a crack wi' the wifie, an' meets a vera purpose-like wife at the door, lattin' a loon see fat wye to gut a muckle fish. "Weel," says she, "there's jist twa three left. I was na min'in' sellin' them, but gin ye wud care, ye'se get yer wile o' them for tippence." Peter lufts a gryte red fouter, as braids a truncher, by the tae, an' I oots wi' my pocket napkin to row'im intill—"Haena ye cheenge?" says the 'oman—Peter hed ta'en oot a shillin; an' as it sae happen't feint ane o's hed naething i' oor pouch but sma' siller. "Ou weel," says she, "never

Fig. 6. Dr William Alexander. *Reproduced courtesy of Aberdeen Museum and Art Gallery.*

min', ye'll maybe be passin' the morn." So aifter we had thanket the wife for her ceevility, we trudges awa cairryin' oor partan "Noo," says Peter, in a menner rais't wi' the partan transack, "Didnin I tell ye; arena they rael simple honest fowk—fa wud 'a expeckit the 'oman to gie awa her partan on trust to fowk that she never saw afore?" "Fat aboot that Peter? wud ye hae the 'oman to taks for ranegills, or some o' that chaps that maks a trade o' chaetin' wi' thum'les an' cairts?" says I, funnin' wi' 'im like, "Deed no, uncle; still an' on mony ane that doesna adop' that perswasion wud think unco little hairm in forgettin' to come back an' pay the partan; but I'se tell you, uncle, ye mith traivel mony a gate sooth an' north, amo' little toons as weel's muckle, afore ye gat mony o' the bargain-makin' class to gi'e a stranger the chance o' chaetin' them that that decent bodie's gien you an' me o' chaetin' her oot o' the price o' 'er partan." 'Ou weel,' says I, "we've gotten a brow partan at ony-rate; an' we'se awa hame an' brak ane or twa o's taes, for I'm growin' fell hungry."

Afore we gaed to oor beds, I says to Peter, "Fat time are ye gyaun to rise, laddie?" Peter was some wide kin' wi's answer, an' says I, "Hoot, man, ye canna be here an' nae tak a drink o' the water; an' min' ye the mornin' atween sax and seyven's the time." "Ou weel we'll see," says he, wi' a bit lauch. 'Mistress," says I to oor lodgin' wife, "hae ye a gey sizable fite-iron jug that ye cud gie's a touch o' i' the mornin'?" The bodie hedna sic a thing handy, but she feshes a nochty bit thing o' a painted up lem juggie an' speer't gin that wud answer. "It's unco sma'," says I, "an' aw'm nae jist keerious aboot takin' the like o't; gin' I war to slip a fit amo' the rocks, noo, I mith ca't a' to cowpens." "Hoot, hoot, uncle," says Peter, "fat i' the wardle wud ye dee gyaun an' drinkin' sea water." "Fat wud aw dee drinkin' sea water said ye? Fa ever cam to Macduff an' didna drink sea water I wud like to ken?" "Goshtie me," says the wifie, "there's vera fyou taks onything but the mineral at Tarlair, noo." An' wi' that baith Peter an' the wifie wus i' my tap to gie't up. I was fell sweir nae to hae a tastin', I can tell ye, fan ance we wus there; hooever, as I min'et that it jist mithna a'thegither agree wi' me yet, I gya consent to tak' their gate o't; only aw gart Peter promise to rise an' gae to the wall at Tarlair afore brakfast time.

3.—TARLAIR AND SO FORTH.

[The well of Tarlair is covered with graffiti, but Alexander doesn't mind; he always reads graffiti—sometimes it's original and thought provoking; and anyway it's oddly moving that people who can in many cases hardly write, should go to such pains to leave a memento of themselves in places like this. The force and copiousness of Aberdeenshire Scots are extolled in contrast to southern forms. The Mannie, that Alexander and his nephew meet is that relatively new phenomenon of the railway age, the lower class 'tourist'—visiting Macduff for a day or two as part of a tour taking him on to the Highlands before he returns to his native Glasgow. He's very Victorian too in the earnestness of his approach to everything—spyglass and notebook in hand]

Neist mornin' we wus at the road atween five an' sax. It was a bonnie clear mornin', wi' a kin' o' dewy feelin' owre a' the place; the sea was as quaet's quaet. There wasna a ripple o' nae kin kin' to disturb it, an' ye cud see the face o' the water spread owre wi' greyt sprainings glitterin' aneth the new risen sun, 's gin it hed actually been marcury; upo' some o' the far oot bits o' knobbles, the lang tangles o' sea ware wus shoudin' up an' doon, saft an' slow, an' the sea gu's flappin' their wings an' dabbin doon to see fat they cud win at, nae doot. Aw watna but the peer fisher chaps wud 'a made a bit sma pirr-win'ie unco welcome; for ane or twa o' the foremost herrin' boats 't wus comin' creepin' up i' the direction o' the herbour wus gettin' the feck o' their motion fae the men tuggin' awa—plash-plash—at the lang sweeps o' oars, ony air 't there was bein' owre little to lift the sail fae the side o' the mast, faur it hed flappit doon flat aneuch.

Weel no, "the walk to Tarlair," as ye ca't, wasna fat it ees't to be i' the mornin' fan ilka bodie, 'cepin' some weykly creaturs, tyeuk the water for medicine; fyou o' them gaes there, in a menner, oonless it be throu the day, or i' the aifterneen, as we fan oot aifterhin, an' them that does gae taks little exerceese to dee ony bodie muckle gweed; jist drink a ladlie-fu' o' the mineral maybe, an' staum'er aboot the door o' the wall hoosie a fyou minutes, and syne hame again. Peter an' me tyeuk a drink, an' gaed east a bittie to the ither en' o' the howe, and syne turn't. There was unco little to divert a body aboot the aul' wall hoose, 'cepin' some bits o' letterin' o' names that fowk hed made scartin' upo' the hard stane seats an' inside o' the wa's; an' Peter he sets on to try an' read them aff. "An' muckle wiser ye'll be o' that," says I; "Come awa oot o' that damp oorlich hole, an' lat's climm' the brae again hamewith." "Weel," says Peter,'It's a keerious enstinck o' the human race—a kin' o' longin' aifter immortality, nae doot—that gars sae mony illiterate indiwiduals apply themsel's to letters i' the wye o' inscribin' (at times at nae little pains) their ken mark upo' ony place o' note, faur its lickly to be seen an' read; it maksna faur; I've seen some peer unkent blockheid's name scartit upo' the wa's o' a gran, aul' cathedral kirk, an' I've seen the inisshals o' anither cuttit wi' incredible lawbour i' the hard granite at the blae Hill tap, twal' hu'ner feet owre sea level". "Nyod I'm growin' hungry for my brakfast, ony wye," says I; "ye'll need o' read on wi' yer ain skeel for aw'm awa hame wi ye, or wantin' ye." "I'm at yer heels," says Peter, "for there's unco little here for ony ane's pains; only gin ithers *wull* vreet I maun read, an' a bodie does sometimes come upon a bit scribble throwin' a glent o' licht upo' some oonexpeckit cranny in human natur'." "Nae doo't," says I, "ye better luik at the bit brodie o' the nyeuk o' the housie for preef o't." "Fat's this," says Peter, " 'Notice is hereby given that all persons found injuring the well or the pasture at Tarlair, will be prosecuted.' " "Raither a peer account o' 'human natur' that Maister Hannay sud think it necessar to thraten the public that gate," says I.

We hed jist turn't to come awa at the minute, fan in aboot comes a middlin gleg luikin little sheemich o' a mannie, gey weffle-like aboot the legs, wearin' glesses, wi' a bit strappie owre the tae shou'der, hinging a sma' leather casie aneth the tither oxter, an cairryin' a fell sizeable stick i' the han'ie o' 'im. He was south spoken, an' unco glib an' ready, appearandly, wi's tongue. Peter an him begood a brisk newse at ance—(he was aye gweed at makin' up to unco fowk)—an' as the mannie bc't to taste the mineral water, I staps awa up the brae my leen, an' lea's them there. I hed toddl't awa for a gweed bittie afore there was ony sign o' my lads followin'. Hooever, I stan's up to hae a luik o' a spawcious new biggin', 't 's gyaun up o' the rock heids, an' was newsin' wi' ane o' the men, a brow hearty stock that taul' me that this is a new slauchter-hoose for the toon, fan I sees Peter an's freen' comin' tee, but stoppin' ilka noo an' than, luikin' across the water at the boats an' ither vesshels throu a kin' o' dooble barrelled toy spy-glessie that the mannie sud carry in's leather casie. Ere they cam' up wi' me they're cairryin' on a strong newse aboot this place an' the tither place o' "interest." "*This* is my uncle," says Peter. "D'ye do, sir?" says the mannie as brisk's ye like. "Vera weel, aw thank ye," says I; "that's a fine mornin"—jist some blobbie-like yet; but gin it wud come an air o' win' oot o' the wast it may turn oot a fine forcie day yet; an' there's raelly muckle need o't for the crap noo, lat aleen the potawtoes 't 's gyaun sae sair wuth in a hantle o' places." The mannie luikit, but gae me little audiscence, an' keepit on's crack wi' Peter. So I jist beheeld them; an' ere we wan oor lodgin's the twa hed made their plan to spen' the day gyaun aboot thegither.

"Fat is he that no?" says I to Peter 's we're gyaun in at the door to oor brakfast. "Ou," says he, "he's a toorist that I met 's aw wus comin' north; he brak aff this side o' Perth to gae up to the Braes o' Angus. I didna speak mony words till 'im, but he's a vera intelligent person, an' kent me at ance again." "A tailor like bodie," says I, "only he's weel shod i' the gab appearandly; an' I daursay he'll haud's oot o' langer gin he wud speak some plainer an' nae freely so fest."

Aifter brakfast time we hauds doon to the Herbour to see fat sic like a tak' o' herrin' there mith 'a been. Gin that time there was a braw stur at the herbour. Weel on till a score o' boats hed come in an' aye mair comin'. Some fyou hed clear't oot an' ithers wus busy at it—the men sheelin' up the bonny glitterin' herrin' wi' timmer sheels in'o baskets; an' aye 's the basket was fu' it was drawn up wi' a bit teckle an' lan'it o' the quay or coupit at ance intill a cairt to be ca'd awa to the curin' places. Them that wus new come in, an' maybe nae freely ready lay a kin' o' ootside, the men shakin' the herrin' oot o' the nets an' preparin' to lan' their catch. Some hed a gryte bing o' fish spread owre a' the boddom o' the boat an' slidderin' here an' there in scores an hun'ers as they sheel't awa amo' them; ithers hed but a mere han'fu'; an' a body cudna help bein' a kin' o' ill-pay't for the peer follas that hed foch'en awa a' nicht an' pitten oot an' haul't in a' that hillock o' nets. Hooever, it's jist the wye o' the warl', and they wud howp for better luck neist nicht nae doot. I cudna but smile at Peter's freen, the mannie wi' the glesses; he gat near-han' heich at fat he ca'd the "pictur-skyeow" sicht i' the herbour—buirdly fishers in yalla oilskins an' souwasters 'o their heids clam'erin' aboot amo' spars, an' oars, and nets; here ae set busy amo' their fish, there anither gaen ashore across twa three boats, ane cairryin' the bit kittie, or han'in't up till a youngster to tak hame to get in fresh provisions for neist nicht, an' a' the steer o' ca'in awa an' guttin'. An' syne the bodie *wud* speer questions an' gie bits o' advice to the fishers wi' his say—"Hoo dont ye get large decked boats noo?" says the mannie, "ye woold be much more comfortabler an' safer," says he. "Cudna say sir," says a stoot red fusker't fisher, "we jist manages to warsle awa wi' the boaties, an' we're fell easy aboot oorsells." An' syne the mannie be't to note doon some particulars "every crew compos't, of five men an' a boy—fine hearty looking men, and generally intelligent." But him an's buikie cam to be naething but a plague, for as we grew better acquant throu the day he tyeuk to banterin' me extraordinar wi' the tongue o' 'im, an' gauffin' an' lauchin' fan I gya'im in's cheenge aboot's nain sooth-kwintra lingo. "Well, I confess your copious forms o' speech completely eclipse my deealeck," he wud say; an' than the creatur wud provoke me into speakin' the braidest that I cud, fan I saw him ettlin' to get a grip o' the words an' tryin' wi' a's micht to set some o' them doon. Aifter scraipin' awa an' tryin't in twa three sets—"Is that the spellin' o' 't"? he wud say, haudin' up the buikie. "Wa man," I wud say, "it's neen like it. It's a wise sayin' that the souter sud stick till's last, an' the tailor till's lap-board. Gin ye hed a gweed het geese i' yer han' ye wud mak' a better job o't, nor ever ye'll dee wi' the pen." An' syne the mannie wud lauch mair nor ever.

I' the coorse o' the aifterneen we gaed oot the length o' Tarlair again; an' cud ye raelly believ't we met mair fowk gyaun an' comin' than nor we hed deen i' the mornin'; forbye that fan we gaed doon to the Howe, there wus a mengyie o' squallichin' leddy creaturs, an' twa three gey saft pithless-like chappies, dress't up, wi' their bits o' fite fuskeries an' canies i' their han's—they're a' gedder't an' feckly spread oot o' the green, wi' a fire at the fit o' a rock, an' a tae kettlie upon't. "A pic-nic" 's they ca't, an' awat they war han'in' aboot dishes o' tae to hame'ill an' frem't alike, wi' richt gweed will; but aifter seein' the like o' that a bodie cudna been onthoch't that ae wye or anither the Walls o' Macduff's come to be uncolies lichtlifie't by's we've seen; forbye that the tae half, or mair, o' the visitors gaes to the bath hoose instead o' dookin' the furth i' the sea.

Peter's mannie was an' unco keen han' upo' kirks an' minaisters, an' a' mortal thing. He tyeuk's into the Fife Airms, to Maister Macdonal' 's—a richt ceevil discreet-like man—an' trate's like lairds. Him an' me gat buckl't upo' vawrious things; an' as it was Friday aifterneen, he wud hae me or than Peter, rizzon or neen, to bide owre Sunday an' gae to the Kirk wi'm; gin we wudna say that, we wud gae farrer. It seems the mannie was takin a tour roun' by the Heilan's to Glaisca. But nedder Peter nor me cud bide langer nor neist mornin'. "Oh well," says he, "the best o' freen's must part—I'll hae to go alone." Fegs I hed begun raither to like the mannie by this time, an' Peter an' him, as aw wus sayin', hed grown unco thick; so Peter says "Ou weel, seein' we canna gae forder wi' ye, ye'll need o' feenish oot yer 'Notes o' traivel' as seen's ye win hame an' lat my uncle an' me hae the advantage o' readin' them—I'm nae jokin' noo." "Gif they wud read wi you," says the mannie, "ye shud be unco welcome to them; but they're mere scraps i' the natur o' first impressions to keep my memory fresh an' no worth a button for description, history or sentiment." "Feint a fear o' that," says I. "At ony rate we can jeedge fan we see them."

We bad ane anither good nicht; an' Peter an' me tyeuk a luik into oor lodgin's. I was fell tir't no, but gloamin't as it was, I wud be oot again for anither glimpse o' the herrin fowk—we wasna a steencast fae the Herbour, ye see, an cudna but hear the sough o' fat was gyaun on. The tak' owre the fleet hed been a byous heavy ane that day. Several boats hed come in late i' the day wi' gryte shots; the cairts wasna droppit ca'in' awa loads o' the fish, an' at ilka curin' place the women wus busy guttin' awa', an ithers packin' into barrels wi' nicht licht. As we gaed roun' the east en' o' the Herbour, there they war, goin' on at twa-three guttin' places—a bit frame for a' the earth like the body o' a peat cairt, sittin o' the grun', but bigger, wi the herrin' cowpit in o't; women guttin' wi' the licht o' can'les blinterin i' the win', an at ilka corner o' the frame plenty o' bairns hollachin aboot, and the cairts comin' an gyaun un'er the kin' o' meenlicht. Doon at the herbour mou' was a stranger boat—neen o' the engag't kin'. They hed hed a gran' tak; but wow, ere they wan weel in, the market was gluttit wi' the frauchts o' the engag't fowk, an' forbye twa or three-an'-twenty shillin's for the cran they wud 'a been nae oonfain o' five or sax, gin ony ane wud 'a clear't them oot, for it was said the vera saut was rinnin' deen o' the curers. Aweel there's a gryte bourach o' men an' women—maistly workin' fowk appearandly—

aboot the boat, puckles comin' an' puckles gyaun, buyin' shillin's worths o' herrin' an' cairryin' them hame i' their baskets. A braw shillin's worth they got o' the "halesome fairin" 's the sangie says; little won'er nor the wifie sud cry till 'er neebours, "Sirs, ye're seerly a' herrin' mad the nicht!" It was a freely cheerin' sicht aifter a', an' fan we hed behaudn't for a filie, Peter, he says, "Weel, uncle, they speak o' 'the hairvest o' the sea,' an' troth the hairst o' the sea, like the hairst o' the earth, appears enstinctively to stir the hert wi' a sense o' joy an' gledness, the ootcome o' Gweed's bounty, the visible token o' peace an' plenty; an', absurd though ye mith think it, the stir an' soun' o' men, women, bairns, an' beasts o' burden, roun' aboot's at this minute, reca' naething sae veevidly to me as a hurriet leadin' nicht at gran'fa-der's in hairst langsyne, fan aul' an' young wus hard at it, an' cairtfu' aifter cairtfu' o' sheaves comin' hame i' the new meenlicht."

"We maun awa' to oor bed, Peter," says I. "Min' ye the train starts at sharp sax the morn's mornin'." '

'A Criminal Officer of the Old School: Being Passages in the Life and Professional Experiences of George Webster, Sheriff and Criminal Officer, Oldmeldrum.'

(William Alexander) *Weekly Free Press*, 18 January-24 May 1879.

Alexander published this in book form (Aberdeen 1880) for the benefit of his informant and gave Webster himself as the author, but later sources attribute it to Alexander himself—the stories were Webster's, but the words were those of the author of *Johnny Gibb*. 'Geordie Wabster' was a well-known character who, in his day, had been the leading thief-taker in the North-East, and his marvellous reminiscences demonstrate two features highly characteristic of the Victorian Scottish press: firstly its tendency to report what people actually said, without tacitly translating it into standard English; and secondly, its obsessive interest in crime—as Webster remarked to Alexander, 'There's naething fowk likes better to read, Sir, I can tell you, nor a gweed criminal case.'—a claim amply born out by his memoirs which form a lurid black calendar of Aberdeenshire during the middle years of the nineteenth century.

As Webster remarked with, perhaps pardonable, pride:

> 'Here I am than body bulk, an' a' my seven senses aboot me—though I'm nae chucken. An' that's the han' that's grippet seven murderers! Police! Augh man! I was at it mony a year afore there was sic a thing as a policeman i' the coonty o' Aiberdeen, an' did a' the criminal wark my leen—at ony rate I han'l't nine-tents o' the thieves, hoosebrakers, sheep-stealers, forgers, an' murderers, gryte and sma'; forbye assaults, swin'les, an ony number o' breaches an' petty kin' o' things hardly worth mention. Ay there was something adee forty-five year syne, fan' they hangit richt an' left, nae only for sheep-stealin' but for common theft; an' the countra was owrerun wi' cairds an' tincklers o' a kin-kin', broken-doon smugglers amo' the lave—an' some o' them hed han'l't ooncanny irons i' their time—to say naething o' sturdy meal pyock beggars, thievin' an' threatenin' maisterfu bangstrie files—Fat? There's nae ae vagabon' the day I tell ye faur there was a dizzen—ay, a score—fan I began; an' ye've seyventy or auchty police i' the Coonty stappin' roon' like as mony mull horse, ilka ane on's beat deein' fat ae man—that's mysel' an' nae ither—hed to dee maist single han'it.
>
> [*Criminal Officer*, p.7]

'How Hellen Mackie Buried her Livin' Bairn, and how I captured her.'

'Ane o' the cruellest cases 't ever I hed adee wi' was a case o' child murder at Bourtie. My entries aboot the case begin on February 26th, 1849—"Going from Oldmeldrum to Greeninches, Premnay, and apprehending Hellen Mackie and lodging her in Aberdeen jail, accused of child murder." That's the first, as I was sayin'; an' this was the story—Some lads, cairtin' gravel fae a san' hole there, in fillin' their cairts cam' upon a bittie o' fite cam'ric cloth, an' fan they tried to rug it up it turn't oot to be the neuk o' the frockie o' an infant o' three or four ouks aul', buriet amo' the gravel. Eh, an' ye hed seen the little wee neivies an' the mouie o' 't faur it lay fill't wi' san'! The men got a start o' nae ordinar' kin'; an' as seen as I saw't I kent the poor infant hed been buriet livin'—naebody cud 'a dootit that. The body o' the child was ta'en up to the kirk o' Bourtie, an' aifter 't hed been seen by the doctors an' the fiscal, was buriet. Afore that happen't I hed examin't the dress 't was upo' the bairnie—'t hed on a skull caippie, a frockie, an' a fite kin' o' slippie. I thocht wi' mysel' I'll tak' a swatch o' the frockie till we see; and so I clips 't aff an' pits 't in my pocket-book. Ah, weel, the thing was into the han's o' the police; an' they ca'd an' better ca'd for traces o' the murderer o' the infant; but a' to nae purpose, an' it seem't lickly that nae case wud be made against nae ane, till ae nicht't I happen't to be in Barnett's takin' a dram wi' Webster, the shoemaker. There wus twa-three darger-like chiels sittin' i' the same room, fan by cam' the policemen past the window. An' says ane to the lave, "Oh, there's the bobby; an' they wud gang up to John Imray's at Greeninches o' Premnay, an' tak' that murderous blackguard o' an' 'oman they wud be o' some eese." Webster he leuks at me; an', of coorse, I made nae particular sign. Aifter a little he slips awa an' gets a half mutchkin; an' we mak's up to ha'e a news wi' the chiels. By an' by I was taul' fat was sufficient for me. An' fan I hed gotten fat I wantit, or was lickly to get, I gaes an' orders a machine at ance, an' smack aff for Premnay I goes! It was about ten o' clock at nicht fan we got to John Ogg's at the toll-bar, faur we lows't the beasts oot o' oor machine. Fanever I gaed in, John saw't there was something up, an' cries, "Fat are ye seekin' here—are ye come for that—limmer?" He said the aul' man was some deaf; "but," says he, "I'll tell ye fat to dee, George. Jist chap at the window an' cry, 'Are ye sleepin'?' An' fan he mak's answer 'Ay; fa are ye; an' fat are ye seekin'?' jist say ye, 'Oh, an' ye wud rise I've some siller to leave wi' you to the minister. Rise an' open the door." We does a' this; an' the mannie rises an' comes to the door blinterin' in's nichtcaip. Ou, he loot's in wi' nae adee about it; an' there was the jaud sleepin' wi' 's mither. Aifter I hed 'er ta'en prisoner I searches her kist, an' shortly comes on a piece o' the claith 't my swatchie was ta'en aff o'. Keepit the swatchie, did I? Jist leave that to me; as gin I wud throw 't awa' till I kent fat for; or forgot to fesh 't wi' me either. There it was, the fite frockie ta'en aff an' the bittie 't hed been clippit oot to mak' a skull caip to the peer innocent, thread by thread—warp an' woof. That's what ye mith ca' identification, maybe! At least I wud think sae. A simple process, man; a mere finger-breid o' cambric, but gi'en its ain silent evidence, wi' terrible certainty o' a black, black story.

Aweel aifter she was apprehen'it, she wud a boastit it oot at first, like mony ane mair. "My child's at Blackburn, at a nurse," says she. "Oh, indeed," says I, "It'll be a' the better for you than." But comin' doon the road to Aul' Meldrum, she cheeng't 'er tune an' admittet that she hed told me a falsehood. I lootna 'er forder a-len'th in that, of coorse, but warn't 'er nae to tell me onything. It micht do her much harm, I told her, an' cud do her no good. So there was nae mair pass't o' the subject till she was safely lan'it in Aberdeen jail. It was a case for the Lords of coorse; an' cam' up at the April Circuit afore Lord Mackenzie and Lord Moncrieff. It was a big Circuit that, for Burnett was triet at it for poisinin' his ain wife. He was a fairm-servan' i' the pairis' o' Strichen, an' was hang't for't. Hooever, Hellen Mackie pleadit guilty o' culpable homicide. The reporter chaps describet her as "a rather interesting and good-looking young woman;" an' she didna leuk so ill as she prov't, it maun be alloo't. The Advocate-depute—it was Deas—accep'it the plea wi' great difficulty, he said; an' Lord Moncrieff, in passin' sentence, said the homicide "was of the very worst description. It was scarcely, if at all, different from murder"—(to my thinkin' it was neen different, but murder o' a vera bad kin')—"and they must accordingly sentence her to the very next punishment to that awarded for murder, namely, transportation for the remaining period of her life." An' she got sentence accordingly.

Weel, Sir, I dinna differ wi' you aboot the "inequality" o' things in cases o' the kin'. Nae doot the scoon'rel that was the fader o' the unhappy bairn—it was a bastard naitrally—weel deserv't to bear half the sentence like ony ane in similar circumstances. But punishment's ill pairtit. The chiel had refeest to tak' wi' the bairn, like mony ane mair, an' the lassie, a peer ignorant servan' quine, hed, like aneuch, been pitten maist past ony wits that she hed. Instead o' mairryin' or coontenancin' her as ony ane wi' the spirit o' a man wud 'a deen at fatever cost, the coorse an' cooard'ly scamp wud slink awa' oot o' the place for a chance. An' so the poor sinner, driven to desperation, hed deen fat she hed deen. The poor 'tsil, ye maun notice, wasna new born—it was a month aul' in fack; for, accordin' to the indictment, it was born on or aboot 31st December, 1848, at Greeninches, bein' a male child, and laid doon to be smor't on or aboot the 1st day of February, 1849. She hed in fack come doon to Hatton Crook o' Tarves, faur she hed freens, an' leeft again carryin' the child; an' hed gane a gwood four mile wi' the infant afore she hed hert, or the deil ga'e 'er opportunity, to dee fat she did; an' aifter that she hed gaen back to her auld quarters at Premnay. She taul' aifterhin that fan the sad deed was deen an' her back again, she cudna get rest at nicht for fear o' the deil comin' to tak' her awa' wi' 'im. A bodie does won'er fat gate it steed wi' the conscience o' the fader o' the bairn a' this time. Only feint a muckle ha'e they worth ca'in' a conscience the like o' 'im. I've nae doot Sawtan has batches o' that case-harden't brutal fellows that ruin women that gate an' syne desert them—set by for the vera hettest quarters i' the ill pairt fan his en's are sairt wi' them. I've nae doot o' that; but i' the meantime the scourge spares the stronger, an' tak's only the weaker o' twa ill-deers, as peer Hellen Mackie, like mony anither in her circumstances kent, that aifter a' her months o' misery fae desertion b' the pairtner o' 'er guilt, an' the terrors o' an' alairm't conscience, hed to tak' 'er sentence alone fae the stern han' o' legal Justice, that recks little o' naitral feelin', or the punishment that sud follow the hertlessness o' ae human bein' till anither, aiven though that vera hertlessness may hae driven the least guilty o' the twa to black crime an' blacker ruin.'

[*Criminal Officer*, pp.105-8]

'Archie and Bess; or, The Ups and Downs of a Scotch Mason. A Series of Dialogues.'

Glasgow Weekly Mail, 4 December 1875-29 January 1876

This is by James Smith, credited in a by-line as author of 'Humorous Scotch Stories' 'Habbie and Madge', 'Wee Joukydaidles' etc.

Archie and Bess are a middle-aged artizan couple in Glasgow. There are two basic strands of plot, one realist, revolving round a strike and its consequences, the other a conventional romance involving various lost children who have been kidnapped in infancy or presumed drowned at sea. They weave in and out of each another in various convoluted ways before coming to the inevitably happy end. The column is very sentimental in its overall flavour—in patches cloyingly so:

> 'Jeanie—"Come awa, my bonnie wee Wuddles! O he's jist a perfect darlin'! a sweet barley-sugar doodle o' delight! Come till his bonnie, bonnie mothers, an' he'll get his bonnie, bonnie poshie an' milkie oot o' his ain wee luggie puggie, the dear wee little dumplin's o' a darlin's' Come an' his mammy'll gie' him cocky-ridey-roosey!"'

I reproduce a little of it here for two reasons. Firstly as a reminder of how rarely sentimental emotion is indulged for its own sake in literature of this type during the second half of the 19th century, all stereotypes to the contrary. In fact this is the *only* example I have encountered which indulges this vein to any serious extent. Secondly although this column is at least 25,000 words long, and picking bits out of it as I have done does a degree of violence to it, I want to show that even the least obvious looking of sources may turn out to have a remarkable intellectual sinew and range of interest if one is prepared to explore without being encumbered by too many preconceptions.

Archie is a free-thinker and a union activist; he has a conflict theory of society, and is fiercely anti-clerical. The first instalment discusses hours and money, and the need to carry the fight against the employers, the venality of the clergy, the plight of the widower in face of the virtual impossibility of getting reliable child minders, the issue of 'marriage with deceased wife's sister', and so on. Later numbers speak about vivisection, cremation, evolution, wife-beating, the ballot, and national party politics, from a strongly independent point of view. There is a powerful sense of working class solidarity and of the innate worth of the intelligent working man. Here is a ringing affirmation of the growing power of the proletariat, for example:

> 'Archie—"A new generation's springin' up around us in baith hemispheres, destined to assert their power wi' a determined vigour that naething shall crush,

> because they'll be *educated*, and they'll be *sober*. They'll be the true working men o' the future—the bone and muscle o' the Lord God o' Sabaoth! powerful for good—terrible for evil. Woe to the princely tyrant, and the proud despot, wi' his millions o' armed slaves, when the educated working man realises his power, and makes it *felt*; for wi' a dauntless heart he'll burst every chain o' slavery; an' his sturdy right arm shall yet wield the destinies o' nations!"' [25 Dec 1875]

The story opens. It's late at night in the Cowcaddens. Archie has been in the pub after going his rounds disbursing friendly society funds to an unlikely collection of sick and ailing members...

'*SCENE I.*

(GLASGOW—*The House of a middle-aged couple in Cowcaddens—Archie M'Quarry, a mason, and Bess, his wife. Archie's new come hame. Time, 11 o'clock on a Wednesday nicht.*)

Bess—"Anither fine time o' nicht to come hame, Archie, and me wi' a heid jist like to split. Whaur ha'e ye been the nicht again, if it's a fair question?"

Archie—"Visitin' the sick, my peery weery wunk."

Bess—"A bonnie like excuse! Was ye visitin' the sick till this time o' nicht—past eleven o'clock?"

Archie—"Whisht, my tirly mirly! Od, it's a wonder I'm here sae soon. I've been up fifteen pair of dark stairs in wynds and closes, payin' awa' siller, and nearly broke my legs and my figure-heid into the bargain, comin' slap against villainous ooter-doors standin' open. It's nae joke bein' on the committee o' a yearly society, I can tell ye, expecially if there's a flourishin' list o' delicate members at its tail. I never kent sic crafty dodgers in my life as some o' them are. There's Jean M'Grintle bad again wi' the tick-dolorow. It's everlastingly the *tick* wi' her. I'm cheated if yon woman'll no end her days yet upon *tick*, and be buried in a coffin upon *tick* into the bargain. Pate Scatters is aff again wi' an income in his *side*. I only wish to guidness he'd yin in his pouch. Grizzy M'Clure's bad again wi' the *nervous affection*, an' she says she's ordered by the doctor to tak' plenty o' strengthening medicine; but if the strengthening medicine in yon same bottle's no a sample o' *Bernard's Double Distilled Nerve Consoler*, I'm a Cheeny-man's labourer. Paddy Monaghan's off again. He's yin o' the kind that when trade's slack he rubs his face oure wi' chalk, an' gangs into the Infirmary upon crutches, moanin' and groanin'. The doctors can never understand his trouble; for he aye gets better, and he aye comes back. He's the bonniest leg-drawer I ken. He lives upon strengthening diet for five or six weeks, then comes oot loupin' an' lively, wi' a face as red as a boiled lobster. He's bad the noo, he says, wi' a *dwinin'*; tells me he's ordered 'beef-sthakes an' porther three toimes a day,' or oftener if he can get it. If I had *my* will, I'd gie him sixty days' hard labour, wi' an occasional walk upon broken bottles for a change. Peggy M'Wheezle's bad wi' her heavy cough again. When I gaed up her stair, a bonnie racket was gaun on wi' folk roarin', flytin', an' swearin'. The drink appeared to be gaun helter-skelter; for I heard yin sayin' to anither, 'Fire away, Dunky! there's corn in Egypt yet.' 'Here's to ye, Grizzy, and may ye never want a bit canny corner on the Sick List.' Then a fearfu' row broke oot; the door flew open, an' a starved-lookin' cat vanished through my legs wi' a yard o' sausages in its mouth. I went richt in, an' fixed the limmer wi' my een. Whenever she saw me she began to cough an' kink time aboot, wi' a sneeze noo an' then for variation. I telt her she was an ornament to society in general, an' Geordie M'Dreery's yearly society in particular. I telt her she deserved sic month's solitary confinement, and if she was particularly anxious aboot the five shillings she could dicht her neb an' flee up for't, and afterwards read the first chapter of Matthie for her edification. I'm blest if it's fair to see siller paid every week that's waur than thrown away on a wheen unprincipled reprobates. But gude be thankit the great bulk o' the delicate fratenrity's a' richt enough; and ye'll find black sheep in every flock."

Bess—"Weel, weel; but I'm sure ye didna need to be sae late. Ye've surely been tastin' some o' Bernard's Double Distilled yersel' the nicht."

Archie—"Div ye think sae, my elegant rosy-posy? Weel, ye're maybe no sae very far wrang. I was glad after I left the last rookery, to meet in wi' a 'Christian.' We gaed into a hoose, an' I was thankfu' to hae the share o' a gill wi' him, to keep awa infection."

Bess—"Infection! Ha, ha, ha, ha, ha! A man born an' brocht up in the Cowcaddens to be feared for *infection!* Oh, but ye're a delicate plant, after a'."

Archie—"Div ye think sae, my tulip? Weel, it maybe wasna that a'theg-ither, either, that took me in. To tell the dounricht truth, it was something o' far mair importance than a paltry glass o' whusky. Wad ye like me to tell ye?"

Bess—"Weel, toshy, am I no yer ain wife?"

Archie—"Wha says ye're no, Mistress Paul Pry? But ye're bound to ken some day soon; so I may as weel tell ye the noo. Weel, lass we're on the eve o' a strike."

Bess—"A strike?"

Archie—"Aye, a strike for shorter hours and bigger pay. What think ye o' that?"

Bess—"No muckle. Take care ye dinna land in the mussel midden wi' yer strikes."

Archie—"That's aye the way wi' you women. Ye never can see farther than yer nose."

Bess—"There's mony a man canna even see as far. O' they're wearifu' things thae strikes, Archie; destroyin' the peace o' mony a fireside, breakin' up mony a happy hame, an' often landing the sufferers, wi' their puir wives an' bairns, in dounricht misery."

Archie—"Bess?"

Bess—"Weel?"

Archie—"If you were to get five or six shillings mair than yer ordinar', wad ye throw't awa'?"

Bess—"It's no very likely. D'ye think I'm daft?"

Archie—"Then is that no' weel worth the strugglin' for?"

Bess—"Weel, weel, it's a' guid enough if ye can get it easy."

Archie—"Aha, my peery weery! there's naething in this world got easy that's worth the struggling for!"

Bess—"But what's the guid o't after a'? As oor minister, the worthy Doctor Bauchel, said last Sunday, this world's naething but a gigantic watering-pan for dischairgin' tears; and ye mind what he said about the blessings o' contentment. He said that envy, spite, an' discontent wi' yer lot was the cause o' a' the misery an' unhappiness in this world; an' that contentment wi' godliness was great gain."

Archie—"It's a' very fine for Dr Bauchel to say that; an' very easy, as weel. But what's he, an' a' the black coat tribe o' reverent Bauchels to me? Tell me wha stand up mair siccar for high pay, no to speak o' shorter hours, than the ministers? an' what are their Presbyteries, Synods, an' Assemblies, but sae mony trade union corporations, where the laws for the protection o' their claith are enforced wi' unbending rigour? It's a' very fine for a man wi' four or five hunder a year to preach 'contentment.' But does *he* practice what he preaches? The very next day ye'll maybe read in the papers that the Reverend Doctor Bauchel's got a 'harmonious call' to some other kirk wi' a bigger stipend; and after asking 'time to consider,' for the sake o' appearances, ye'll hear in a week or twa afterwards, that after 'prayerful consideration' he has resolved to accept it. The 'prayerful considerations' the funniest thing o't a'; as if the negotiations were carried on bodily between the saints below an' the saints aboon. But, my bonnie auld verdant green tirly-rairly, had there been nae bigger stipend, there wad been nae 'prayerful consideration'—for what are ministers but men? And fine chiels a wheen o' them are; but, bless my sowl! what's the guid o' them pretending to be different frae ony ither body when they're lookin' after a job?"

Bess—"Ye're aye the same auld man, Archie. Ye'll no gie a man credit for being actuated by ony ither motive than filthy lucre. Puir man! I'm sorry for ye. But what ails ye aye at ministers, or onybody in a higher position than yersel'? Can ye no be happy an' contented?"

Archie—"Nae man can be happy an' contentit if he thinks."

Bess—"What's the guid o' thinkin', if it mak's ye miserable? Can ye no be like me, an' ither sensible folk, an' never think at a'?"

Archie—"Lord help ye for a lump o potty, that can be twisted into ony shape! What's the guid o' haein' reasoning faculties if ye dinna exercise them? What did ye get them for? to lie on the shelf o' forgetfulness like an auld mesmerised speldrin', or exercise them as their Maker designed? Div ye think a working man's nae better than an animated dummy, a mere hewer o' wood an' drawer o' water, capable o' naething else than eatin', drinkin', an' sleepin', like the brute beasts that perish; submissively content to believe everything he hears, withoot the moral courage to investigate whether it's true or false? Is't no high time he was throwin' aff the shackles o' slavery, thinkin' for himsel', an' battling manfully for his richts? Is lang hours an' sma' wages no enough to drive ony man mad:—ony man wi a sowl in him?"

Bess—"I daursay ye're no very far wrang there, after a'. But hoo can ye better yersel?"

Archie—"Hoo? By agitating for shorter hours an' bigger wages till they're mine. As I telt ye before, there never was ony guid or great object in this world got yet withoot battle after battle, until the field was won. Nae frichts but we'll get what we want, for the funds are strong to enable us to stand oot; for it's an unco job when the heavy purse is a' on the ither side."

Bess—"It's ower after the case, though, that the heavy purse is the cock o' the field, let the cause be guid or bad. O that there was less o' the siller, an' mair o' britherly love among men, as Doctor Bauchel said last Sunday."

Archie—"There ye go wi' Bauchel again! I wish ye had him on yer feet. But ye may preach an sermonise as ye like, King Penny's the almighty monarch that rules the nations, and naebody kens that better than himsel'!"

Bess—"Wha was't ye saw the nicht, na, afore ye cam' hame?"

Archie—"Davie Plane, the joiner; an' very likely the joiners'll be comin' oot tae. Success gang wi' them."

Bess—"Div ye tell me sae? Weel, weel; tak' guid care o' what ye're a' aboot, that's my advice. But by the bye, Archie, hoo lang is't noo since Davie's wife dee'd?"

Archie—"It's mair than six months; an' he's had a new housekeeper maistly every week since. There's no yin he can place the least dependence upon. They waste his means, neglect his bairns, an' send everything helter-skelter to the deevil; drink like fish, an' pawn his claes into the bargain. Oh! God help the puir sowl that's left a widower, wi' five sma' mitherless bairns!"

Bess—"Puir bits o' things! God help them atweel. But surely there's *some* richt-minded woman to be got. They canna a' be sae bad. I wonder what way his guid-sister Jean doesna offer to look after his hame, an' bring up her sister's bairns? Its nae mair than her duty."

Archie—"I dinna doot but Jean wad be glad to come; for Davie's asked her often enough. But she's terrified for what the world micht say, for ye ken she's but a young woman; an' as for the idea o' them ever marrying, ye ken that's against the laws o' the country. But oh, its cruel an' hard that the law should prohibit what's perfectly richt an' natural. Wha could ever take a greater interest in a dead mither's weans than her ain sister? Wha wad be kinder to them? an' yet the faither an' his sister-in-law are sternly prohibited frae ever thinkin' on bucklin' thegither. But I hope an' trust the day's soon comin' when this iron law shall be struck frae the Statute Book by the sturdy hammer o' common sense."

Bess—"But—but—"

Archie—"But what?"

Bess—"Weel, maybe ye're richt, an' maybe ye're wrang. But yet there's something about it that's no nice—a something that—that—"

Archie—"Woman, it's the jealousy o' yer nature that's speakin' the noo; an' you women are a' alike if it comes to yer ain door."

Bess (in a tift)—"Jealousy o' *my* nature? Keep yer temper, like a man, and dinna begin the nicht again. I never was jealous in my life."

Archie—"Time enough when ye get cause, my peery weery wunk! Sae be thankfu' for yer mercies. But I'm vexed for puir Davie, an' I canna help thinkin't strange that folk's sympathy should aye gang wi' the widow, while the widower gets leave to fecht his weary battle as he likes. But I dinna think that's fair. A widow can warstle through life wi' her bairns, an' its astonishing hoo she'll make ends meet. But the puir widower has his wark to look after, wi' his mind on the rack frae mornin' till nicht about his mitherless bairns, left often to the tender mercies o' some selfish, hard-hearted, tipplin' jaud, that rules them wi' a rod o' iron when he's oot, although she's often a' milk an' butter when he comes hame. An' pawky man-traps a wheen o' them are, often alluring the puir sinner to his destruction wi' their 'O-my-pretty-dearie-hoo's-a'-wi'-ye-the-nicht' style o' joukery-paukery...until he's fairly drawn into their nest, an' bamboozled beyond redemption..."

[4 December 1875]

* * *

[Archie and Bess have a teenage daughter, Mary, whose chum, Jeanie, is in service with a South Side doctor, with a ghoulish line in medical research]

Jeanie—"I wish ye kent what gangs on in Doctor Scarify's when the mistress's oot. An' I wish ye better kent what happens on the week nichts when she's oot at the meetings. I declare she'll no be twa minutes oot when ye'll hear heartrendin' yowls o' cats an' dougs in the agonies o' death, as he experiments upon them; no to speak o' skinnin' taids, blawin' up puddocks wi' straes, mesmerising doos, an' crucifying rabbits into the bargain. I couldna stand it yae day, when I saw him come in wi' a bonny wee black an' white kittlin in his pouch. 'Doctor Scarify,' says I, 'are ye no feared for a judgment comin' on ye, torturing a puir dumb animal that never did ye ony harm?' But he swore at me like a trooper, an' ordered me to mind my ain affairs."

Archie—"Nae doot, they're cruel acts. But still the man wadna do them for the mere sake o' inflicting wanton torture. Ye maun look at the motive that prompts the act; and if experiments on live animals can alleviate the sufferings o' the human race, the man's no a'thegither to be blamed."

Jeanie—"There's yae consolation in't; if the beast got a cruel death, it was saved frae a lingerin' yin by starvation; for I've seen the very mice gaun staggerin' through the rooms wi' the tears in their een..."

[11 December 1875]

* * *

Archie—"I believe there's a new system of burying gaun to tak' place."

Bess—"What's that?"

Archie—"Burnin' corps in a furnace; and if the survivors are particularly anxious to hae a relic o' the departed, the body burner—a new substitute for a gravedigger—will gie ye, for a consideration, the ashes firmly corked up in a bottle, to pit in yer pouch, an' tak' hame wi' ye. If it were pleasin' Providence to tak' me awa first, hoo wad ye like to hae the ashes o' yer man in a glass phial, labelled, 'The mortal remains of Archibald M'Quarrie, mason, three-and-a-half-ounces Dutch weight;' to hae't standin' on the chimney piece like an ornament; to tak' it doon noo an' then an' gie't a bit shake for auld acquaintance sake, sayin', 'Hoo's a' wi' ye, Archie?' There's yae thing, ye'd never want company; for ye'd aye hae yer man wi' ye!"

[18 December 1875]

* * *

Archie—"...there's scarcely a day but ye'll read o' some wife-beater gettin' his sixty days."

Davie—"An' serves him richt. He should be scourged oot o' a' society."

Archie—"True; but the world seldom hears o' the sair provocation a wheen o' them get; for there's aye wheels within wheels that mere ootsiders ken naething aboot. Mony a guid man's worried to death by the nag, nag, naggin' o' ill-tempered vixens, that catch at every word he says and winna gie him a moment's peace. There's some men I ken that daurna meet in wi' an acquaintance for five minutes, but it's 'Whaur hae ye been?' 'Wha did ye see?' 'What time o' nicht's this to come hame?' &c., &c., till at last high words ensue, and then there's a beetlin process; an' then a paragraph in the papers, headed 'Brutal Wife-Beating.' Mony a puir sowl gets unco provocation, Bess, if ye only kent it."

Bess—"Provocation! There's some men that wad provoke a saunt wi' their late hours, gamblin', an' drinkin' in public hooses, an' crabbit ill-nature; an' mony a guid wife's fair heart-broken wi' bad usage, that the world kens naething aboot. Dinna be makin' faces at me, for I'm speakin' the truth; although I'm no meanin' either the yin or the ither o' you twa. But I ken plenty women that hae a woefu' life o't. I dinna ken what a wheen o' them'll dae noo, when they've got the shorter hours."

Archie—"Mental improvement, my peery weery."

Bess—"Mental fiddlesticks!"

Archie—"What div ye think o' that, Davie?"

Davie—"Domino!"

Archie—"It's high time workin' men were educatin' themsel's up to the level o' their responsibilities, an' takin' an intelligent interest in the affairs o' the country; no like a parcel o' silly sheep jumpin' owre a style after the first bully-raggin' bell wether o' the flock; but takin' their stand as free an' independent men. We've got everything noo we need frae the Legislature; the rest depends on oursels'."

Davie—"There's yae thing I dinna believe in—Vote by Ballot, for instance."

Archie—"What's wrang wi' that?"

Davie—"I believe that for a' the secrecy that's used in the pollin' booth, the committees o' the contendin' candidates, although ye may pretend what ye like to the contrary, very often ken as weel what's what as if the whole affair were an open-air transaction, through ca'in' upon this yin, plaguin' an borin' the sowl oot o' the ither yin; pesterin' folk wi' pertinacious visitations at a' hours o' the day an' nicht; letter-carriers ringin' bells, an' thunderin' at doors, cursin' an' swearin' till they're black in the face, deliverin' whole cart-loads o' 'Vote for Guddle—he's the Boy! Doun wi' Fuddle, for he's naething but a Beast! Electors, skin the traitor alive; roast him ower a slow fire! Electors, wire in for Guddle, or there'll be an earthquake immediately! Safety lies in the glorious Guddle! He's sound on the Permissive Bill, an' a' sorts o' heavenly glory. Sneaks an' sycophants o' the curran'-dumplin-faced Fuddle! Tremble for yer wives, yer families, an' yer Sunday claes' and so on. Praisin' this yin, an slanderin' the ither yin, beyond a' manner o' justice or fair play—no to speak o' cabs an buses crammed to suffocation wi' supposed pledged voters. That's the *ootside* o' the pollin' booth, Archie. Nae doot, when ye gang to the inside, it looks a' very nice, quiet, an' above board, although even *there* ye're surrounded at the door o' the ballot-box by municipal lions an' teegurs growlin at yin anither, although they're a' very complaisant to *you*. An' ten to yin, when it's a' by, if ye're naething mair than a workin' man, the candidate ye vote for kens or cares nae mair aboot ye at five minutes past four o'clock, after a' his disgustin' professions o' eternal friendship an' fulsome, 'How are you this morning, sir; allow me to have the pleasure of shaking your hand,' than if ye were a petrified gravedigger buried at the bottom o' the Cathedral. An' hoo easily folk are gulled! an' hoo easily they can mak' a mountain oot o' a mole-hill. Gang doon to the cross ony day, an' swear black's white wi' a bold, unblushing front, an' ye'll get thousands to cry, 'Hear, hear,' wi' loud an' prolonged applause. I believe that same ballot-box is the faither o' mony a thumpin' lee. Hoo mony a pledged word, exacted by plausible statement and confounded annoyance, is quietly ignored in yon cunnin' dark corner, when the pencil, after a momentary swither, marks the X opposite somebody else than the yin pledged for. While the voter gangs oot o' the booth, an' meets yin or twa o' Guddle's committee at the door, wi' a sympathetic wink an' a gushin' laugh as much as to say, 'It's a' richt, my cockalorum!' while, a' the time he's went deid in for *Fuddle!* Aha, Archie, lad! if dodgery as well as secrecy's the privilege o' a free-born Briton, then the Ballot's the very ticket: but it strikes me the auld system was the best an' the fairest. Nae doot the folk'll tell ye it works weel. Yes, it works weel; but it's ower weel to be healthy."

Archie—"Davie, ye ken that's doonricht nonsense. There's nae pledged man wi' a spark o' honour in his breist wad act in the way ye describe. Ye'll get automaton jumpin-jacks to do onything; but ye'll no get a *man* to sae yae thing an' do anither."

Davie—"I suspect there's aye a guid wheen o' thae jumping-jacks to the fore, all alive an' kickin', an' will be for a precious lang time yet. I dinna think there's sae muckle difference between the apes an' these same jumpin'-jacks after a'. In fact, it strikes me their great, great, great grandfaithers, the puggies, had maist sense."

Bess—"Ye're jokin', Davie. Ye surely dinna believe for a moment that we've sprang frae puggies wi' tails? I hope ye're no turnin' daft on our hand. But od I'm no wise; for I've something else to get in yet; an' I was clean forgettin' a'thegither."

(Exit Bess, to get in twa-three extras for New Year's Day.)

Davie—"Far greater an' wiser folk than ony o' us here have tried to demonstrate that; an' it'll tak' a hantle to disprove a lot o' their assertions.

But it's to be hoped that in the far-distant future, this same degenerate race o' jumpin'-jacks'll become extinct, an' a better an' a purer breed shall supersede the Lickspittles, Toadies, Doublefaces, Sookers, an' Trimmers, through the iron force o' natural selection."

Archie—"Davie, can ye tell me the difference between *Whig* an' *Tory* noo-a-days?" Davie—"Yes, if ye'll tell me the difference between twice five-an'-twenty an' twice-twenty-five; for I'm blest if *I* can see ony. I'm thinkin' it'll puzzle a transcendental hair-splitter to discover ony difference."

Archie—"Ye're no far wrang there. The fact o' the matter is, that the broad distinctive principles o' the twa great political parties in the State—the Whig an' Tory beef an' greens, as it were—hae got jumbled up, mixter-maxter, in the same kail pat; and the result is that the national tureen's filled wi' an imperial hotch-potch ca'd Conservatism or Liberalism, according to circumstances; but aye the same dish. Some parts o't maybe wersher than ithers; but the Supreme Ladler kens finely hoo to tickle the national palate. When it's Gladstone's turn at the heid o' the table, he throws in his saut, steers round ladle, an' out comes Education Bills, Irish Land Bills, Permissive Bills, Dublin University Bills, &c., &c.,: some o' them gang doun, but ithers dinna. Then he throws in a dose o' double-strong pepper, an' oot comes the Disestablishment o' the Irish Kirk. When it's Disraeli's turn, he throws in his saut, steers round the ladle, an' oot comes the Reform Bill, the Regimental Exchanges Bill, the Factory Act, the Criminal Law Ammendment Act, the Artisans' Dwellings Bill, the Merchant Shipping Act, wi' Plimsoll's Celebrated Mixture, an' the Fugitive Slave Circular, that nearly burn his fingers. Then he throws in a dose o' double-strong pepper, an' oot comes the Key to the East—the Egyptian Shares in the Suez Canal—a tremendous ladlefu' this, that may yet gie the Sick Man o' Turkey a terrible colic, and afflict the nations o' Europe wi' a diarrhoea that'll tak a stiff dose o' shot-an'-shell mixture to cure. O, it's a rare job a'thegither—a never-ending game o' shuttlecock an' battledore; a playin' at heezy hozy; this yin up the day, the ither yin doun the morn. An aye the tureen's as fu' o' as ever; an' aye the Supreme Ladlers are battorin' at yin anither, this yin swearin' the ither'll never wield the ladle again; an' aye the whirligig o' time brings round its revenges. But for a' their squabblin' and hagglin' for supremacy, the guid auld tureen's aye soond to the core; for let but a great national peril arise, and the hotch-potch becomes pottit heid immediately—a solid, coagulated mass o' national determination, wherein a' differences are sunk as if they had never existed, for, as I telt ye before, the differences are but infinitesimal at the best..."'

[22 January 1876]

'Recollections o' da Past.'

Shetland Times, 30 November-11 December 1880

[on schoolmasters trying to eliminate Shetland dialect; the master concerned speaks broad Aberdeenshire himself; an example of intolerance *between* dialects—i.e. not a case of Anglicisation, but a speech-community perceiving itself under threat from other Scots speakers]

'DEAR SIR,—I wis truly weel plaesed last ouk whin da *Times* cam' in ta see what a bonnie muckle paper ye haed sent, an' whatin beautiful print ye haed made. I can see ta read da maist o' it withoot my glesses.

I'm been winderin' a' dis time why da learned folk here an' dere trou' Shetlan' dünna wrate mair bits o' hame-aboot news. Dere's, fur instance, a swad o' skülmaisters settled doon among wis. Why dünna dey send you a letter noo and dan? If I haed haed as muckle laer as some o' dem pirtends ta hae, I wid a' bün afronted ta seen wir ain paper filled wi' brück frae idder pairts o' da world. Da maist o' dem maks a füle o' wir Shetland speech, an' ir tryin' ta rüt it oot. Fur instance, my peerie Lowrie, da idder day at da skül, gude up t'da maister's desk an' said, "If ye plaise, sir, mam baüd me ta come hame at playhoor time ta help daa to caa da salie lambs t' da crü." Noo, sir, da skülmaister lifted his haand an' clooted Lowrie's lugs an' tauld him niver ta utter such trash in his hearin'. Heth, he'd no clooted his lugs fir üsin his ain midder tongue haed I been at his side. An' be-me-sang, I tink some o' da skülmaisters' wirds as drol as wir eens. I'm no spaekin o' dickshinary wirds, but just der ordinary convirsation.

Ae day laest ouk, whin I wis gaein' t' da sola, I met wir skülmaister. I gees him da time o' da day, an' spaekes back an' fore, dan says he ta me, "Fat's yer wee bit loonie deein', that he's nae been at skool syne Monday week?" Noo, sir, haed I been askin' dis question I wid hae said—'What's your peerie boy düin' 'at he's no been at skül frae last Moninday?" Noo, sir, I tink ony sensible person 'ill see 'at my wy is as guid as his. Da skülmaisters hae nae bishiness ta interfere wi' wir guid midder tongue. We pay dem fur laernin' bairns English, no fur unlearnin' wir Shetlan' speech...'

'RECOLLECTIONS O' DA PAST' [11 December 1880]

[on folk customs; winter evening amusements in Shetland, the telling of 'guddicks' and stories; the narrator charmingly forgets the solution of one of his riddles; games like hunt the slipper; an old nurse sings a version of 'Bye Baby Bunting'; an account, too, of the helly-days at Yule; yule fish, and yule ale, rhymes and charms; utterly pagan—no mention of Christ or Christianity]

'I said i' my last letter 'at altho' da auld folk nedder kent aboot soirees or picnics, yet dey didna want der meetins an' ploys fir a' dat, an' also amusement as weel. Troo da winter e'enin's da young folk wid a' gadder tagedder i' da neebor hooses ta haud dem oot o' langer. Da time wis maistly spend tellin' stories an' layin' up 'guddicks.' Some o' dem wir very puzzlin'. I'm faain' oot o' da maist o' dat noo, bit I tink I still mind een or twa. Some o' your young readers 'ill mebbe be blyde ta hear dem, an' 'ill try an' fin oot da meanin' o' dem.

I sat apo my sharim-sharim
An' luiked oot troomy clairim-claarim,
I saw a ree'raa faurdin' da lintie-pipes awa'.
I swüre by my treetle-trattle
In I'd hed my reetle-rattle
I'd punced da ree-raa an' made da lintie-pipes ta fa'.

I canna mind da meanin' o' dis guddick, bit I sall tell you a aesier een.

I hae tree feet withoot a haand,
I hae five maids at my commaand,
I hae an e'e bit canna see,
I hae twa haerts i' my bodie,
I go foo faster dan a mill,
An' yet me efft ir staandin' still,
An' whidder I be in or oot
My guts ir always me withoot.

Da meanin' is a spinnin' wheel. Da "gut" refers ta da wheel-baand dat wis made o' term, or sheep's guts dried.

Dan dey hed games, sic as haandie-crüpin, hunt da slipper, wads, an' wine sellin'. Da auld folk never fan faut or hindered da youngsters ta haud ony kind o' gaamerie 'at dey laeked. Dey wir a' busy at der trift. Da wives wir makin' webs an' spinnin' taats an' rug-grunds. Da men wid be makin' meal-buddies, maeshies, an' riva-keshies. Nae boddy wis idle. If der wis a auld boddy, sec is a quarter wife, shü wid be sittin' i' da inby nuke apo' da lid o' da lit-kettle, or da knockin' stane, rockin' da craidle or dan daandlin' da bairn an' singin'—

Hush a baa, beat-dee
Minnie's geen ta saet-dee,
Fur ta pluck an' fur ta poo
An' fur ta gadder lamb's 'oo,
Fur ta buy a bull's skin
Ta row peerie weerie in.

Da first helly-day o' Yule wis Benna-Sunday Saterday (da first Saterday afore Yule). Every hoose wid boil a reested cow's head an' mak' bere-burstin' browse apo' da fat. A bit o' Danse (=Danish) money an' a horn button wis pitten i' da brose, an' ony ane 'at fan da money wis ta be first married, an' da een 'at got da button cud mak' up der mind ta lie der lane troo Yule.

Da neist helly-day wis St Tammas' e'en. No ae jot o' wark wis düne apo' dis day mair is it haed been Sunday. Da folk wid a reminded een-anidder 'at

> Ta bake or brew
> Ta shape or shew
> Ta reel a pirn
> Or wind a clew,
> A Lü-Soolpaittin
> Wid fetch you.

(A Lü-Soolpaittin—an order of big trows that chiefly frequented houses and carried off children and even 'cryin' ' wives.) Or

> Da bairn i' da midder's wime
> 'Ill mak' a woefu' düle
> Fur wirkin' on St Tammas' nicht,
> Four nichts afore Auld Yule.

A' trift wis noo laid aside fur Yule. Da muckle wheel was laid doon aff o' da waa; an' da mill wis taen aff o' da sile. Da dorrow an' da scoags, an' da haandline-reel, an' a' da sea bülgaments wir pitten i' da sea-büddie an' set apo' da looder o' da mill i' da barn. Four ebb-stanes wir fetched an' laid een in ivery neuk o' da hoose; an' a russatangle hung apo' da spur bauk i' da byre fur caain' da kye wi' troo da Yule. A Yule e'en da supper wis fish an' butter. Da "Yule fish" wid 'a bün hung i' da skeo eens (shortly) efter Hallomas fur faer 'at it coodna be hed at da time o' year. Da lug banes wir stikkit i' da hole o' da waa whaur dey lay till da neist Yule e'en whin dey wir taen oot an' da neist eens pitten in. Dan, efter supper, ivery een got a cog-foo o' Shetlan' ale, an' da guidman wid a hadden up his cog an' said—

> "Eerin Skeerim, sunte vürim,
> Jorim Scoorim see-bo;
> If ony een wis skade
> May ill beskae himsel', O."

Dere wis hardly a blind sleepd on Yule e'en night. Ivery een wid rise oors afore day. Da guidman wid gie dem a drap o' Dutch gin, an' a scoll o' clinins wid be haanded roond. A dippd caandle wis stikked i' da mooth o' a Dutch crook an' set apo' da ben table, an' da collie wis hung apo' da but rape. A cloddie fire wis blazin' half up ta da bauk, da flüre wis clean sweepd, an' boddy an' bairn a' felt happy an' cheerfu'.

Da kye wir maeted wi' hay, an' a lowin' taand wis laid apo' da guit o' da fodder-door. It served a dooble purpose of geein' licht an' keepin' aff ony ill vaam 'at micht be aboot.

As shüne as da brakfast wis bye dan da lads wid meet apo' da links an' play da baa. Da lasses wid come by in baands dinkd oot i' der best claes; da auld men wid 'a gaddered tagedder in a hoose here or dere an' tell'd ower a' der haaf news, an' haed a corn-i-da-horn among demsels.

Dan, at nicht, der wis gaein' ta da "rants"; ivery een at cood lift a fit gaed dere. It wis a bonny sicht ta see da young folks liltin' awa' ta sec tünes as da "East neuk o' Fife," da "Shaalds o' Fouls," da "Nippin' Grund," or da "Scalloway Lasses."

A' da helly-days wir duly observed as dey cam'—Fosteris (Fasterns) Een or Antersmas, wis da hidmist (last) helly-day. We aye kent whin da day cam' roon by sayin' da followin':—

First comes Candlemas
An' dan da new müne,
An' da Tiesday efter
Is fosteris E'en.

Or

First comes Candlemas
An' dan da new müne,
Dan comes Fosteris E'en
Whin a' guid is düne.

[follows account of buggle day and buggle-bannocks, customs at birth, marriage and death. counting, navigation at sea, and this:]

Some o' da auld folk kent what da geese, da craws, an' da corbies said. A auld man wis ae mornin' staandin' oot. He see's a corbie sittin' on a stane a bit frae him, an' by comes anidder een fleein' an says corp, crak (dead horse). Da een 'at wis sittin' answers craa, crock (whaur pairt); da fleein' een replies creck, croak (upo' da Neep). Da corbie sittin' dan inquired croap, crap (is he fat); an' wis answered crae, craek (a' spick). Da man noo lays his fit apon 'is back an awa' he gangs ta da Neep, an' what düs he fin' bit a beutifil twa-year-auld staig o' his ain lyin' stark dead an' da corbies tearin' at him.'

'Robin Ross.'

The Chiel, 1884-1885

The Chiel, An Illustrated National Social Musical & Dramatic Journal was a penny weekly 'comic' paper which flourished in Glasgow during the 1880s. It published a blend of fiction and poems, cartoons, social chat and theatre criticism.

Its vernacular correspondent was 'Robin Ross'. He was sometimes determinedly local, but his overall range was wide and he combined a playful intellectual quality with a strong undertow of social concern. Here he is, for example, on medical terminology and the re-christening of familiar afflictions with frightening new names which makes them, if anything, still more deadly:

> 'They be well aff folk in this worl' wha never hae ocht tae ail them; but I doot sic buddies are few an' far between, an' as lang as the Milennium keeps awa'. In the future, men an women—an' brute beasts, tae, for that maitter—wull hae their bits o' troubles an' afflictions.
>
> There are heaps o' curious ailments tae bother folk; an' sin' I hae min' there's been a heap o' new-fangled troubles added tae the lang, black list. Whaur they cam' frae, I couldna say: frae France, nae doot or maybe Yankeedom. Like eneuch, however, they're jist a wheen auld troubles in new suits, cut an' fitted tae the thing by some famous pheesician; an' noo they come tae ye as perfect straingers, an' fa' on ye wi' a' the terrible strength an' pooer o' unconess. Whiles the verra name o' yer veesitor is eneuch o' itsel' tae mak' the green graiss grow ower ye, independent o' the trouble a'thegither, for some o' the verra mildest diseases are ca'd by the maist ferocious names. Ye start wi' a 'hy' or a 'di' or a 'per,' an' efter gettin' through an alphabet an' a half, ye en' wi' 'ia' or 'ica' or 'itis,' an' there ye are, for it is only then that the full gravity o' yer case come afore ye. Indeed, ony yin o' thae lang-nebbit words is quite eneuch tae "stap the braith" o' ony ornar' mortal...'
>
> ['Robin Ross on Teeth-Drawing,' 7 February 1885]

Or the following thrust at Highland Calvinism where a familiar Lowland satirical theme is reworked with pleasant relish:

> 'It yince happened ta be my lot tae be awa' as far north as Ullapool. I spent twa or three days there, an' yin o' them wis a Sunday. I weel min' gaun tae the kirk an' hearin' a sermon preacht in Gaelic;—och-an-me! hoo onybuddy can un'erstaun sic a rigmarole o' a lingo as yon, I dinna ken! Weel, I happened tae dine wi' the minister buddy that preacht—a rale aul' Calvin o' the Calvins—an' I askit him, efter dinner, tae gie me a translation o't. He had nae objections; an' wi' the usqueba afore us, he startit, an' as a bit o't had reference tae the subjick in haun, I'll inflick it on ye:—"Ay, ay, my pressern, an' you go to palls, wull you? This nicht ye wull pee toon on your knees, an' you wull praay tae pe keepit oot o' temptation, an' the ferry next nicht ye wull go an' put your nose—aye, and your whole pody—intae the teefil's den. You wull to to palls,

wull you? Put, min' you, my pressern, the teefil he'll pe there, too. Ay, an' he'll heve his pairtner, too! Put you wull not know he was the tiel, for he'll hev a white goun on. Put if you look particularly, you wull see his plack clits stickin' oot o't. Ay, an' the toosy en' o' his tail, too, wull whiles gie a whisk i' the air. Can ye no see it', ye plind sinners! Na, na; for pleesur' has put anosser licht intae your eyes an' osser sense intae your prains. Wae! wae! An' the maesic o' the pipes wull strike up,—maype it'll pe 'Tullochgorum' or 'Mony Musk,' or the 'Diel amang the Tailors,' 'Hooch!' 'hooch!' you wull cry, an' roun' an' roun' you wull go;—then soundin' lood above all the sound o' the tancers' feet an' the pagpipe's plaw, the aul' Teevil wull call oot 'Hooch!—ay hooch, Tonalt! Tak' anosser turn, Tonald; you are my own shild, whateffer." '

['Robin Ross on 1st L.R.V. Gathering.' 20 December 1884]

Or the powerful sense of place—the writer's ability to convey a vivid, often negative, attitude towards wherever he happened to be at the time. Railways and steamships meant undreamed of mobility for the common people and initiated lower-class travel literature as a form. Here, for example, are his impressions of a drive through Victorian Glasgow on a bitter winter morning, on the first stage of a New Year's jaunt to Belfast:

'Up drave the cab, an' awa we were whirled tae St. Enoch Station;—past "gutter hotels," whaur trum'lin' buddies drank dirty warm water ca'd coffee, an' whaur the odour o' Glesca magistrates rose on the air; past hauf-frozen polismen, wishing for something tae thow them; past hurryin' Breetish workmen sober—(perhaps afore nicht tae be in the state O'-*hi*-O-ld beerdom, for it wis the fistive, or raither the drinkive, season)—an' sae on, till we were,at lang-an'-length, drappit at the Station...'

He continues with a set of crisply dismissive comments on the places passed through, and it becomes evident that the comforts and conveniences of rail travel have altered little down the years...

'Paisley—ach! I dosed, an' waukened at "auld Ayr, wham n'Ayr a toon," etc. This place has twa brigs, an' yince had twa dugs,—I believe they're deid noo, hooever. I'm tell't the water's gey hard here, an' that the folk are in the habit—a gey nesty yin—o' saftenin' it wi' whusky. Yin gets time here for a cup o' coffee; but canna get the cup, as the refreshment baur is closed...Maybole—ca'd by some yin wha had maybe mair notion o' rhyme than truth, a "dirty hole." There wis a strong smell o' leather here, an' heaps o' in-taed folk aboot the Station, which spak' o' soutars. Girvan—a caul, cauld place. Naebuddy o' ony consequence wis ever born here;—nae wonder. Moors an' moors, "whaur peesweeps, plovers, an' whaups cry dreerie." It maun be here aboot whaur Kate Da'rymple leeves. We didna see her. Stranraur an' the Loch...'

['Robin Ross Goes to Belfast.' 17 January 1885]

Finally here are two complete Robin Ross essays:

'Robin Ross on "Lawyers".' [29 November 1884]

[Robin Ross reveals himself as a true grandson of the Enlightenment, and heir to the Scotch pheelosophy. The Socratic method is deployed and its limitations exposed: when you use it even the simplest questions become bafflingly elusive and enigmatic]

'Marget an' me were sittin, the ither nicht, by the fire—she at the ae lug, wi' her darnin—(whit she gets tae darn sae muckle at, I dinna ken;—I wonner hoo she wad hae ta'en up her time if she had been born a Zulu or a Sandwich Islander)—an' me at the tither, lookin' intae the lowes as they blinked an' blowted up the chimley. I wis at my favourite job o' thinkin'. I can gang through a guid routh o' that kin' o' wark withoot bein' muckle put aboot. I maun hae been lookin' gey pheelosophic an' serious—in fack, I maun hae had that expression on my face whilk comes ower't whan I tak' tae contemplatin on the neist subjick for oor mutual consideration. Marget lookit up frae her darnin', an' quo' she—"A penny for yer thochts, Robin." In the auld-farrant, Scotch-coortin' style—weel kent by bits o' kintra lads an' lassies ahint a stack, or beside a corn-stook, or ower a fower-bar yett—I replied, "Tippence wadna buy them, Marget;" an' again I glowerd at the fire, an' again Marget's needle gaed happin' up an' doun, slowly an' sedately ower the threads.

Whether it wis the compleecation o' the steeks in' Marget's darnin', or the fickleness an unsteady loupin' o' the lowes, or whit, I canna tell ye; but a' at yince there lap into my min' a quastion. I lookit at the quastion frae a' sides. I whommilt it upside doun; I turned it ootside in; I lookit at it back-fore an' face-fore; I spread it oot an' examined it at length; I gethered it up again an' lookit at it i' the piece. Frae tap tae tae, an' roun' an' roun', I tackled that quastion, but feint a bit o' me could come at the answer. At last, I thocht maybe Marget micht be able tae help me;—for, ye ken, she'-s a wonnerfu' clever woman my wife, wi' the intelleck o' a Prime Minister an' the cuteness o' a —weel, jist o' the verra kin' o' gentry I was thinkin' o'. Sae, quo' I, "Marget, I hae a quastion tae speir at ye."

"Weel, Robin, let's hear't."

"Can ye tell me," quo' I, wi' great deleeberation, "whit is a lawyer?"

"Feth, Robin," quo' she, "ye're in me noo. It wad tak' yin o' the verra tribe tae answer that; an' e'en then the answer wadna be the richt yin, I'se warran'."

"Deed, lass, ye're no' faur wrang," quo' I; and there wis nae mair said. But I couldna let the quastion oot o' my heid.

Noo, I'm a bit o' a Platonist, ye maun ken—(O, I'm no' sic an ignoramus as ye may think!) Weel, I cam' tae the conclusion, that as that great pheelosopher used tae try an' ferret things oot o' his freens, sae wad I;—so I started on Marget.

"I suppose, Marget," said I, "your experience wull hae instrucked ye i' the fack that the lawyer has a heap o' dirty, nesty wark tae dae;—that he hasna only tae wash himsel', but whiles a gey wheen ithers forbye?"

" 'Deed, that's true, Robin."

"Ye ken, tae, that he maybe tells mair lees than ony ither ten men put thegither."

"I'll no' doot the leein'. But I couldna jist gang sae exackly intae the number o' men equal tae him; but I think I wad dooble your feegur, an' mak' it twenty."

"Sae be it, Marget—sae be it. He lees like twenty men. Ye ken, tae, that he chairges weel for washin' an' leein'."

"That's true."

"Weel, seein' that nae woman wad 'file' hersel' wi' sich dirty wark, a lawyer maun be a man."

"Richt, Robin, richt; an' no' a verra guid yin aither."

"Whiles, Marget—whiles. Then ye'll no' dispute that oor laws are made—or hae been made—by a wheen gethered fules in London, wha are sair bothered tae un'erstaun at times the verra laws they hae made?"

"I'll no dispute that, Robin."

"Weel, some yin has said aboot thae laws, that there's no' yin o' them but he could drive a coach-an'-fower through."

"I believe sae, but I'm no' verra sure o' whit he means."

"Jist this, Marget, jist this: that if ye hae the misfortin tae get tangled up in yin, it's no' verra defficult—if ye ken hoo—tae fin' a gran' easy, broad an' weel-lichted road oot. Of coorse, every yin disna ken hoo. But ye'll no' dispute the fack, that the lawyer is the yin wha is best up i' the roads, sin' he's the yin that has studied them maist?"

"Nae doot, nae doot."

"Weel, we maun conclude that the layers is the driver o' the coach-an'-fower."

"Ye're a wonnerfu' man, Robin!"

"No' only that, wife; but as he is the yin best acquaint wi' the country o law, he's the yin best able tae stop a coach-an'-fower frae passin' through that kintra by raisin' obstruction, sic as stane wa's an' steekit yetts."

"'Deed ay!"

"Weel, we maun conclude again that, whan it is tae his advantage, he'll big the stane wa' an' kep the coach."

"'Deed aye, ye're richt again,—an that mak's a mason o' him."

"Naething else, Marget. But tae come back tae the coach-driver. Ye'll no' argify the fack, Marget, that whan yince a lawyer starts on the road through a case, frae the tae side tae the tither, there's an unco heap o' folk needed, or seem tae be needed, on the journey. There's a' kin's an' shapes an' clesses an' ages an' stations, frae the hungry ill-paid bit laddie at the desk, tae the gran'-wigged judge on the binch. It's no deeficult tae see then that a coach-an'-fower is a'thegither faur too sma' a machine tae haud sic a crood,—no' tae speak o' their luggage, whilk is gey bulky, as the journey gey an' aften is very lang an' dreich an' dreary. Weel, it jist comes tae this, that naething short o' a railway train'il dae. An' again, as the lawyer kens the road an' the signals an' the stations, an' hoo lang tae stop at ilka yin—an' whiles a gey lang while—he again maun drive the engine."

"An' sae, Robin, ye noo mak' him oot tae be an engine-driver."

"There's nae ither conclusion tae come tae, excep' ye mak' him the guaird."

But, freens, as the argument gaed on, we fand him oot tae be no' only the guaird, but ticket-collector, cashier, chairman o' directors, banker tae the company;—in fack, at the en', the verra company itsel'.

I haena room tae tak' ye through a' the argument as I wad like; but this paper's no' made o' India-rubber, an' it winna streetch.

But whan a' was said an' dune, Marget yawned hersel' tae bed,an' left me wi' the remark,—"Robin, his spune's in ilka yin's broth, we'll keep him oot o' oor's. But whit in a' the worl' is he?"

An' as I laid my auld heid doon aside Marget's on the pillow that nicht, the still unanswered quastion went bizzin' thro' my heid,—"Marget, whit is a lawyer?"'

'Robin Ross on "Schulemaisters."' [14 February 1885]

[on the woes of teaching, especially for women—it spoils your marriage prospects, you age prematurely and your personality deteriorates fast. On frustration and stress in teaching generally; the schoolmaster's subordinate and unenviable situation beset by interfering School Boards and termagant mothers]

'Schulemaisters an' schulemistresses are a cless o' humanity for wham I hae nae sma' respeck an' regaird. In case, hooever, that I should let slip a bit o' advice an' warnin' that's jist hingin' i' the drap at the en' o' my pen, I wad seriously advise ye wha hae bits o' nice dochters tae think twice afore ye sen' them tae the teachin' wark. My bit advice is summed up in twa words—"Dinna dae't." Whit way? ye say. Weel, there's ower mony o' them already; an' they're no' gettin' mairrit aff quick eneuch tae mak' room for them comin' efter. Then ye see the trade—I beg its pardon, the profession—is apt tae hae a bad effeck on the bits o' craiturs. She'll be a verra wunnerfu' woman indeed wha disna get auld afore her time, get mair fractious an' soorocky than she wad be, an' tak' a heap o' trainin' an' tendin' tae bring her back yince mair tae her first sweetness an' lamb-like doceelity.

The schulemaister, in a' ages an' in a' conditions, has been a source o' pain, fear, an' grief tae the young rascals o' the risin' generation o' his time, an' a never-failin' butt for the gossips an' hole-pickers o' the place o' his sojourn. Puir buddy! he ages quick, frae bother an' worry. He mayna hae ony grate thing tae ca' him doun, an' bring the bits o' grey streaks intil his hair; but jist as a wheen o' gey sma' draps, comin' aften eneuch an' lang eneuch, will mak' a wunnerfu' big spate, sae a' his sma' bits o' disappointments an' wee annoyances, when gethered up, produce the effecks that wad result frae a verra severe trouble.

Frae the name that's gi'en him—"schulemaister," ye wad be led tae un'erstaun that he is maister o' the schule, but gey an' aften the schule is maister o' him. The fack is, he has nae claim tae the title o' maister at a'; for insteed o' him bein maister o' ocht, he is a'thegither maistered. He's lorded ower by the Government, the Schule Brod, the parents, an' the weans,—a' this in his capacity as teacher or schulemaister; but in his place as a man o' the worl', the social worl, he is gey an' aften maistered by his wife. Ye see frae this that he is a well-maistered man. An' the quastion comes tae be, "Wha's servant is he by richt?" The public's, nae doot.

"My Lords" rule ower him wi' a rod o' airn; an' guid peety the luckless wicht wha tramps on their gouty taes! for they'll no' let him doun verra canny. Sic a subjick for rulin' over is the puir dominie that "My Lords," dootin' their pooer tae haunle him richtly, get a kin' o' go-atween in the shape o' the Schule Brods. Noo, some o' thae brods wha rule ower the intelligent an' edicated, though muckle-oppressed schulemaister, are made up o' a wheen useless buddies—no' in their ain estimation, hooever—wha's notions o' eddicatin' the young are got frae the growin' o' neeps, the rearin' o' cattle, the price o' groceries, or the yaird o' claith. Hoo can sic mortals tackle an' manage the verra serious quastion o' the bringin'-up o' oor young lads an' lassies, tae fit them for their place i' the worl'!

Some frien's o' mine—mair zealous than wise—were for puttin' me forrit as a member o' the Schule Brod at the last election; but I declined the honour, preferrin' tae leeve in peace an' in seclusion, eatin' the hamely meal o' herbs wi' contentment an' gloryless, than the sumptuous forcemeats o' brief authority spread oot whaur strife an' wranglin' seldom cease. In fack, I dinna feel mysel' competent tae sit in judgment on, or dicktate in ony tae, the schulemaister.

Then the faithers an' mithers—but especially the mithers—think that they hae a richt likewise tae maister the schulemaister. Of coorse, ilka mither thinks her ain laddie the very pick o' laddies. Eh!—she never wis mair mista'en in a' her life!—but it is guid for her tae dae sae, a' the same. This verra fack, hooever, blin's her een tae his fauts an' failin's. Whit weans are made o' noo-a-days I dinna ken; but they're no' made o' the same hardy-clay they used tae mak' them o' in my young days. When I wis a bit callant at the schule, I was verra aften whackit,—an' nane o' yer modern an' hairmless kin' o' bits o' locks ower the haun wi' a bit strap. Na, na; a guid, honest threshin' on the place appointed by Natur'. Sic threshin's did us guid, an' made men o' us, tho' we didna think it at the time; an' raither than gang hame an' tell that sic things had happened tae us, we wad hae dune ocht tae hide it. D'ye ken the way! I'll tell ye. We wad hae got anither dose o' the same thing.

Noo-a-days, if a schulemaister happens tae look crosswise at a boy, hame he gangs tae his mither, an' stracht awa' she sets oot, "nursin' her wrath" a' the road tae the schule, "tae keep it warm" for the puir maister. An' he gets it hot frae her, an' nae mistak'. That boy'll no' ay hae his mither tae gang tae when the worl' kicks him, as it whiles has a nesty habit o' daein', especially if he's doun; an' it's no' richt in parents tae encourage sic saftness.

It is in this way that the schulemaister loses his pooer, an' the weans, through the mither, get the upper haun. The maister has no' only tae teach the young idea hoo tae shoot, but he has tae teach him hoo tae be a man—hoo tae fecht his way through life; but if he's hinner't by them wha ocht tae ken better, there's nae woner' that oor lands grow up tae be thowless men, an' oor lassies gomerils o' women.'

'Pioneers and Martyrs of Scottish Democracy. No. 13—The Stocking Weaver of Stra'ven.'

Glasgow Weekly Mail, 3 December 1887

[on James Wilson of Strathaven who was involved in the so-called 'Radical War' of 1820 in which a number of Scottish working people were prompted, possibly by government *agents provocateurs*, into staging an abortive uprising. The piece further illustrates the habit of the Victorian press to report what people actually said without translating it into standard English. Whoever compiled this column went and interviewed an old lady who had known Wilson and met him on the day of the rising and later saw him executed before a crowd of 20,000 people in Glasgow on 30 August 1820]

'Strangely enough Mrs Hunter, in whose house Wilson found shelter from the storm and the fury of the King's soldiers, is still alive, and resides with a daughter at Busby. She is 96 years of age, and a singularly intelligent woman. Her recollection of the episode of the "rising" is as vivid as if it had occurred only a week ago. There is no man or woman alive but herself who was an eye-witness of the disbandment of the Stra'ven Radicals on discovering that they had been treacherously betrayed. I had an interesting conversation a fortnight ago with Mrs Hunter, and I will give it in her own words—"I kent Jeems Wilson lang afore he was a prominent Radical. He was a noble weever, and mony a time made stockings and drawers for my guidman. He was often in oor hoose in Kilbride, and had dinner with us twenty times. He was highly respeckit a' roun' the kintra side. On the morning o' the 'rising' Wilson on reaching Kilbride cam to the hoose. I never remember sic a mornin' o' thunder, lichtening, and rain. He was fair drookit, and his claes were dreepin' wi' wat. I speered at him where he was goin' and he said—"Didna ye hear: we're goin' to overturn the Government." "O ye idiots!" I said, "ye may as weel try to overturn God Almighty. If ye go to the Cathkin Braes the sodgers'll blaw ye up like the peelins o' onions." Wilson looked as if he was clean demented, and stood afore the fire shiverin' and his teeth chattering. I offered him a dish o' tea but he wadna tak it. He was quiet for some time, and then said, "Did ye hear what happened in my hoose the day? Spae Matty fell doon deid before we left. She was asking us a' not to leave, and got very excited and fell doon deid." Wilson when leaving my hoose left what he ca'd his sword standing up against the hearthstane, and the last words he said, "I'm gaun up to see Jock Tamson," a weaver in the village. Mrs Hamilton, of the Avondale Hotel, cried at him, and she gave him a glass of whisky. It was quite true about Matty fa'an dead. She was a body that went about the kintra and telt fortunes and things o' that sort, and she said to Wilson that morning that when he would come hame again his heid wad be aff. The sword lay in oor house for mony a day, but some o' the Hamilton folk claimed it. There was a man ca'd M'Intyre alang with Wilson that day, and his wife cam after him to take him back. He refused, and she grippit his hat and took it from him, but that didna dae ony good. He got a twalmonth in gaol."

Mrs Hunter then described the execution, and decapitation of Wilson, having gone to Glasgow to get a last glimpse of her old friend. "I grat sair," she said, "when I saw him brocht roun' to the scaffold on the hurdle. His dochter tried to shake hands wi' him, but she fairly broke doon. He walked quite firm up to the scaffold, and Tam Cur, whae was hangman, soon launched him into eternity. I remember then o' a man comin' oot o' the building, wearing a cloak like a minister's gown, and a mask on his face. He carried an axe, and in a minute or two Wilson's head was cut off. He threw the axe from him, and, lifting the head by the twa lugs, he turned his face towards the Saltmarket..."'

'Jeems Sim.'

The Northern Figaro

'Jeems Sim' was created by John Cowe of Aberdeen, a railway official who later became a publican. He wrote for the Aberdonian 'comic' paper *The Northern Figaro* during the last two decades of the century. The *Figaro* was a Tory paper, and the populist flavour of the Jeems Sim column was combined, very unusually, with pronounced anti-labour views.

The column is an excellent source for Victorian leisure patterns, with organised trips and outings, dinners and soirees, highland games, and much jaunting about in trains. For a period of its existence indeed, it became a sort of 'society' column—a kind of down-market *Tatler*—devoting itself with loving particularity to the doings of the 'Aiberdeen orrastockracy' at occasions like 'the Operative Butchers' Picnic at Murtle,' 'the Grand Bazaar for Behoof of the Railwye Benevolent Institution' and 'the Aiberdeen Fish Trade Association's Anwal Denner.' Practically everybody speaks Scots including Queen Victoria and the Marquis of Huntly.

The essays were reprinted in four volumes as follows:

Jeems Sim: a Reprint of his Epis'les to The Northern Figaro, with Lithograph Portrait, and Fifteen Original Full-Page Illustrations by Local Artists. (Aberdeen n.d. but ?1887)

Jeems Sim: A Second Series of his Epistles from 'The Northern Figaro' With Glossary and Original Page Illustrations. (Aberdeen 1888)

Jeems Sim: A Third Series... (Aberdeen 1894)

[John] Cowe, Sir Jeems Sim Letters (Aberdeen n.d. but ?1896)

'JEEMS SIM PLAYS HIS FIRST GAME O' "GOWF".'

[on rational amusement; golfing on the links of Aberdeen, during which clubs get broken, serious personal injury is narrowly avoided—the usual golfing mischanters, in short]

'Aifter a great dale o' profoon' thinkin', an' a vera sma' practical expairience I'm forced tae the conclooshin, Maister Editer, that the Royal game o' gowf is ane o' the maist dangerous o' a' oor scienteefic games' an' I'll tell ye as weel as I can foo I've come tae that wye o' thinkin'. Ye see there's a widifu' o' a loon, Jimmy Smith, they ca' him, a nefa' o' the gweedwife's, wha is jist near crack aboot gowf, an' the deil anither thing's in his heed. Aweel ae nicht last week Jimmy wis up bye seein's, an' says he— "Ye should come doon tae the Links an' see's playin', Uncle."

"O, aye," says I gey dry like, "bit fan micht that be?"

"Come doon upo' Seterda' foreneen," says he, "an' ye can hae a try o't yersell."

Sae as I like tae dae a'thing I can for rash'nel amusement tae the youth o' oor toon, I said I wid gyang wi' him. It wis ane o' the ill meenits o' my life fan I made the promise tae gyang, an' I've wis't owre and owre again that I had niver gane on sic a mad like eeran'. Bit bide ye. Jimmy cam' up tae the hoose for me, an' aifter tellin' me that I wid need tae pit on a coat wintin' tails an' a snootit keppie, he sat doon tae wait till I got mysell ready.

"Fat am I gyaun tae dae for a coat, Betty, my dawtie?" says I.

"Fat way wid I ken," says she, for she didna' seem tae be vera sair pleased like at this new fangled notion I'd ta'en into my heid.

"My wirkin' jacket widna' dae, wid it Jimmy?"

"O, weel nae vera weel," says he, "for there's aye a lot o' gentry playin' upo' Seterda's an' they widna' care aboot a chap wi's wirkin' jacket on. Hivna' ye an auld coat o' ony kin' that ye could ryve the tails fae?" says he.

"Naething bit my mairrage ane," says I, "gyang awa' ben for't, Betty."

"An' that's the deil a step," says she; "I'se be the last ane tae help ye tae mak' ony greater a feel o' yersell than ye hae been."

Sae I had nae help for't bit gyang an' get the coat tae mysell, an' a gey job I had ruggin' the tails fae't. I think I lookit braw snod like wi' the blue jacket wi' big bress buttons on't, the only fau't bein' that fin I boo't ye saw my gallows buttons at the back; bit Jimmy said it wid dae fine, sae awa' we gied. Jimmy wis bizy a' the way doon tae the Links tellin' me foo tae dae fin I got there. "Dinna tak yer e'e aff the ba' fin yer gyaun tae hit it"; an' "Fin yer gyaun tae strick the ba' mak a kin' o' a soop i' the air as gin ye wis tae draw the figer naething," wis his twa maist important orders.

"Oh, it's a' richt, Jimmy, laddie," says I, "there's nae fear bit it'll come the wye it should fin I try."

We gaed intae the hoose at the fit o' the Brod Hill an' got oor clubs an' things, an' saw the Minister o' Fittie, the Shirra, the Coalnel, the Majer, the Captain, and gweed kens foo mony mair.

"Come awa' than, Uncle," says Jimmy, "or we see fat ye can dae. This is your ba', an' this black ane's mine. Noo, I'll pley first," says he, sae he laid doon the ba' on the grun' an' lat fly at it an' sent it roon' the fit o' the hill like a flash o' greased lichtnin'.

Syne he raiket up a bit hillock o' san' an' put my ane upo' the tap o't, an' says he—"Noo, fire awa'."

I did "fire awa'" wi' a vengence, bit in place o' hittin' the ba' I cam' sic a yark upo' the grun' wi' the confoonit thing o' a club, as they ca't, as tae tak' near a' my win' awa', besides garrin' me think I had ca'd mysell oot at baith the shoother heeds.

"Tak' care," says Jimmy, "or ye'll brak the 'driver.' Notice far yer hittin'" says he, "an' dinna look naeway bit at the ba'."

I drew the "driver" ance mair, an' this time I had the satisfaction o' fin'in' that nae only had I hitten the ba', bit I likewise had ca'd doon Jimmy's hillockie o' san' an' sent it fleein' aifter the ba' as hard as it could. The ba' itsell lan'it aboot a dizzen o' feet fae far we wis stan'in'.

"Vera good," says Jimmy, "hit it again, an' ye'll be a' richt."

I grippit my teeth thegether an' made for that deevlich thing, as I wid hae gane tae thrash my warst enemy, an' drawin' the club ance mair, I cam' sic a thud this time as bambaized a'body that wis lookin' at's. Wi' a smack, like a gweed skelp upo' the side o' the heid, I had, I thocht, deen for't at last, bit upon lookin' at the thing i' my han' I saw that I had at the same time ca'd the heid fae't, the said heid bein' lyin' rale quaet like aside the ba' aboot a half dizen o' yairds fae's. I widna' hae cared a preen pint for the heid o' the club, bakas' Jimmy Allan's braw handy at men'in' onything o' that kin', frae the shaftin' o' a hemmer tae the pittin' in o' a boddom till a box cairt, bit the eeseless, gweed-for-naething wratches stan'in' roon's were a' gigglin' an' lauchin' as gin't had been the first time they had seen onything o' the kin' deen afore. That fairly pat up my birse, I tell ye, an' I says tae my nefa', wha wis as bad's the lave, "Ye'll mebbe obleege my by tellin' me fat I'm tae dee neist?"

"Tak' yer cleek, aff coorse," says he.

Sae I did that, an' got the ba' ca'd intill a hole—my first ane—an' syne I took time tae survey the prospec'. The time I wis daen' this I thocht wis a favourable oppertunity for dichtin' my face, for I wis swettin' like a horse.

"Noo," says I, in as composed a tone o' vice as I could muster up courage tae produce, "we'll try the neist hole', sae I got up the cleek, furled it roon' my heed, an' comin' a crack at the ba', I garred it flee awa' owre the bents yonner intill a san' hole a bitie bigger nor the hole I should hae driven't till. The fac' o' the maitter wis, I had nae only furled the cleek roon' tae mak' a figger naething, bit I had likewise wheeled mysel sae far roon', an' struck the contermachos thing o' a ba' upo' the wrang side a'thegether. I wis in a bonnie pliskie noo, for fat the deevil way wis I tae get it oot amo' the san'? The mair I yarket at it the far'er it gaed in, sae at last fin I wis near wid at mysell an' a' ither budy, an' afore ony o' them had ony idea o' fat I wis gyaun tae dee, I liftet up the ba' i' my han', an', kerryin't owre, I laid it intill hole number twa. Lord, Hairry, gin the billies leuch afore, I thocht they wid ryve themsell's at that, bit I niver heeded them.

"That's hardly pley, Uncle," says Jimmy; "bit niver min', go aheed again. Noo, notice that's the next hole owre aside that whins," says he.

"A'richt," says I, sae as I saw I had a gey fyow yairds tae drive't, I strauchen't mysell up, swung my "iron" roon' my heid, vera like the wye Donal' Dinnie swings the big hemmer, an' made tae come doon upo' that mortal enemy o' mine, the ba', sic a thud, as (gin it had gotten't) wid hae sent it intill a thoosin' fragments as defeek'lt tae coont as the san' at the sea-side. Bit in the langije o' the immortal Robbie, "Man wis made tae mourn," an' upo' this occasion *I*—wi' deep sorra' an' a vera sair back, lat me say—wis the man in question. I missed the ba', an' the extr'ordinar' velocity wi' which my airms wis gyaun', together wi' the awfu' win' traivellin' wi' that mechanical operation, liftet me body bulk richt aff my feet, an' laid me upo' the sauft en' o' my back afore ye could hae said gowf.

* * *

The sin wauken't upo' Sunda' mornin' an' keekit in at the but en' winda, upo' a man, the state o' whase feelin's—nae tae speak aboot his beens—micht be better imaijined than describet. Lord, sir, I wis sair a' owre. I had sair feet, sair legs, a sair back, a sair heid; in fac' as the auncient wreeter says, "frae the sole o' my feet tae the croon o' my heid," I wis a feckless craiter. O' the deil tak' gowf an' a' that hae onything tae dee wi' the wrackin' o' an auld budy like mysell. A' the ither pains are near awa' noo, bit jist that I'm tired stan'in', for nae for twa meenits on en', sin last Seterda' foreneen hae I socht tae mak'freen's wi' a seat, an' there's naething wid frichten me waur at the present meenit than for onybody tae say, sit doon."

[*Jeems Sim: A Reprint of his Epistles* pp. 9-12]

'JEEMS SIM AT BEN MAC DOOIE.'

[a jaunt on horseback up Ben Macdhui; a wrong turning lands Jeems Sim in curious places]

'I've deen twa or three queer tricks i' my time, Maister Editer, bit I think I pat the tap shief upo' a' the ither week tae clim' tae the tap o' Ben Mac Dooie. Ye see there's a chiel, Wullie McDonell, a first cousin' o' Betty's, wha fyles comes in aboot tae see's, an' ae nicht, aboot a fowr weeks or raither mair syne, he brocht in a bit byukie...tellin' a' aboot "Big Ben," as Sandy ca's the hill, "an's neepors." Weel, min' ye mebbe widna believe't, bit, aifter I had read it a' throw, I says tae mysell, "Noo, Jeems, there's yer chance, min. Gyang tae the tap o' the hill, an' come hame wi' a' the news, an' ye'll be able tae say that ye wis the first man that ever brocht ony tidin's fae that far awa' countra." It niver cam' intill my heid that there wid be ony defeekilty aboot the winin' up, a' that I thocht upo' wis the job aboot winin' doon again, for ye see I dinna fin' it sae hard work tae gyang up a stair as it is tae come doon.

Upo' the 25th o' Julee i' the 'ear o' grace auchteen hunner an' auchty sax, I gaed tae the j'int steshin an' took oot a ticket o' the third class (ye see I couldna get a fort class or I wid hae taent) tae Braemar an' got in owre ane o the Relwye Company's vera sma'est an' maist uncomfortable cairrages, far ye get a winda' aboot a fit squawr tae look oot at, an' ye shiv yer knees in atween yer neepor's that's sittin' upo' the opposite side o' the compairtmint fae ye. Weel sir, we left the toon aboot a quarter afore aucht i' the mornin', an' lan'it in Ballater a fyow meenits aifter ten o'clock. Fat think ye o' that for drivin'? Braw quick wark, isna't? I had only time tae rin doon as far's Maister McGrigor's, doon at the "Invercauld" yonner, an' get my breath cheenged, fin it wis time for the coach tae start. Gin we cam little speed upo' the train, we didna mak' onything mair o't upo' the coach, bit we drew up at Mrs. McNab's aboot half-past twal' o'clock. I had tae gyang reenjin' aboot the place for never sae lang till I could get a hole tae sleep in an' get my bit meat tae mak' me ready for the road i' the mornin'. I winna say far I pat up, becas' I dinna wint the wuman that has the hoose tae be bathered wi' a kyaurn o' yon English veesiters gyaun up an' spierin' gin she wid lat them see the bed that Jeems Sim sleepit in. Na, na, they can see as mony o' the sichts aboot

Braemar as they like, bit the deil a bit wull ony o' them tell that they saw far I sleepit. Aweel, aifter I had gotten my dennir, an' gien my face a bit dicht wi' my pocket nepkin, I cam' awa' doon tae John Lamont's tae see aboot gettin' a horse, aither tae tak' me up tae Derry Lodge, or a horse an' a coach o' some kin' tae drive me there. As ill luck wid hae't, John hadna a machine that he could gie me; he could only gie me a horse, an' he advised me nae tae trot it owre fest, becas' it wisna vera siccar amo' the legs an' feet. This wis a fine job for me noo, I had only been upo' the back o' a horse twice in a' my life afore, an' noo I had tae munt ane wha micht withoot a meenit's notice lat me slide owre its heid afore I could say, "jee woe, min." I had tae mak' up my min' braw quick tho', an' sae I sattled aboot the horse, an' I wis tae start upo' Tyseda' mornin' at half-sax o'clock.

I gaed braw seen tae my bed, mebbe aboot sav'n o'clock, an' the strong air, alang wi' the equally strong fusky, dreeve me intill the airms o' Murpheyus in nae time. Fat I did dream! Losh, man, I thocht I wis sleepin in aneath the Shelter Steen, an' that it wis poorin' o' rain, an' that there wis thunder an' lichtnin', an' at last the steen cam' doon upo' me wi' sic a thud that I thocht I wis killed. It wis mebbe jist as weel that I waukened at that time, for I doot I widna hae been muckle use tae gyang up the hill i' the mornin' gin that steen had lien ony langer upo' me. I rubbit my een an' lookit a' roon aboot, bumbaized like, an' nae seein' the steen I sat up i' the bed, an' syne I saw I had been dreamin'. It wis a gweed job that I did wauken tho' for it wis close upo' five o'clock, sae I raise an' pat on my claes, an got my brackfist, an' got doon tae John's jist as the half-oor wis chappin' upo' ane o' the twa clocks that Braemar can blaw aboot. I maun confess I wis some shacky kin' fin John gied me a lift intae the saidle, an' (lauchin) offered up a sma' petition that the horse micht be keepit fae a' accident, an' sae far as I wis concerned, if there didna' nae mischanter happen tae me I wid be a' richt.

"Weel, good mornin'," says John, aifter I wis fairly on the horse's back, "ye think ye'll be back atween 9 an' 10 o'clock at nicht."

"O aye, will I," says I, "I winna be ony langer gin I can help it," an' wi' that I gies the beast a kick wi' baith my feet upo' the ribs, an' awa' we set.

"Ye ken the road," I hears John cryin' aifter me.

"Of coorse I dee," I roars back. Fat the deevil for dis he spier that at me, I says tae mysell. I've a compiss, an' a map, a pail wi' some milk meat o' Betty's makin', a quarter o' a kebbuck o' cheese, a bottle o' fusky, an ileskin coat, a telescope, a box o' spunks, a naphta lamp, a hash o' preserved lobsters, a hauf loaf, hauf a dizzen o' hard biscuits, an' twa sausages that I had bocht i' the village the nicht afore, an' yet he wid spier at me gin I kent the road! Aweel fin I took the road fae John Lamont's stables I turns the horse's heid tae my left han' an' rides awa' rale canny at first. I wintit aff coorse tae try the beast, sae aifter we gied bye the "Fife Airms", he gaed aff at a trot that wis like tae shak' a' the auld beens oot o' my skin, syne we comes till a road wi' a finger post pintin' twa wyes, the ane up the road we wis comin' doon, an' the ither roon' the corner an' awa' roon' by the fit o' some hills. Withoot ony tittin' o' the reins, the wylie breet turned roon' the nyook an' awa' up the brae as hard as ever he could rin. Dod, thinks I tae mysell, I doot ye've been here afore, an' I wis beginnin' tae forgie John for spierin' gin I kent the road fin I saw that the horse appearently kent it as weel as ony o's.

Weel min, I kent fine it wis a maitter o' elaven mile or there aboot tae Glen Derry, bit I didna think it wis a partic'ler fine road, an' this ane that I wis upo' wis braw gweed like for a gey bittie, till we got as near's I could guess aboot half-roads, fin I began tae see that it wis growin' gey an dangerous kin', an' at last I got till ae place far I could see nae ither wye oot o' the defeekilty bit tae come aff the horse a'thegether. They speak aboot an' angle o' forty-five degrees, bit Lord, this wis mair like ane o' ninety degrees. Bit mair nor a' that it gaed roon' a sharp nyook that led's—the horse and me—till anither brae waur nor the first ane by a hunner degrees. (I've been tell't sin' syne that this wis the Deevil's Elbuck. I ken naething aboot futher it wis that or no, but, an yon be his elbuck, I wid like tae see his niv, I tell ye.) I didna ken fat I wis tae dee, min, for I thocht ilka meenit I wid hae tae lie doon lang wyes upo' the road an' row mysell doon. The horse he began tae nae care vera muckle aboot it nether, an' faith, I tell ye, atween the twa o's I had near gien up houp a'thegether. We got tae the fit o' the road at last, but fat blaiket me wis tae fin oot far Ben Mac Dooie wis, for the deil a styme o't could I see. I began tae see tho' that the road wis gettin' some better like, sae I traivelled the horse in aboot till a dyke side, an' steppin' on till the heid o' the dyke I wis preparin' tae munt, fin a covey o' confoonit things o' birds o' some kin' cam' fleein' in afore the horse's niz, an' afore I kent o' mysell there's the lang leggit deevil gyaun doon the road at sic a rate that ye wid hae thocht auld nick wis aifter him, an' me lyin' spread oot upo' the road like a haddick hung oot tae dry on a haik.

Man, I wis angry, for I wis tired an' forfochin' bye a' endurance. Gweedsake, min, bit I could hae grutten, but only that wis nae like tae tak' me ony nearer tae the hill. I cam' up upo' the horse again a gey bitie doon the road, bit I didna seek tae munt the breet again, bit jist contentit mysell wi' leaden't by the bridle. Weel, aifter traiv'llin' aboot anither dizen o' mile or thereaboot, I comes till a braw nice like little plaicie (a fairm toon ye wid hae thocht it fae the backside) that turned oot tae be an inn. The Invercauld Airms I think they ca'd the place, an' the chiel's name that keepit it wis Burnett. Aweel, as I wis tellin' ye, I wisna in a terrible gweed teen lang afore I got there, an' fin the inkeeper tell't me in a' sairiousness that I wisna gyaun the road o' Ben Mac Dooie, ye can imejin tae yersell my feelin's. I dinna believe I could pit a' that I said doon upo' pepper; an' fat's mair, I dinna ken gin ye wid print it; bit I had jist tae pit up wi't; sae aifter gettin that stoopid gyp o a horse intill the stable, I gaed awa' in tae get my dennir. I wis gey lonely kin' a' by mysell, sae I spiered at the innkeeper gin he wid tak' his dennir wi' me, an' says I, nae tae lat him think that I wis onywyes prood, "we'll jist hae't i' the kitchen."

"Na, na," says he, "we canna do that; there's naething bit the servan's gets their meat there."

"Weel, weel," says I, "Lordsake, lat's get it some wye or ither, for I'm faimishin', I've had naething sin hauf-sax o' clock the day." It wisna vera lang afore we got sitten doon, an' a capital denner it wis I can tell ye. The time we're at it Maister Burnett, he says (he's a Sooth countra spoken man).

"Aye an' hoo dae ye like the Spital? What dae ye think o't?"

"Oh, weel," says I, "It's growin a bit, bit I hinna been there this gweed fyle."

"Weel," says he, "I've been here aboot half-a-dizen years noo an there's no muckle difference in that time."

"It's braw full noo tho'," says I; "for there's been a heap o' fowk deein' lately, an the fac' o' the maitter is, gin they dinna pit tee a bit grun' till't they winna be able tae beery mony mair there." I winnert fat ailed the man, he lookit sae queer kin'; bit I gaes on, an' says I, "Fat dae ye think o' this new wye they hae o' deein' wi' deid fowk? Burnin them up, beens an' a' thegether." The man lookit waur nor ever at me an' he says.

"What dae ye mean? What are ye speakin' aboot?"

I wis some nittl't kin' at him lookin' at me the wye he wis deein' an' syne speerin' sic a questin; bit I managed tae keep braw quaet like, an' sae I says, "Fat wid ye think I wis speakin' aboot, bit the Spital Beeryin' Grun' atween the auld toon o' Aiberdeen an' the new." Weel, min, I thocht that chiel wid kill himsell, an' it wis a gey fylie afore he could speak for roarin' an' lauchin'.

"Man," says he "dae ye no ken this is the Spital o' Glenshee yer at the noo?"

"An' far aboot upo' the globe micht that be," says I.

"On the road tae Blairgowrie," says he.

An' tae mak' a lang story short, that wis exac'ly far I had gaen; bit the job tae consider noo, wis fat wye I wis tae get back again.

"Oh," says Maister Burnett, "ye can easy get throw wi' the coach when she comes up fae Blairgowrie."

"Bit fat am I tae dee wi' the horse," says I.

"Niver mind the horse," he says, "John Lamont'll be here mebbe the morn, an' there's no fear but he'll want his horse hame wi' him."

I got up wi' the coach, an' a deevlich stiff job it wis, I can tell ye, an' fin I lan'it in Braemar...I met in wi' twa or three Aiberdeen fowk...an' we giod tae the "Fife" an' had a dram. I had anither dram doon at the "Invercauld," bit, which o' the twa wis best, faith it's mair nor I can tell. I didna dream aboot onything waur nor tum'lin' owre a precipiece or twa wi' that dreedfu' horse, an' the first coach tae Ballater neist day kerry'd me amo' its passengers.'

[*Jeems Sim: A Reprint of his Epistles* pp. 54-59]

'SIR JEEMS SIM AT THE BRIDGE OF ALLAN.'

[a typical "perils of the railways" story]

'Man, fat a speed the railwye engines gyang at noo a days besides fat they did aince in a day. I min' fin Forfar Station wis a terminus, as the railwye fowk ca't, fan the trains could'na get farrer; this wis afore they knockit oot the 'en o' the station an' laid rails farrer north like; a train cam' intae Forfar ae day, an' some wye or ither—she wis rinnin' at a gey rate, min' ye—the pintsman turned the han'le the wrang wye, an' the train ran intil a collection o' sods an' divits, for a' the earth like a fell dyke—which gart a lot o' the cairrage doors jump open. The han'les werena faisent wi' patents at that time like fat they are noo, an' in the end o' the cairrages wis a shepherd kin' o' a chiel sent up fae Perth or there aboot for a flock o' sheep that wis grazin' on a fairm that he kent weel. He niver wis in a train afore, an' he wis leanin' oot o' the winnock in the door o' the cairrage that he wis in, an' fin the dird or bump cam' the door sprang open an' the man tum'lt oot heid first on's face, an' scartit a' his niz, but kennin' far he wis like, an' far he had tae gyang for's sheep, he jist gaithered himsel' up an' dichtit his niz wi' his mickle red nepkin, fussled owre's shooder tae collie—his dog, ye ken—The fairmer's wife wis unco pittin' aboot at seein' the bleed on the man's face an' she speer't fat wye he got it. "O," says he, "it's naething bit a scart; I cam' wi' the train." "Imphim,'" says the woman, "an' wis there ony accident?" "O, na, na," says he, "we hid a fine smairt drive doon a' the wye, an' I enjoyed it capital, bit the railwye men hae a terrible nesty roch wye o' teemin' the fowk oot..."

[*Sir Jeems Sim Letters* p. 118]

'SIR JEEMS SIM ON YOUNG ABERDEEN.'

[on boyish pranks in Aberdeen a generation since; modern youth is ill-mannered and vicious; doesn't know how to enjoy itself innocently—so Jeems Sim gives some examples]

'...Forty or fifty 'ear syne I hae seen gey pliskies played that waur in a mainner hairmless; at onyrate there wasna muckle cruelty attached to them. I've seen's drivin' twa nails, ane at ilka side, as heich up as we could rax at the mou' o' the Adelfi in Market Street, atween Maister Jeems Macdonald an' Maister Johnie Mollison's or docktir Keith Jopp's—ye see, ye hardly ken fa's property that is; I've heard Andrew Bell, afore he retiret, sayin' that his hoose an Keith Jopp's wis haudin' Johnie Mollison's Bonnicord Hotle up in answer tae some ane wha twittit him for ha'ein' sic a burden on his pairt o't. Weel we wad watch oor chance an' tie a string ticht at ae side an' fan ony ane wi' a lum hat on wis seen comin' doon the Adelfi we faistent the tither eyne tae the tither nail on the tither side wi' time tae rin owre the street tae the Market steps an' sit doon an' wait for the result. By an' bye oor victim comes oot on till Market Street, gettin' as he thinks his hat ca'd aff, sae we enjoyed oor sport, for, af coorse, there wis nae crater within fifty yairds o' him. I've even seen them gyang back an' githér up their hats, pit them firmly on, an' start again afore they discover't the cause. Syne ye wid hae heard Gilcomston Dam withoot the Gilcomston; the knife wis oot an' the string up an' nae mair aboot it. On mair nor ae occasion tho' I've kent o' a chap bein' done that wye say naething, bit on discoverin' fat did it, wad stan' at the corner o' the Market an' get a lauch at some ither body, what got the same thing deen tae them. I've seen's tyin' up a respecktible like parcel—half a brick sometimes an' fyles a puckle girss or a handfu' o' strae—an' a lang string tied till ane o' the en's o't, an' layin't doon in the dusk at the side o' the pavement. We wad hae the tither en' o' the string in some dark entry or close mou', an' ye'd see some ane gey respecktible like hurryin' doon the street, sees the parcel, looks at it, walks past, turns slowly back, lookin' a' roon' aboot them, an' lattin' claucht at the parcel, bit it wis some like the case o' the Irishman playin' fitba, fan he said he kick't the blissid thing an' miss't it. The han' wis nae seener within a fyou inch o't than we tittit the towie, an' we had some rare fun ower't, for the pairty, seein' he wis sald, wad hurry aff, keepin's face oot o' sicht as muckle's possible.

The buttonie wis anither verra hermless bit tricky bit o' mischief. Ye need a gweed lang thread for this job; I've mair nor ence ta'en the len' o' ane o' my mither's pirns o' black thread—we prefer't black for nicht wark—tie a sma' buttonie tae the tae eyne o't, an' festen't up on some ill tempered, ill favor't man or uman's window, an' syne shin up a lamp post an' hing oor threed ower ane o' the airms, far the leeries eest tae pit the tap eyne o' their ledders on, an' wi the lenth o' thread at oor command, get in ahin a dyke an' begin tae gently tit the towie, fan the buttonie wad gae a knock on the lozen o' the window like some ane wintin' in. The fowk wad come oot, fyles geyan quaetly, an' seein' naebody, wad gyang in an' shove tae the door an' open't again in a hurry, thinkin' tae catch some tricky nickum chappin' at their window an' boltin'. It wis gey hard, I'll admit, on the nerves o' some fowk, bit we be tae hae oor fun in return for some grevance we had against them. The wye that the lark wis pleyed upo' ony ane that wis ignorant o' the game an' wha we had ony ill will at wis verra amusin' if it wis naething else. I'll warrant ye'll ken fat wye it wis wrocht, dinna ye min'? Weel, some ane in day licht, seein' oor man comin' up the street, wad get a haud o' a horse orange an' pit a laddie's bonnet ower the heid o't an' syne we a' sing oot "a lark, a lark," fan this chap comes in aboot he wad say, "Far is't?" Then he wad be tellt it wis aneth sic an' sic a chap's bonnet. "Hold on than," he wad say, an' the owner o' the bonnet an' him boos doon on their hunkers or their knees, the loon lifts his bonnet afa cannie like, while the ither chap becomes oor victim by clutchin' the lark, nae aye a very clean handfu', min' ye, fyles dependin' on the amount o' dislike we had for the finder o' the lark.

Gweed help ony ane, tho', that played false till's by tellin' the peelor tae hae an' e'e on's for ony innocent tricks that we had played on them. We wad hae gotten some cyann pepper an' a bittie cotton ruggit oot o' oor mither's preen cushin, or something else maybe, an' mixt it up an' stappit it intae the keyhole, or at the boddom o' the door, if there wis room aneuch, o' the hoose that oor subject bade in, crack a spunk quaetly, an' set fire tae the cotton. Man, sir, it wisna lang or the smell o't had a'body in the hoose sneezin' an' hostin' something byous wi' the afa stink o't, syne we waur satisfeet. Again, we wad gather a puckle auld roozers an' pails, buckets, an' tillipans, or maybe an auld coal scuttle, tie them a' an fyou bricks thegether, an', fan a'thing wis ready, tie the hanles o' the twa doors at a stairheid, cairy up oor bundles o' canisters an' things an' gae them the start tae row doon the stair again, an' man, they cam' doon the stairs aifter's makin' sic a deevil o' a din as micht hae waukened the deid in the kirkyaird—for some o' the fowk are only a inch aneth the girss reets—fan the twa wives wad be tae their doors an' ruggin' an' tuggin', the teen blamin' the tither for trickin them, till efter their passion had queeled doon the bit towie wad be seen an' that feenish't it...

[*Sir Jeems Sim Letters* pp. 197-202]

'MORALS AN' MENNERS.'

[on the greed of the working man and organised labour; numerous evils seen to flow from strikes ; the unions should be scrapped, and the workers kept in their place; advocates lock-outs; nostalgic comparisons with the formerly meek and hard-working working man, with his brose, his moleskin trousers and his instinctive sense of deference; much money wasted by modern workers on vulgar display in dress, they have abandoned porridge for junk foods like tea—and as a result the race is degenerating; kids' teeth are rotting before they leave childhood, young lads are smoking and swearing dreadfully; Scotland easily pre-eminent amongst civilised nations for swearing, and Aberdeen easily pre-eminent in Scotland...At the bottom of it all the working man has too much freedom and it's the fault of those who misguidedly gave it to him that he's grown too big for his boots—his right to vote should be revoked for a start...]

'We're a queer lot o' craiters, Maister Figaro...Look at the bickerin an' hert-brak' that gyangs on i' the woarl' a' throw oor ain thrawness an' confoonit stinkin' pride. We winna jee ae jot tae help oor neepor; an' we're come tae that wi't, some o's, that we think—an' nae only think, min, bit we jist dee things as gin there wis naebody i' the woarl' forbyes oorsells, an' that tho' there wis we widna lat them live, at onyrate till we wis a' richt oorsells. Man, jist look at that twa-three wratches o' craiters that ca' themsells the Trades' Cooncil. They dinna live an' lat live. Their creed's we'll live oorsells first an' it disna maitter a preen heid tae his futher ye gyang tae the wa' or no'. "Maisters," says they, "we dinna wint nae maisters; yer capital's naething tae his; we're the stang o' the trump, an' fin we dee there'll be nae wise fowk leeft i' the woarl!"

I'll tell ye fat it is, Maister Editer; this fecht-fechtin' that's gyaun on atween maisters an' men an' things'll come till an en' some bonnie mornin', an' them that lives langest'll see maist fairlies. Jist lat's look at the state o' things wi' a' this stricks an' things. Oor ain men's jist brackin' sticks tae brak' their ain backs. They'll lowse seener, they'll hae bigger wauges, an' they'll tell the maisters fat wye tae dee wi' their biznesses. Noo, it's a fortinate kin' o' a thing that the maisters hae some bits o' bawbees amo' their han's, sae that fin the men gyang owre the score a'thegether they jist steek the door an' lat them queel i' the skin that they het in. The fac' o' the maitter is, gin it hadna been for that the trade o' the countra' wid hae been some ither gate lang or this. Bit aiven as it is we're gettin' mair o' that foreign craiters owre by tae wirk the wark ilka week that we live, till by an' bye there winna be a Scotchman, an Irishman, nor an Englishman'll get a job i' this countra' ava. An' fa's tae blyme, think ye? Weel, sir, it's jist the stoopid devils o' men themsells. A wirkin' man's nae the same kin' o' a chiel ava that he wis i' my younger days. They canna gyang tae their wark i' corderoy or moleskin breeks noo-a-days, min. Fin I wis a young chiel I've gane tae the kirk in a pair o' gweed moleskin breeks an' thocht nae disgrace o't. Syne oor wives they maun try tae look like their betters an' pit on bits o' duds that cost their men a hantle mair nor they're able til affoord. The bairns tee, a curn peer, watterie-nibbet like wratches they are that they're makin' noo, they maun hae claes tae look as weel's sic an' sic's littlin's, tho' the fathers an' mithers sud stairve themsells tae gie them them. The mate that we ate's by a' speakin' aboot. Gweed weel biled porridge is oot o' fashion, an' in place o't they full their ain an' their bairns' insides wi' plashes o' wake fooshionless tay, an' the peer wratches o' geets grow up fite-faced gorsky like craiters. The mithers'll hardly lat the winners oot tae pley themsells forbyes ony ither thing, an' a'thegether, Figaro, my laddie, i' the coorse o' a generation or twa there'll be nae questin aboot futher life's worth livin' or no', a'body'll tell—fa lives tae see the time—that it's nae.

It wis better times, there wis mair wark, an' fowk wis far mair contentiter fin they eesed tae sup brose wi' a speenfu' o' traicle or a jaw o' buttermilk for kitchey. Fowk's nae livin' sae lang noo as they did a twa-three hunner 'ear seen, an' fat for? Deil birst them, jist bekas' they winna tak' the same mate that made the beens an' muscles o' their forefathers. Fat is't that gars a' the young kimmers' teeth gae wrang afore they pit on lang claes? Jist galshichs, sweetichie kin' o' smachry. There's nae ither thing dis't. Fat gars loons smock afore they're weel oot i' their short cots? Jist that confoonit speerit that's wun in amon' his workin' men that Jeck's as gweed's his maister an' a dasht sicht better. They see their fathers smockin', an' they canna see that they sud wyte till they can buy tibacca—they maun scran't the best wye they can. Fat wye is't that the Provist an' me canna gyang doon Union Street at nicht or upo' a Sunday wintin' takin' a reed face at the langije o' the loons an' lassies wha gyang up an' doon't palaiverin'? It's jist, as I said afore, that confoonit wintin' tae be men an' weemin afore they're mair nor shargers, an' tryin' tae be upsides doon wi' their fathers an' their mithers. Fat ither? An' it's nae only Aiberdeen, Weelim, far this sweerin' an' coorse, fool langije gyangs on. Ye'll hear't onywye an' a' wye owre braid Scotlan'. It's a perfet disgrace till oor ceevilezed professed Chrlstyanity. An' I'll gyang far'er nor that, Weelim, an' tell ye that I dinna believe there's anither countra' that the sin sheens doon upo' that could beat sauntly, gweed-livin' Scotlan' at a gweed roch, fool sweer; an' there's nae a nyook upo' Gweed's braid earth waur nor Aiberdeen. An' yet tae see's turned oot upo' Sunday gyaun tae the kirk ye widna think butter wid melt upo' ony o' oor cheeks. Bit it's jist as I say: ye've latten the wirkin' man get oot's horns, an' at the vera best the Scotch wirkin' man's a roch, half-leerned footer, sae he's ta'en't intill's heid that sweerin' mak's mair o' a man o' him, an' he sweers till a body winners that he disna grow black i' the face. Fat I dinna richt oonerstan' aboot the hebit is that they sweer fin they're in fun jist as muckle an' as coorse as they dee fin they're in earnest or in a rage. They sweer fin they're foo an' they sweer fin they're sober. Aye, min, they sweer gyaun till an' fae the kirk aiven.

I maun say that the morals an' menners o' young Aiberdeen are onything bit things tae be prood o', bit the faut lies, as I've tell't ye, wi' them that's gi'en the wirkin' man sae muckle freedom. Gin ye hadna gi'en the wirkin' man a vote ye widna hae heard half the sweerin' that ye dee; gin ye keepit his niz at the grin' steen an' gyau him's wauges the same as his forbears did there wid be far less o' that impidence that he thinks is sae manly. He wid in turn keep's bairns mair in aboot an' we widna hae' tae hide oor heids as we're deein' in saickcloth an' shunners at the langije o' the bairns o' Aiberdeen. Therefore, gin ye wint tae get them tae be quaet an' peaceable again ye'll hae tae dee awa' wi' Trades' Cooncils an' Trades' Unions; gie them nae votes; pit them back tae brose or porridge an' moleskin claes; an' gin you an' the Toon Cooncil manage a' that ye winna be lang or ye hae quaet aneuch streets an' nae cause tae compleen aboot the roch newse that we hae tae stan' evenoo. At onyrate that's my opingan.'

[*Jeems Sim: A Second Series* pp. 6-8]

'Wir Patie's Hame-Comin. (As told by his Sister Katie.)'

Shetland Times, 3-10 May 1890

[on northern and southern manners; brother Patie returns from Edinburgh full of mainland affectation, dandified, drunk, and, horror of horrors, speaking English; but his sensible sister quickly sorts him out...]

'I'll niver firyet, as lang as I can mind, da time dat wir Patie cam' hame frae da Edinburrie Infirmary. He gade awa' at da first o' Aprile, wi da auld style, an' we never kent onything mair aboot him till we hed a letter frae a man at yon place in Edinburrie whar dey cuir folk—an' kill dem tu fir dat maiter—an' hit was ret ta Daa sayin' 'at wir Patie had been taen suddintly ill wi' som Laetin name or anidder. Daa exed da skulemester, an' he said hit was juist da Habrue name fir sturdy, an' he said wir Patie hed been taen yon wy whan da ship wis some wy aff o' a licht-hoose 'at staands oot-a-decks frae Leith Docks. I niver ken muckle about dat pairt o' it, bit onywy wi' hed anider letter frae wir Patie's nain haand, tellin' wis a' aboot it, and sayin' he was haelin' up bonnily, and dey wir a kind o' a scruif comin' oot ower him an' 'at he wis comin tü no sae ill, an' 'at he expeckit ta be hame wi' da first mune-licht. Daa coodna understaand yon pairt o' hit, an' he says to Mam, "What haviness düs he want da mune-licht for afore he can come hame?" Bit dat sam nicht whan Daa spak' o' hit till a neebir man, Johnnie o' Northouse, Joonnie tald Daa in a sacret, 'at whan der peerie firval passed da Parochial Buird o' Marines at Aperdeen, fir lamp-trimmer, dere wis a new regulation 'at da steamers hed to wait fir da mune afore dey could tak' da bar at Aperdeen.

I niver ken muckle aboot da truth o' yon eddern, bit ye hae hit as I heard Daa tellin' hit ta Mam. We wir a' truly blyde ta hear 'at Patie was apin his fit again, an' Daa sent me ta da shop to hear whan Mester Sudderland expeckit da new mune. Noo I might a' kent afore 'at Mester Sudderland kent naething aboot wir mune, as he wis only a stranger ida perrishin—a puir, feckless, shargit-laek objec' frae Fraserbrough, an' a' I ever saw intil his place wis a kist o' aughtpenny tae, a paper bag or twa o' shuggar or sontin, a calf's skin hinging ower da twartbaaks, an' a bottle or twa o' castor oil an' twartree clay pipes ida window. So I kent afore I gude 'at a merchant o' dat high position coodna ken muckle about wir affairs at ony rate, so whan I cam inside o' his door I said "If ye plase, sir, Daa pat me ower to see whan you expeckit da next mune."

He says, "Weel, lassie, I canna say, as it wis da sun 'at wis sheenin' whan I left Fraserbrough, an' as I'm a stranger here, ye hed better write ta da *Times* or da *News*, an dey'll tell ye a' aboot it."

Weel, weel, I tocht ta mysel if yons da kind o' scollar 'at da Fraserbrough schule mesters send oot o' der haands ta fect da tüille o' life, dan da shinner der sent ta Buttany Bay da quicker; dat wis whaur my grandfaither's faither guid ae time 'at a neebor man coodna fin' tree staigs ata da hill whan he gude ta luik fir dem, an' Daa says (at laste dats what he tells is) 'at da folk ata yon forrin kuntry tocht dat muckle o' him 'at dey niver slippit him oot o' der haands fir seven lang twalmunts, an' whan he cam' hame he tald da folk 'at he hed ta bide an' help da men oot yonder ta flay poons; bit I can tell him 'at folk in Shetland ir no saek fules noo is dey wir dan a days, an' if my grandfaither's faither wis living noo da Shirrif wid fin him mair jobs dan flayin' poons a lock nearer hame dan Buttany Bay. Bit yon story micht a' be a lock o' dirt for ocht 'at I ken, its no believin' da half, na no da quarter o' a' 'at ye hear noo-a-days, an' I hoop, lasses, ye'll no spaik o' it whan ye meet da wastroo lasses at da muild da morn.

Weel, I'm surely gaein' doitin'. I hae sae muckle trash o' ae kind an' anidder ata my head, 'at ye man excuse me lavin' wir Patie an' spaekin' o' things 'at maybe düsna interteen you. Well, ta resume, as da minister says, sometimes, I fan oot frae an aald Zacceus almanac 'at da hinmist mune dis year wid be in aught days' time, bit Daa said he hed luikit at da regalation papers 'at he'd gottin frae da schulemaister, an' he fan oot be dem dat wir Maighie wis born wi' da tap o' a flude an' dat wis da hicht o' a mune, so is wir Maighie wis 21 upa da fort o' September last, dey wid be nae mune till da fort o' neest mont.

I said, "Daa, doo's lossin' a' da peerie scar o' wit doo ever hed; an' I'm tellin' dee 'at Zacceus says 'at dere's a mune in aucht days' time, an' doo'l shurely believe him, fir he wis ane o' da men 'at wrot da Bible, an' weal I ken a' aboot him, fir its no sae lang sinsyne frae da minister wiz preachin aboot the sam' man; an' if doo did dy duty an' gude ta da Kirk doo widna need dy bairns ta tell dee a' da peerie things aboot da men o' da Bible."

It's no aft I spaek like yon, bit Daa aggrivanted me, an' I coodna help tellin' him my mind.

He says, "Wi' a' dy laer an' uptak' what kens doo aboot dis man 'at wrot da Bible, an' da Almanac?"

"Weel," I says, "da minister said 'at he gude atill a very hich tree laek what dey hae at da Soond o' Weisdale," and Mam luiks up frae da creash-keg an' shü says,

"Aye, true tell. Erty, doo shurely oonderstands Katie noo, whin shü tells dee 'at dis man climmed up a very hich tree, ony body could oonderstaand yon."

Says I, "Da minister said he was a peerie man."

"Aye," Mam says, "Dust da very article. Doo sees, Erty, he wis a peerie man an' he coodna see da mune richtly withoot climmin' up a tree. Noo, Erty, I hoop doo's satisfied."

An' Mam says ta me, "Katie, I tink oot o' respect fir dy bridder Patie doo ought ta geng ta Scallowa' an' meet him, an' carry ony sma' things he might bring hame wi' him."

Weel, I kent a' 'at Patie wid bring widna herm me muckle, so as wir folk wis gaein' ta da waar da very day 'at da steamer wis lippin'd at Scallowa', I toucht wi' Mam at' it wid be mair sociable laek, no ta speak o' da waar, ta geng an' meet Patie. So upa da Tiseday efternun I shift'd da muckle kirn awa frae da ben door, gude in an' took aff my slug, an' titivanted mysel' up da best wy 'at I cood, woosh me face, red me head, bit firyat ta wash me neck, an' if Patie didna gee me a flytin' aboot da flude mark 'at stude, he said, frae behint every lug. I ken I'm careless an' folich. Guid help me ta du richt when Mansie gets me, an' I hae da full poor o'a but an' ben o' my ain. I'm no gotten him yet, bit its aye best ta be prepar'd fir da warst, Daa says, dan if ony better dan we lippen'd happens we feel a' da mair blied aboot it. Noo, I'm awa frae Wir Patie's Hame Comin' agen, an' I'll need ta ax you ta luik ower my fauts an' waanderin's; bit my story is shune tald, an' if yell only hae a peerie grain o' what Mam says da auld man i'ta da Bible hed, ye sall hear da end as weel as da beginnin'.

Weel, I riggit me out i' my travellin fit-gear, my aald smucks, an' packit my elastic-sided buits ita Mam's aald red napkin, an den I pat peerie Mary ta da shop for a ha'paness' wirt o' hair oil. Der very up about a lass 'at hes a sleekit head at Scallowa'. It's me 'at kens dat fir wisna I dere at da gripping dis past simmer. Da warst job I hed wis gittin my hair dune up ipo' da tap o' my head da new-fangled wy, juist laek the Plymouth wife hed 'at wis gaein' aboot frae hoose to hoose geein' tracks an' peerie hymn-buiks. Every time I got it up, doon it cam' wi' a dad, an' whan wirking at yon, Daa cam' in wi' a kashie o' muild to lay under aald Riggie. Shü's been in liftin' sin aald Buggy-breeks o' da Grind cam' hame frae da Stretts, an' we keep her udbie ta be warm wi' dis caald wadder, an Daa says when he sees me,

"Da lasses is gaein' ta da very muckle ill-helt wi' pride noo-a-days, pittin' aff dy time yonder ower dy muckle fule head. Whan I first met dy midder shü wis comin' frae da Beltin' roup wi' a coo towin' astarn, an shü hed on a pair o' goloshes, wi' a piece o' simmit tied roond dem to keep dem on, an' a' shü hed ta keep her head richt wis a piece o' a aald pur-haandline," an' he says wi' a roar 'at brocht doon some suit frae da lum, "feth shü's a mair laekly lass or doo'l iver be a' dy time."

I hed nae time ta budder wi' edder him or hit, so I juist left it hingin doon my back, an' I thocht hit might mak' me mair young laek as weel, but efter what Daa had pitten oot o' 'im aboot Mam, I luikit roond da aishins, but fent a thing could I see bit a aald burep an' a simmit clue at' Daa was sendin' ta Lewrick ta help ta buy peerie Mary's rivlins. So I tocht I wid aye du. Mam said I wis ance an' ower weel, an' said sontin aboot wissin' 'at my hert wis just as weel. Bit I hed nae time ta waste, as da nicht wid shüne be hümen, an' its nae sport ta be waanderin' aboot da valley o' Tingwalt whan its come ta twal o' clock at nicht.

Weel, efter Mam hed gaen me a' da errands shü wanted, an' peerie Mary hed gaen me da saxpence she got frae da ragman fir wilks, to buy her a lawly wi', I pairted frae dem a' juist as if I wis gaein' awa niver ta see dem a' agen, an' juist as I wis passin' by wir hame wa' I luikit an' I luikit, an I tocht I luikit very kinda clung laek behint. Alto' I hedna ower muckle time, I ran back ta da hoose, an' I says, turnin' me roond.

"Mam, is dere onything da maiter wi' me?"

Shü says, "Lass, guid be aboot de an' geng oot o' my sight. What's wrang noo?"

I says, "Luik behint me, Mam. Dunno I luik kind clung an' wizened up laek behint?"

Shü says, "Oh, doo needs yon kinda roondir-buggie thing behint dee."

I says, "Whars da *Liverpool Weekly Mercury* 'at Tammie Runtle sent to Daa?"

"Oh," says Mam, "it gude ta da shop wi' da aer o' butter last week," bit she says, "dere da Commissioner's report lying ita dy faider's kist, an' da *British Workman* an' da *Cottager an' Artisan.*' "

Weel, it a' didna plase me, an Mam wi' dat sam' says,

"I niver ken what's gaein' to come ower dee, lass. Fir ony sake pit sontin yonder an' geng oot o' dis, or hit'll be black nicht afore doo recks Scallowa'."

So we dat shü taks up a handfu' o' hey frae out-anunder wir aald grice 'at wis alangst do sheek o' da shimley, and shu makes nae mare adü, bit shives yon across da instep o' my tivels, an' ye wid winder hoo weel it did till I wis gittin' weel on da wy fir da Kirk o' Tingwall whan da hale jing bang fell oot ipo da road, an' I hed ta loop da kirk-yard deck ta win awa' frae a muckle Scots bull 'at shurely smelt da hey. Whan I tocht a' wis clear, an' I heard da brüle o' him a lang wy aff, I stuid oot sooth-an'-aest tinkin to reck Scallowa' aboot aught o' clock at nicht.

Efter da coast wis clear frae dat brüte o' a bull at da Tingwall kirkyard, I got underwy agen fir Scallowa'. Hit wis noo dark, wi' a sma' glint o' mune-licht sheenin' troo da cloods.

"Less-a-less," I says, lookin' up, "da heevens is very grumlet wy da nicht, an' if wir Patie is no ower da Aperdeen bar afore noo, dey'll hae ta draw her up somewy anunder da banks till da mune sheens."

Juist whan I wis tinkin as yon, an gaein' past aald Johnnie Druttle's hoose, I tocht I wid drap. Faer is a thing 'at niver troubles me at ony time, bit I sang oot "Oh, goshie faider, what *is* yon?" Bit da ghost niver leeted, an' I felt da swate drappin' aff o' me, an' dan a' my sins cam' afore me, juist as da minister wis sayin' tree Sundays sin syne, bit I little tocht hit wid be my turn first. I tocht o' a' da flytins an' da nesty wirds Daa an' Mam hed gotten frae me, an' dan I tocht Providence hed sent dis ipo me fir makin' excuse an' winnin awa' frae da waar. I wiss'd I hed bidden at hame. I wid a been better aff sittin' at da fire makin' Mansie's mittins. We yon da white thing shook, an' I tocht ta mesel' I canna be wer dan I im noo, I'll juist see what dis is, an' efter sayin' ane or twa peerie wirds I made a rin, an' quat wis my feelin's whan I fan oot it wis a' oilskin smookie an' a pair o' breeks 'at young Johnnie Druttle hed pittin oot ta dry! I niver hed saek a faer fir sae little. I cood niver spaek o' it ta ony o' wir folk, or dey wid caa me what I maistlin's tink I am, a fule.

Weel, I wan a' safe to Scallowa' at half-past aucht, fairly dune oot. I bed wi' a freend o' mine, ipo my midder's side, a' nicht, an' dan at twinty minutes ta twa da neest day (Wadnesday) we heard da reeins o' da steamer comin' in troo da Burra Haff. I penkit mysel' up da best wy 'at I cood, pat twartree cloots whar da hey had been, an' dan made my wy fir Blackness. Da steamer wis juist comin' alangside o' da pier, an shü hysted a flag up an' wir Patie tried ta mak' oot ta me 'at da Captin did yon in honour o' his hame-comin', bit tanks be ta Guid I aye ken whan wir Patie tells a lee. Weel, whan shü wis a' safe alangside o' da quay, I gude abuird, an' I axed a man staandin' forrit if he kent if wir Patie frae Edinburrie was abuird.

He says, "Der's a minister-lookin' kind o' a man doonstairs. Dat's mebbe him."

Wi' dat, a man wi' a silk hat laek a concertina looks up da fore-hatch, an' my hert took a loopin' an' trimmlin': wir Patie wi' a bell-topper on!

He says, "Catherine, do you see the Captain about."

I says, "Does doo want him?"

He says, "I do. Some one has had my hat for a pillow all the voyage."

"Weel," says I düana see the skipper aboot, bit I weel wat if he only kent doo needed him he widna geng far awa'."

What a odds comes ipo some folk efter twartree monts at da sooth! Bit I needna be spaekin' yon wy, fir I ken folk ita wir ain perrishin at can knap awa' as weel as ony Englishman whan ders ony unkin folk aboot, an' I ken der niver been farder dan Lerwick. Weel, I'm awa' frae wir Patie agen, hits a failin' I hae to speechify whan I'm tellin' folk my mind aboot onything. I always tink 'at Mansie spaeks da best English o' onyeen here aboot an' he's niver been farder dan Orkney for a cargo o' sids. Weel, as I wis sayin', dis big spaekin' shune gangs aff o' folk, fir wir Patie wisna weel up da pier afore he firyat his English ascent—I niver ken if yons da richt wird, as my education wis negleckit sadly ita my youth. I wis only twise at da schule a' my life, an' dat twa times da skulemester sent me ta da ebb fir bait, sae ye man excus me. I wis sayin afore I began rüdan, 'at wir Patie firyat his fine English tongue very shüne. I says till him,

"Patie, quars dy kyst an' dy ditty bag."

He says, "I put them in the after hold."

"Weel," I says, "doo better comes and gits dem oot o' da efter hould, an' lat wis get a grain o' tae or hit'll be ita da hert-hole o' da nicht afore we win hame." I tink Patie hed juist anoch o' a dram, for he was rowlin aboot da deck, an' dan he cursed fir a man wi' a goold strip aroond his kep, 'cause he didna fin' his kyst an' bag shüne anoch.

"Less-a-less," I says, "Patie, is yon a' 'at dy vayage ta da suddert has taeched dee, ta mak' use o' wirds laek yon, an' afore me tü. Doo cood 'a learnt yon without gaein' ta Leith fir yon pairt o' dy edication."

I cood see he wis tryin' to look big afore da folk, an' I wis juist tryin as hard ta keep him atill his richt place, fir alto' I wis only a puir Shetlan' lass, I wis a womman, an' hed dat strent o' mind aboot me (tho' I hae niver been at da sooth), 'at I widna tak' muckle o' his nonsense, an' he shüne saw dat, fir he kens as weel as Daa an' Mam 'at I'm no canny ance I lowse, so he kinda drew in his horns, an' lookit as funishent as a lamb. I says, whan we wir weel up da pier,

"Patie, doos no da sam' man doo used ta be ava. Doo didna even kiss dy sister Katie 'at's com a' dis wy ta meet dee."

"Oh bit," he says, "I shook haands wi' dee, an' whan I wis lavin' Leith a Munanday twa o' Uncle Gideon's dochters cam' doon ta see me aff, an whan da bell rang an' da ropes lowsed, I wanted to kiss da youngest ting, Meggie I tink dey caa her, an' shü says, 'Na, na, onything bit yon. Hit's no ettiskeet,' or suntin' laek dat. Shü meent 'at da dock polis didna alloo seck a thing, I suppose, so I'm tellin' dee 'at kissin' is completely oot o' da fashion a'tagedder."

"Weel," I says, "yons da first time 'at I'm hard ony thing o' it. I ken yon fashion hesna come wir wy yet; at laste hit hedna reckit wir perrishin da hidmist nicht 'at Mansie wis ower at wir hoose. Bit I'm no very up aboot kissin' dee onywy, til doo laves aff aetin yon moothfu' o' bacha. I winder 'at dee, Patie, comin' hame frae a place laek Edinburrie wi' a hich hat an' a chow ita dy sheek, aetin' awa' at yon dirt laek wir Sholma showin' da cuit. Doo pits ane amind o' dat pairt o' da Moder's Catagis whar it say suntin' aboot dain' da things we oucht no ta du, an' lavein' da things oondüne 'at we oucht fir ta dü; noo Patie, tink o' dat." Bit be da time yon speech o' mine wis düne Patie wis aff an' staandin' on fir da hotel ta hae a refreshment as he caed hit. Trooly he didna look very refreshed laek whan he cam' oot, his een wir a' swalled an' stickin' oot o' his head, an' his hat wis wer, if it cood be, dan whan he gude in. I wis fairly ashamed ta be itill his company fir case onybody toucht he hed onything ta du wi' me or my family, fir if we're puir we're respectable an' Daa niver gits ower da wy, aless apo da Yule-day, an' dan hits bearin' wi' him fir hits da fashion wi' some folk, an' ye niver tink muckle aboot it. Patie took a rinnin' alangst da shore o' Scallowa' laek a fule ting, an' dan da first 'at I saw wis him fair upo da keel o' his back rich atill a' essie midden. Da boys wir lauchin', Patie wis cursin', an' I wis greetin' an' wissin' 'at I hed left Patie ta fin' his ain wy hame. I got 'im draggit inta Auntie Ibby's, an' brished an' woosh him an' got tae ready an' he wis kinda kirscin laek agen, an' we made a start fir hame. I niver ken wha invented da notion 'at Shetland women sood be bastes o' burden, bit I ken I hed ta kerry wir Patie's kyst an' bag, an' lade him inta da bargain. I met sax wives comin' frae Lerwick frae meetin' der men comin' frae Greenland, an' dey wir just dooin' da sam', so I wis blied I wisna oot o' da fashion a' tagedder. We wan on no sae ill till we cam' ta da decks o' da green müdow, whan in wir Patie gude atil a' aert-bile right up ta da henches. I expectit ta see him vaenish a' tagedder bit da hich hat aye keepit abune. I hed me a time gettin' him scraepit. He was a sicht lyin' alangst da deck shorded up wi' a paet, übin' an' takin' on, da dirt a' ower him frae his lugs ta his law clivs. I tocht ta mysel' doo's a bonny laek boy ta come hame frae da sooth, an' geng ta ony respectable hoouse ida perrishin', bit fand a hair did Patie care, he just closed ae ee an' took a lang sook at his mutchkin' bottle, 'at he took wi' him frae Scallowa', ta be fairde-mate apo' da road, an' ta gie a drap ta Daa an' Mam whan he wan troo; bit, puir boddies, a' dey wir preveleeged ta see wisna muckle. I got 'im set upon his fit agen, an' we wan on no sae ill, headin' awa fir wir grind. Patie hed a nesty fashion o' bidin behint ivery noo an' agen, is he said, ta tie his buit lace, an' sae shew on ipo da bottle whan he reckit wir daeks; dey wir juist a peerie drap ita da leggins o' him. I says,

"Patie, whaur's a' dy whisky gaen, 'at doo brought frae Scallowa' wi' dee?"

He say, kind o' funnie wy, be his tale, "da bottle must lake."

"Na, fand a lake hes he, unless at da tap. It mebbe ran oot yon times do bed behint ta tie dy buit-laces, da cork mebbe slippit oot whan doo booed doon. Oh, Patie, Patie, whan will do learn wit? An aald man come ta thirty-tree, an' as muckle sense as wir peerie fleckit calf."

I saw, drunk an' a' altho' he wis, he didna laek me spaekin' yon wy till him, bit I wis truly sick o' his wy o' wirkin'. He said he wis only takin' it fir medicine, an' da doctors sooth ordered him ta tak' a grain o' speerits whinever he didna feel weel, an' so he's aye takin' it. Bit hit rins laek bluid troo widden legs ita wir family. My graandfaither wis ordered be da Lerwick doctors ta tak' an' bathe his head in Holland's gin ta aise da pain 'at wid diment him, bit he hed ta gee it up fir da gin hed ta pass his mooth apo' da road gaein' till his head, an' hit disappeared somewy apo' da gaet, an' strange to say his head got better when da gin wis dune. Sae it's baerin' wi' Patie if he sood firyat himsel' sometimes apon an antrin time laek yon sam'. Be dis time we wir gettin' near da hoose an' auld Bosun cam' rinnin' oot barkin', bit wir Patie's muckle hat nearly fleggit da life oot o him, an' he ran ta da hoouse wi' his tail atween his legs. Dirs no a hat yon hicht been seen ita da perrishin' sin auld Dey's fooneral day, an' nivir might dey be again, is my wiss. I trooly tink hits very oot o' place fir a man ta kerry faels atil a hich hat an' rivllins, hit's no gantlemanly ava, an' Patie tinks da sam' noo, fir he's laid her aff.

Whan we cam' in trow da door, Mam wis bakin' an' Meggie wis awa at da Voe-head lookin' for cuillicks, an' peerie Mary was cuttin' neeps ita da barn, bit Daa coodna be fun'.

Mam says, "Katie, what unkin man is dis soos brocht wi' dee. Did doo no fin' Patie?"

Hit was truly bearin' wi' her, fir Patie hed gotten a sair scad frae shü had seen him last, an' I says,

"Dü's doo no ken wir Patie, Mam?"

Wi' dat shü flung a' frae her an shü says, "Guid be narr me, dis is shürely no wir Patie come ta be saek a jantleman in saek a short time."

Patie says, "Feth is it, an' no afore da time."

He firyat his English a'tagedder, an' noo he only uses hit ipo da Sundays an' roup days laek his best breeks.

Mam says, "I wiss dy faider cood juist see dee noo."

Daa hed niver been seen a' dis time, an' Mam cries oot,

"Come doon noo, Erty, hit's a' richt. Hits only wir Patie come hame."

Hit seems Daa hed seen Patie wi' da hat comin' on da wy fir da hoose, an' tinkin' 'at hit wis a man comin' fir da arrears o' da rent, he'd geen up da shimley, an' wis staandin' wi' his feet ipo da lintel, an' whan Mam cried, doon he cam' as black as da day he wis born—I mean, as da crook, an' Patie says,

"Whan cam' da deevil ta this perrish?"

Mam says, "Sae muckles da pity, he's aye gaein' aboot laek a roarin' lion, bit doo wid see 'at what doo's caain' da deevil is dy faider, if he wid only geng oot an' shak himsel'." Daa wis blyde ta see wir Patie fir a' yon, an' says ta Patie,

"Doo ocht ta be tankful 'at doo's spared a livin' monument."

"Dat's juist what he is," I says, "a fule moniment. Whin I saw a' da big men an' da Lords as weel, deein' wi' dis Rooshian fluensy, I tocht ta mysel' what cause fir tankfulness wir Patie hes fir bein' spared an' a' da big men deein' bit wir Patie still preserved. It's truly marvellous."

Mam gude awa' ta bed as shu wis in mournin aboot her best layin' hen 'at hed gaen ben an' smored ita da blaand kirn dat sam' mornin'.

Patie tocht he'd geng as weel. He still hed a very kind o' tapswaar luik aboot him, as he sat ita da restin' shair lookin' ida ruif, an' pooin' awa at a menshin' o' what he caed whiskers. I tald him very plain 'at he lookit a fair pushin wi' dem on, an' 'at I hed seen better anes ipon a door mat. He's taen dem aff noo, an' gude an' sald dem ta aald Robbie Clung da shumaker, ta shoo clug yarkins wi'. Patie lived laek a gantleman efter he cam' hame, tree coorses every day till his mate—beest, bleddock an' burstin', an' we did a' fir him we cood du. Hit was very plain he wisna fited fir a sea-farin' life, so da minister's gotten him a job ita da Lerwick slaughter hoose ta buggy flachter yows, an' I hear he's gaein' ta be married till a lass frae Soond, 'at gude in ae day ita da slaughter hoose lookin' fir sheeps' waems ta mak' yirnins o'. A' 'da I can say is I wiss dem muckle joy, bit I ken 'at da lang, lang day 'at I leeve I'll niver firyat

"Wir Patie's Hame-Comin."
J. Buchan Fraser.
Walls, Shetland.'

'Scraps from Spittal Hill.'

Caithness Courier, 1890

The *Caithness Courier* was a Gladstonian Liberal paper and therefore anti-laird and pro-home-rule. It viewed politics in explicitly class terms, seeing Toryism as a conspiracy of the rich to promote their own interests and still further grind the faces of the poor.

The column 'Scraps from Spittal Hill' contains lots of radical national comment on the evils of lairdism and Toryism. The general tone is evangelical and strongly pro-temperance. There is also much criticism directed towards Thurso itself despite the *Courier* being the local paper—probably it's that old device, the morally pure countryman criticising the vices and shortcomings of the town. The sections reprinted below are all taken from the year 1890.

'THE BUDGET.'

[on the Tories enriching themselves at the expense of the workers; the Chancellor was George Goschen, a Liberal Unionist serving in the Conservative Salisbury administration]

'Eh, peetie me, bit yon cheel's budget is a murnfu bisness. Twa an a haf meelyons made oot o' drink mair than last yeer. Ther's been better tred, an mair drink. The twa and a haf to the reveune meens twentie meelyons spent on the publics. An whaur cam 'at bit oot o' the pooches o' the poor workin men; an I'd be gled to lern 'at the budget maker didna grow rich at the expense o' the nashon's wives an bairns. Bit I'm feered'at the meelyons hae been gained 'at the bairns micht gang hungry an ill cled, an 'at mithers hae hid to beer the savagery o' drunken husbands. Ah, bairn, many's the ane his to sing at a cauld fire an an emptie press, "weery on the gill stoup, it breeds muckle greef at hame." An what doos the budget gie the poor man in return? Naething, or neest to naething. Tippence aff the pun o' tea, aboot a penny a week to them 'at buy in puns, an naething ava to the buyers o' oonces. Na, na, the budget's a' for the big folk. It's for sogers barracks, volunteers great coats, folk wi' big rents an silver plate. It's the auld storie wi' wir Tories. Gie as muckle as ye can to the classes, bit grind doon the masses. It's the poor man's fate to pye for a'. He's to dig, an hammer, an saw, and the classes are to fatten on his toil. His back is to bear the burden, while the soger, the penshoner, and the laird are to ride in state and trample him in the gutters. If the time ere comes, "whan man to man the world o'er will brithers be for a' that," it'll no be unner Tory rool.'

[25 April 1890]

'HOW PREACHERS ARE MADE'

[strongly evangelical piece on slack standards of recruitment to the ministry of the Kirk of Scotland]

'It is sed o' a worthy man 'at he ance forgethered wi' ane o' the professors, wha'd come north to get a smell o' the hether. He asked the cheel wha he wis, an he telt him he wis the man 'at made the meenisters. Ochane, says Donald, an is 'at sae? Weel 'at removes ma defeeculties. Sin they're made by cheels like you, nae wonner sae mony o' them are tongue tied an wooden heeded. Bit ochane, bairn, fat wid Donald hae sed o' the divines o' Perth? It's been ca'd the fair ceety, bit och, oh for its preechers. Fat div ye think; hadna the cheels a wheen men, anxyus to wag thir pows in a pupit; an didna they come afore the reverent fethers till they'd examin an see if they ware fit to preech. Weel, fat doos the wice men doo? Did they heer the cheels preech, an pit them thro' thir catecheesm? Deed no, 'at wis ower muckle fash. Sae they sed gies the heds o' yer discoorse an twa or three lines o' the applicashon, an no bother us mair. Sae the auld, I wis gowin to sae scoonrels, bit it's written dinna speke evil o' the Lord's aninted—the laird's aninted, some say—an sae they made oot a licenan 'at the yung men had deliveret the discoorses, an anseret a' the queshtons. Bit thir wis some gude in the yung men, an they sed, na, na, we canna gang forth wi' a lee in wir richt han, and sae they handet back the paipers an walket to the door. Bit isna it awefu to think o', an may be it explains hoo that sae mony "dumb dowgs" get thro' the wicket gate an mount the poopit, to the grief an sorro o' sae mony heerers. An this wis deen in wir nashional Zion, the bulwark an defence o' the Truth? Weel, weel, we may a' pray to be deleeveret frae man, e'en tho' they hiv white neckties, an get the name o' reverent fethers.'

[23 May 1890]

'PLURALISM.'

[on economic individualism and the nakedly materialistic form that the gospel of self-help latterly assumed]

'Eh, bairn, bit pluralism is a grand thing. It's reel fine to hae two offishes bringin in twa wages; an gif some o' us cud hae wir wye, we'd hae twa sweetherts, if no twa wives. Some o' us wid like to get twa denners, an as for twa "drinks," I'm thinkin we've plenty o' pluralists o' at kine. Bit ther's ae thing aboot it, we'd no be for twa vrochts. The pye's the thing, bit the wark maun be sma. An let me tell ye, if the cheels hid to wark twice, they'd think twa times ere the'd jine the pluralist airmy. Bit it's a gran ploy to get twa jobs, an muckle big pye for 'em, an then get some sma cheel to dee the job, for a wheen shillins a week, while we pouch the siller. Sae gif ye'd tell us hoo to get pluralist jobs we'll be drinkin ye're hels twentie times a week. We want twa fairms, dooble wages, at leest twa sweetherts, twa drams, or mair if ye like. Ther's no mony wid tackle twa wives. Some micht try werena it it for the mithers-in-law. Bit ye'll be sayin, fat o' the ither cheels wha'll hae nane?

Ye canna be a' dooblers, for e'en the lassies widna had oot for that, tho' ther's aye a fair crop o' them. Hoots, man, neer heed that. We'd jist follo the xampel o' wir betters, an get a srambel for the butter an the creem, an ne'er mind the rest; bit let them get the cauld milk. Ye ken the new gospel noo, is ilka ane for hissel, an the hinmost maun e'en gang to the wa'.'

[27 June 1890]

'THAT'S DIFFERENT.'

[on the deficiencies of Tory policy in Ireland and the approaching dawn of social justice when the 'Rads' get in]

'Eh, bairn, bit it's funny to see hoo cheels look at things in diffrent lichts. Fan the Primrose Tories tirn oot tenants, boycott radical grocers, an vilifie the other side, at's cawed brave an loyal. Bit fan the Paddies try the same dodges on spies, an rack renters, they're cawed creeminals an get sax months at pickin okum. Whan in the Commons, the Tories like Hartington, proclaim thir intenshon to oppose the Rads to the bitter end, an the Irish Orangemen crack aboot takin up the rifle if they'll no get a' thir ain wye, at's reel bonnie. They cheels get denners, an votes o' thanks. Bit fan the Rads even try to mend Tory blunders, they're the vilest o' obstruckshonists. Fan Tory members think mair o' horse racin than thir dooty in Parliament, an neerly let the Government into the ditch, the Rads are again blamed for no waitin for the cheels. I suppose they'd like to hae them sen a coach an pair for them. Isna 'a this reel droll; reel funny. Bit it's troo. It's the English leddies an the English gents wha are allooed to dee the dirty tricks. Fan the twa or three delooded American Fenians killed the twa cheels in Fenix Park at Dublin, fat an ootcry wis made, an a Piggot wis got to fasten some o' the crime on Parnell. But here's Balfoor, he's not only shot doon cheels in cald blood, by his soger poleece, an deen ithers to deth in the jails, an he glories in the deeds, an yet no a shadow o' guilt attaches to him. True it is that ae cheel may steel a horse fan anither cheel daurna look o'er the hedge. Bit it ill a' come richt yet. The Rads wull hae thir innings. The common sense o' the nashon wull gie shustice to a' sorts.'

[27 June 1890]

'THE DEMONSTRATION.'

[on the land-hunger and social tyranny of the lairds]

'Sae we're to hae a grand demonstration on the twentie acht o' iss month. We haena gotten muckle gude as yet frae a' at's been deen for the laund laws; as the laird made laws are ill to kill. Ah they cheels are ill to beet. They've sae muckle siller, an sae mony hangers on, at poor folks' naething bit dirt in thir een. See hoo they grabbed up a' they cud lay thir hans on. The very mountains, an rivers, an lochs, at ane wid think were natur's gifts to rich an puir, they've grabbed, an no content wi' the sawmon, some o' the cheels wid tak the verra trooties. Man, sic is the greed o' thir herts at they canna beer to see the poor cheels get the vera smell o' the hether. Bit they maun big gran pailaces, cawed lodges, an surroon thirsels wi' a' the luxuries o' the erth, an sent oot thir gillies to frichten folk frae comin neer thir domains. Nae doot, some say, haud on, the cheels are gettan thir gude things here, bit bide a wee, ye'll be able some day to lift up yer een in Abram's bosom, and see the cheels in a faur different state, while ye'll be walkin the golden streets. That's a' vera weel, bit thir misfortune winna help us, an at's nae reeson why we shud want wir richts noo. Sae demonstrate awa. Let thir greevances ring oot o'er the length an bredth o' the lan. Let the cheels ken at they've o'er lang haen the ba' at thir feet, an at it's yer tirn to gie it a kick noo.'

[8 August 1890]

'THE PEOPLE'S PARLIAMENT.'

[on corruption and inefficiency in the Tory County Council]

'The Coontie Coonsel, misnamed the People's Parliament, is developin its absurdities; bit ae thing is cleer, the people wull hae to pye the piper. Hakrick wull hae to pye big rates an get naething for it. Thirsa wull hae to pye aboon five hyunner punds a yeer, an hae onlie twa hunner spent on it. Pultney winna be better, bit ther's houp for them. Castletoon wull be as bad, an Keiss. Here's yer reel Torie Coontie Coonsel. The toons robbet to help the lairds, an the big fairmers, an look at the bungle a' roon. Cheels pit in to look aifter roads, wha haena a say in the makin o' them. Cheels pit in to look aifter the sanatory doctor, wha daurna e'en discuss the appintment o' the cheel. An look at a' the boords, an the committees, an look at a' the eeseless work—the Clerk haein to dee ten times as muckle work, an getting nigh three times as muckle pye. In fac, ma freens, it's a fraud a' roon the compas, an gran illustrashon o' Torie bunglin, or maybe Torie fraud. Some talk aboot Tories giean us hame rool. For ony sake dinna let them middle wi' the thing, or it ill be anither Coontie Coonsel, wi' mair taxes, mair injustice, an mair wranglin. Na, na, nae mair laws o' ony kine frae they cheels. Better the half loaf we hae, than the bred o' thir bakin. The onlie thing to dee wi' the cheels is to...sen them adrift. The sooner the better tae.'

[31 October 1890]

'Kirstie's Tragedy. A Spring Idyll.'

Shetland News, 23 May 1891

[pleasantly wistful piece on the trauchles of marriage and housewifery; including a lovely, dotty, section on typical Victorian 'improvements', in this case bridges between all the isles, steam trains thereon, and electric light in the haaf, so folk can see to take the codlings. What, though, *is* electric light?]

> "Spring is coming, Spring is coming,
> Hark the little bee is humming,
> And the lark is soaring high
> In the blue and sunny sky."

Sae I read in ane o' da bairn's skule buiks da idder day. "Yea, my lamb," says I ta mysell, "hit's comin, sae muckle is da werr, alto da wadder is no muckle laek hit ane noo. I wis it wisna, fir what wi a man gain ta da sea, five bairns (Gude safe dem) gain ta da skule, da base ta mate, an ae thing an anidder, I hae enough ta dü, Guid kens; bit whin da voar an paets comes on, I'm sure folk irr fairly distressed wi wark. Bit dat's no a' idder, fir I wid redder wirk twa voars wi pace, as hae a tragedy laek what I haed ae day last year.

Ye see dis was da wyes o hit. Nae doot hit's odious pretty ta see da bonnie green girse, an cockyloories comin up ower a' da braes, an ta hear da bees hummin, an da laverocks singin dir bonnie sangs, as dey flee awa up troo da blue lift. Bit whan da sun comes oot sae bricht hit haes a impident wye o gaen kookin inta a' corners o folks' hooses, an shaain whaar speedirs ir spun dir wubs, an shuity tossels ir hingin, an dan I hae ta begin an clean, an dan Tamie—dat's my guidman—is laek ta be mad, fir if dere's ae thing abune anidder at pits him in a passion hit's hoose-cleaning; an alto I ken his bark ta be werr is his bite, I'm aye fared ta begin whin he's at hame.

Last voar, tho, I tought ta get around him no sae ill, for he an a lock o idder men wir haein meetins nearlins every night, an saes I ta Tamie ae nicht, "Tamie, what ir you haein meetins every veesible nicht fir?" Says he, "Wir plannin impruvments, woman." "Impruvements!" says I; "o what kind, can du tell me? I hoop you'll begin at hame." "Well, do sees," says he, "wir no sure aboot a' we need yet, bit we're fixed sae mony. First o a' we want a' da Isles o Shetlan, frae Havra ta Unst, joined togedder wi brigs (laek laamer beads on a string), an a railway rinnin frae end to end; an dan we want da wast haaf lighted up wi da 'lectra light, sae as ta get enough fish ta mak da railroad an da steamer at's rin every day atween Leruik an da sooth pay, an we're gain ta ax da Queen fir da money ta dü hit a' wi."

"If shu's da douse, sensible auld body I aye tought her ta be, I'm sure shu'll du naethin o da kind," says I. "Wha ever heard o sec fules? Bit sin hits in spaekin, I wiss du wid tell me what laek dis 'lecrra light is, Tamie."

"Weel," says he, "hit's just lake da telegraph at du sees atween Scallowa an Leruik, only whaar wirds comes trow ane, a blue lowe comes trow da idder."

"Guid gaaird a!" says I; "a blue lowe! Dan it canna be canny. Bit fu ir ye gain ta get posts pitten up into da haaf fir da wires?"

"Du fule!" says Tamie; "wir gain ta lay da wires upo da boddom, an every here an dere holls ir ta be bored sae is ta lat oot a peerie lowe, an dat'll light up da sea, an lat da fish see ta tak da bait."

"Tamie Peterson, hadd di tongue!" says I ; "if du tinks I'm sec a fule as ta believe a' yon, du's mistaen, dat's a'."

"Du can believe hit or no as du plaeses, but if du tinks I'm leein, du can ax Lawrie Tamson da first time du sees him."

"Weel," says I, "if you're sec fules as ta tink at da fish canna see weel enough under da watter, an can get hit a' dune, I'se say naethin."

"Hit's dee at's da fule, I tink," says he; "fu could du see onything under da watter, tell me du dat."

"Fule or no fule," says I; "I doot at if da codlins hed been waitin fir yon light ta tak der mate wi, dey wad a been werr as Puir Johns lang afore noo. Bit sin du's sae up fir impruvements, I wiss du wad buy be a sixpence wirt o whitenin, an twa bolts of tripenny paper da morn, whin du gengs ta Scallowa, fir I man clean oot da hoose ane o dis days."

"I'se du naethin o da kind," says he; "da hoose is well enough. Du's never plaesed unless du's turnin everything heels ower head."

I said naethin, bit da next day sent twa dizzen o eggs to Scallowa, wi Baby o da Houlls, fir da whitenin an paper, an a bonnie bit shu got me, wi a blue an green flooer on a clear grund.

A week or sae efter, Tamie gaed ta Scallowa again fir some fishin gear, an I toucht I wad begin, an hae plenty o time ta get it finished afore he cam hame; bit aless! true is hit said, "Da mair hurry da less speed." Afore da bairns gaed ta da skule, I got Jeannie, da auldest lass, ta help me, an we gaddered a' da peerie things aboot da hoose intill a empty trunk, and set hit afore da ben chimmley. Dan we set twa trunks apo dat, an tree mair afore dem. Dan, a' da shairs we pat oot apo da brig-stanes, an up-ended da restin'chair alang da butt-bed. Dan I began an sweepit doon da shuit an dirt aff o da laft, and set up sec a stoor, 'at I took a hostin' it wis awful. Just dan a chap comes ta da door, an' I cries as weel as I cood, "come awa in if de feet's clean," tinkin' hit wis ane o' da neber lasses makin' a fule o' me. In dey cam, an' wha wis hit bit da gentry frae da Ha'! I tought I wis ta fa' doon! bit da lady hersell laughed an' said, "I see you are busy, Kirstie, we we'll call again some other day."

"I beg your pardon, mem," said I, "I tought hit wis ane o' da nebers, bit sit doon, sit doon, fir a minit, mem," an' I set doon da restin' shair, an' rubbit hit wi' da nepkin 'at wis aboot my head. Shü set her doon, fir dere's no muckle pride aboot her, bit da idder leddies, tree prood, penkit, peerie tings frae Edinburgh, turned up dir noses, an' sed, "I think we'll better go." "Geng we my blessin'," says I ta mysell, an' dan dey gaed, lavin' me onything bit weel plased, fir if dere's ae thing I pride mysell upon hits ta hae a clean hoose whin da gentry come ta see me.

Weel, I maks a air o' paste, an' clips my paper, an' haed just gotten ee piece pasted, whin Eppie Jameson shuts in her head troo da door an' says, "Kirsty, dee black coo is pood her stake." I ran oot an' wis just in time ta see "Riggie" flein', at da heel gallops oot ower da nort braes. I flang me clogs, an' set aff efter her, bit, guid bliss me, is hit wis da maist pairt o' twa hoors afore I got hands apun her, an' dan I wis hardly able ta get hame. Be dat time da paste haed run a' da colours o' me bonnie paper troo ane anidder, bit efter hain a cup o' tae I pat hit up, an' dan began ta whiten. I got on laek a hoose on fire fir a while, bit dan anidder chap comes ta da door, an' whin I gengs ta see what dis wis, wha sood hit be bit da minister!

"Well, Mistress Peterson, how are ye da day," says he, in his lang drawlit wye o' spakin'. "I see you are busy."

"Na! na! sir," says I, "hits naethin' ava, come awa in trow, an' set ye doon. I'm gled ta see you."

Guid forgive me fir leein', bit what cood I dü? fir I aye laek ta be ceevil ta my betters.

He, being a bachelor, an' no kennin' aboot women's wark, set him doon, an' if he didna sit fir da maist pairt o' a 'oor, an' me just ipo colls da whole time, fir fair o' Tammie comin' hame afore I wis dune. Weel, at da lang an' da lent he gaaed, an' dan da bairns cam hame frae da skule, an' I hed ta get dem sontin' ta ate, puir tings, an' dan I begins agen. Be dat time I wis ooby at da door, an' horryin' up, an' just as I wis da brush liftin' wi' a awful dirl, ta whiten abun da door, hit opens, an' I hed just time ta see 'at hit wis Tamie afore his face wis clatched up wi' da whitenin aff o' da brush. What he caad me I lave you ta consider, fir I sanna say, bit hit wisna canny. After a while he stopped flytin', an' says, "Whar's me clogs, Kirsty, I want me buits brushed fir I maun geng ta a meetin'."

"Never anse di clogs," says I, "here's a piece o' paper ta set di feet on, afore I'm dune wi' di buits."

"I want nane o' di paper," says he, "whar's me clogs?"

"Weel, sin hit is sae, du'll fin dem in da lowermist trunk neist da chimley," says I.

He gaed ben an' began ta tare ower da trunks, bit bi da time he got da clogs his buits wir nearly brushed. Dan he begude agen, "Kirsty, whar's me razor?"

"Wait a peerie minit an' I'll get hit fir di, boy," says I.

"Tell me dis instant whar is hit," he roared.

Says I, kind o' fared laek, "hit's among a lock o' idder truss in da grice kettle, under da ben bed."

"In da grice kettle among a lot o' idder truss," says he, noo in a fleein' pashon, "An' sae du tinks me razor 'truss' dis du? It's lakely du tinks me truss as weel," an' dan he gaed on an' caad me everything bit a lady, an' I set me doon an' begude ta greet, da bairns clagged roond me an' dey grate tü, an' dan Tammie fled oot, slammin' da door ahint him, an' sayin' wirds 'at I wis sorry fir da bairns ta hear comin' oot o' dir fedder's mooth.

Weel, twartree minits efter in cam Teenie Eunson, "Guid be aboot me, what's happened," says shü nae doot tinkin' sontin' awful hed taen place—

an' sae I telled her what a day I wis hed, an' shü—Guid bless her, fir shü's aye willin' ta help onybody 'at's in need—tauld me 'at shü wad gie me a haand ta finish my wark, an' sae shü did, sae 'at whan Tamie cam frae his impruvment meetin' da hoose wis laek a preen.

I hed got a lane o' Jamie Williamson's paper, fir I kent if onything wad pit Tamie in a gud temper, hit wis a newspaper. I hed his clogs warmin' on da hert stane, his supper ready, an' dan whin he cam in I cüllied aboot him da best wye I cood, sae efter a while he laughs an' says,

"Weel, Kirstie, if du wad gie up cleanin' da hoose, an' clatchin' up folks een wi' whitenin', du widna be sech a bad sowl efter a'."

I tought tae mysell 'at if I gaed up cleanin' he might sing anidder sang, an' toucht as weel ta tell him 'at I wis following his example an' tryin' "improvements," bit manished ta haud my tongue, an' dere wis naethin' mair sed, bit 'at da sam time, du you tink hits ony winder if I canna follow da command o' scripture, an' rejoice wi' dem it rejoice ower da toughts it "SPRING IS COMIN'." '

'Jeems Kaye.'

(Archibald Macmillan), *The Bailie.*

Archibald Macmillan was a commission agent in Glasgow and came originally from Greenock. He seems to have kept his public and private lives strictly separate and little is known about him, unlike his creation 'Jeems Kaye' who was the most famous of the Glasgow-based vernacular columnists and featured prominently in the 'comic' paper *The Bailie* in the closing decades of the nineteenth century.

Jeems Kaye is firmly identified with the commercial lower-middle-class: a coal-merchant, an elder of the kirk, member of the school board, volunteer colonel and provost of his native Strathbungo. He speaks, too, about the kinds of thing that would have come under the observation of a smallish Glasgow tradesman with a lively social awareness. There's a fair bit of Volunteering; much gadding about up and doon the watter; business ethics, credit and unprincipled high living; the ease with which people could slip out of their obligations through bankruptcy; the tacky fly-by-night undergrowth of the Victorian free-market economy; social pretensions; local politics and political figures; the social life of the city, with speeches, toasts and presentations at convivial gatherings; quite a bit on schools and the provision of education; and much on the iniquities of Glasgow's public transport system. At one point Kaye was sent as a correspondent with Kitchener to Egypt and the Sudan—although Macmillan himself clearly never stirred a foot out of Springburn; the whole thing came off the wire—a reminder of the basically local pre-occupations of the column. At the same time Jeems Kaye is very much a Scot, with an innate suspicion of English aggrandisement and pretensions:

> 'The air, Bailie, has been fu' o' "jubilee" this wheen months back. In fac' it's got perfectly ootrageous a'thegither. Everything's jubilee enoo, jubilee sweeties, jubilee black lead, jubilee red herring, an' jubilee rat traps. These are silly and harmless. Hooever, o' a' the stupid things connected with this jubilee, the maist stupid, as it seems tae me, is that woefu' ane o' gathering money tae sen' tae London for the buildin' o' some Imperial Institute or anither.
>
> An' why London, may I ask? Why no Edinburgh? Surely the English are rich enough tae build a place for themselves. My certy, they wid gie precious little tae help us tae build onything in Edinburgh.
>
> I refused tae subscribe one penny, an' I'm happy tae say Stra'bungo, tae a man, did as I, their Provost, did. Ye didna see that Stra'bungo had sent up to London £4 16s. 5¾d., collected by the ladies frae 927 families. No, sir; nothing of the kind.
>
> Still, while we refused tae enrich London, we were loyal enough tae tak' a holiday...'
>
> [*Jeems Kaye His Adventures and Opinions*, p.23]

There were three successive series of 'Jeems Kaye' essays published in volume form (Glasgow n.d.), and a collected edition, *Jeems Kaye His Adventures and Opinions With Seven Original Illustrations by Wm. Ralston and a portrait of the Author* (Glasgow. W. & R. Holmes, Dunlop Street, n.d.) which reprints the original text as it stands in chronological order.

[For further information on the creator of Jeems Kaye, see 'The Late Archibald Macmillan', *The Bailie,* 12 August 1923, p.9; and 'By-past Glasgow Comics' by 'Mr Incognito' in the *Daily Record,* 12 March 1929]

'A VOLUNTEER MARCH OUT.'

[Leading to a shambles in the 'Shaws]

'I don't know if I ever tell't ye, Bailie, that we've started a rifle corps in Stra'bungo. Hooever, we have ... The ca' tae arms wis promptly responded to, and I being a corporal in the Glasgow Heelan' regiment, and so, as ye micht say, in the army, they made me Lieut.-Cornel o' the 1st Regiment Royal Stra'bungo Fusiliers. They said they wid hae made me heid cornel at once, only they were expecting the Prince o' Wales doon tae lay the foundation stone o' the Glasgow Municipal Buildings, and as they wanted tae gie him a little honour they wid mak' him cornel. Of course it's only an honorary title, I being, tae a' intents and purposes, the commanding officer. We had the full complement o' majors, corporals, captains, and privates, but as nane o' them kent vera much aboot military matters, my office wis nae sinecure. I used tae buy the "War Cry" every Saturday, but I didna get as much information in it as in some ither books.

We engaged an adjutant tae kin' o' brush us up a wee, and we had a great difficulty aboot getting a horse for him. I may say I refused a horse for mysel', for I thoucht, like the Duke o' Connaught in Egypt, that the commander ocht tae hae nae luxury the men didna enjoy, and although I wis stoot I could warsle awa' wunerfully as lang as we didna go up hills. Weel, it's aboot this horse for the adjutant that I'm goin' tae tell ye. Efter a while we got the len' o' ane that ran the morning shift in the omnibus. They said he wis vera quiet an no like tae rin awa' when the firing began. Being brocht up, hooever, in a certain "spear," it wisnae easy tae get him tae start till the ostler put us up tae a plan. Ane o' the drill sergeants walked behin' wi' a wee bell in his haun', and when the order wis gien tae "march," he gied the bell a bit "ting," and awa' gaed the horse wi' its tail in the air as prood as if Sir Archibald Alison himsel' had been on't.

We had oor first annual Spring march oot last Saturday. For 'oors before, I could see frae my window, while I wis putting on my red coat and my cockit hat, streams o' oor gallant men coming up every street, and a' the weans "hurrahing," while the bits o' servant lassies were quite in raptures, and were rinning wi' the perambulators like wildfire after the Volunteers. 'Deed there were a guid twa-three o' the weans got tummled oot a'thegither, but that dootless wid jist tend tae impress on their young minds what a military nation we were. As it's genteel for the heid man tae keep the common folk waiting a wee, I wisnae in a hurry, and at a quarter past fower I lichtit a sheroot that I had bocht ower in Nicol's—seeven for a shilling—and sallied forth. Great wis the cheerin' as I cam' oot the close, and I'm sure it must hae gleddened the herts o' Betty and the weans tae see me sae honoured. My sword being a second-haun' ane that I had got chape, and originally intended for a bigger man, it wis aye getting fankled in aboot my legs, till I took it aff a'thegither and carried it ower my shoother. Arriving at the parade grun', the men saluted me by hauding their guns as high up abin their heids as they could, and I got my sword and held the blunt en' opposite my nose, and says, "God save the Queen and a' here." Then they gied a cheer, and the ostler and a sergeant helped the adjutant up on his charger, and I says tae my "aid-de-colong," "Tell the bugler tae gie a bit tootle and get the stragglers a' oot o' the closes, and I'll finish my smoke." (Ye ken we werena on duty at this time.)

While I wis smokin' ane o' the majors cam' up an' whispered in my lug, "Man, cornel, ye've the wrang en' o' the sheroot in your mooth."

"Silence," says I, "it's weel seen we're only Volunteers, or ye widna daur tae speak that way tae your commanding officer; but at the same time, what's wrang wi' the sheroot? Ye see baith en's is alike, only the ane's smaa'er than the ither, and I lichtit the thick en' so as tae get a bigger smoke, mair value for my money. Hooever, it's nearly dune noo, so I'll throw't awa', and so that settles that. Noo gather in; gather in, for we canna wait here a' day."

Then the bugle sounded and the ranks were filled up. The pipers were at the heid, next the common brass band—the man wi' the biggest drum had the skin o' an elephant or a teegur or something hung in front o' him, tae keep the drum frae breaking his ribs, when he hit it ower hard at the chorus. The twa majors that followed the band were sae grandly dressed that ye wid 'a thocht they were the cornels and no me. After them cam' the rest, corporals, and captains, and privates a' mixy-maxy; big anes and wee anes, bowly-legged and in-kneed, and tae show the effect o' the winter's training, Bailie, ye cood hae heard a preen fa'—if there had been ony hard thing for it tae fa' on—sae imposin' was the sicht.

"Cornel," says the adjutant, "we're ready."

"Silence," cries I tae the men, "Shoul-der arrums! Order arrums!!! There's a man hauding his gun by the wrang en'! Noo, are ye a' in line? You fower in the first raw gang forrit a wee, and no squeeze them behin' ye sae much! That's better na! Unfurl yer flag and march tae the 'Shaws."

The pipers struck up the "Blue Bonnets," and awa' we marched amid a great ootburst o' applause and waving pocket-napkins, Mr Pinkerton, the grocer, rinning oot wi' his wudden leg and flourishing a ham knife.

I marched on at the heid o' the regiment wi' the adjutant beside me, and for a long while I couldna mak' oot what wis wrang wi' his horse. The tae minute it wid hae its nose on the tap o' my hat, and the next it wid be walking on the pavement wi' its heid ower the hedge, so I took a bit look, and then I says—

"Adjutant, it's blin' o' an ee!"

"What's blin' o' an ee?" he says.

"Your horse," says I; "as sure as I'm the cornel o' this regiment it is. Come doon and see for yersel'."

So we halted a wee, and I said the men could tak' a smoke till we examined

Fig. 7. Last Stand of the Strathbungo Fusiliers.

it, and heth it was true enough, although the puir thing couldna help that. I accordingly says, "Ye'll jist hae tae be canny wi' him, and no thrash him but feel for his misfortunes;" so up the adjutant got again, and I cries—"Eyes right! Put by your pipes, and aff we go again."

When we got oot tae the 'Shaws we were turnin' up yon narrow lane, and jist at a corner we met a caur wi' three mules in't coming doon.

"Canny! Canny, men!!" I roars oot, "or ye'll hae the caur coupit a'thegither. Woa!" I cries tae the mules. "Noo here's a ticklish position!" I remarked next, hauf tae mysel' and hauf tae the driver. "What's tae be dune? the caur canna go tae the side, and it's against a' military rule for armies tae divide, tae let onything go through the middle, and we'll no be the first tae dae't, neither will we retreat! So what's tae be dune? I doot thae mules'll hae tae gae in, some way or anither! What d'ye say, driver?"

"Begorra if yez don't clear out I'll make them 'lep' over ye, by this and by that I will," was the driver's reply.

"Will ye?" says I. "Men, fix the bayonets, and prepare tae receive cavalry! Kneel doon, you in the front raw, so as to let them behin' ye see ower your heids! Noo, my braw Invincible, ye can 'lep' ower us if ye like! Ring your bell, guard."

The guard did ring it, and when it rang the adjutant's horse walked richt forrit in amang the mules, wha began squealing and kicking the splash board; the passengers in the inside took tae the greetin', while them on the ootside laughed, and the guard and driver cried oot, "Polis! Murder!"

I waved my sword and cries, "Up, guards, and at them! Doon the Gallowgate, boys! remember on oor flag is inscribed the motto o' the 17th Lancers, 'Death's head or glory,' and are we tae be bate by three mules and an Irishman!"

Twa polismen cam' up at this, and they whistled, and somebody rang the fire alarm, and the 'Shaws fire brigade cam' fleein' doon, and twa mair caurs cam' behin' us, and they whistled and rang their bells, and the puir adjutant's horse, what wi' the bells ringing before him, and the bells ringing behin' him, got dumbfoonered and didna ken what they wanted him tae dae, so he began tae rin roon aboot till he got dizzy, and he tummled richt on the tap o' the big drum, and the drummer aiming a blow at him wi' the drumstick, struck me instead on the sma' o' my back, and then I cried, "A barley! A barley!"

When the commander o' an airmy gets "horse de combat," as they ca't, the army gets demoralised, and so there commenced a re'glar free fecht. We were like sae mony "Hals o' the Wynd," every ane foucht for his ain haun'. Ye wid see the drumsticks flourishing here, and the trumpets flourishing there. But I draw a veil, in fac', Bailie, I micht say a "table cloth," ower the scene. I disbanded the regiment on the spot, and as I hirpled awa' hame between two corporals, I wis trying tae min' that part o' Scripture that talks o' turning swords intae pruning hooks.

My thoom's gey sair sprained yet, but for a that we'll hae anither turn oot, only we'll go doon the Moss Road by Haggs Castle, whaur the voice o' the mule nor the whistle o' the tramway driver is no heard.'

[*Jeems Kaye*, First Series, pp. 29-33]

'A SCHOOL EXAMINATION.'

[Jeems Kaye elected to the School Board and immediately becomes chief examiner. On his first official visit he displays gross ignorance, tyrannises over the master and reduces the bairns to a howling indisciplined rabble; departing with a serene consciousness of duty well done]

'Haeing been returned triumphantly, Bailie, at the heid o' the *pole*—altho' there wis nae *pole* that I saw—as the working man's candidate (aye stick in wi' the working man, they hae maist votes) o' the Schule Brod, it wisna lang till I set aboot wark. At the first meeting I wis appointed principal examiner o' the schules, so I at once made it my business tae see that the schule-maisters under us were doing their duty. To this end I sent a note tae the head-maister, Mr Broon, saying I wid ca' in an' see if I approved o' the way in which the bairns were eddicated.

On arriving half-an-oor' before the time—it's best tae tak' them unawares—the maister took me up tae his platform an' made me sit doon in his easy chair, so that I could see the hale schule at once, as it were.

"Sit doon, yer honour," says the maister, "while I show you my method of moulding their tender minds into a proper discrimination so as to fit them to take their place in this busy and bustling world of ours," an' wi' that he made a bow tae me.

"If ye wid jist han' me up the taws," I says, "I wid feel mair at hame. Taws in the haun's of the principal examiner o' the Schule Brod'll be like the sceptre in the haun' o' the king, it shows his position an' adds dignity. Thank ye. Noo proceed," an' I put a peppermint drap in my mooth an' prepared tae listen patiently.

The schulemaister cries oot, "Dux in number four class begin."

At this the laddie got up an' read frae a book, "The travellers in five minutes were plunged into gross darkness, an' in other five minutes they—"

"Stop! stop!" I cries. "Guid gracious, Mister Broon, d'ye no explain as ye go alang? Noo, what is 'gross darkness?' " I says tae the laddie.

"Great darkness," he replied.

"Weel, in a manner so it is," I says, "but that's no a scientific answer; that's only a kin' o' guess. Work it oot by the rule o' three."

The laddie couldna answer, an' the maister seemed dumbfoundered, so I says—

"Noo I'll let ye see hoo tae dae it. Listen. Darkness. Ye a' ken what darkness is: it's after the sun has disappeared an' afore the lamps are lichted, an' a' is black an' dark. That is darkness. Weel, ye a' ken what a gross is? A gross is twelve dizzen—a huner an' forty fower—multiply darkness by 144 an' ye have the answer—'gross darkness.' "

Here a' the bairns gied a cheer, an' I says tae the maister, "That's algebra for ye. Gang on wi' the story."

—"in ither five minutes the travellers rested an' looked along the horizon—"

"What's that?"

"The horizon, sir."

"The horizon! Let me see. Ah, never mind that big word, we'll mak' that a pass-over. I suppose it's the name o' some French toon in the Heelan's, an' I'm sure nane o' us'll ever be there; but it's your duty, Mr Broon, tae explain a' thae things tae the bairns: that's what we pay ye for. I doot ye're no jist as weel up in your Latin derivations as ye should be. Weel, I wid like to try them wi' a coont or twa, an' alloo me tae say, Mr Broon, that if they're no better up in the coontin' than they are at the jography it'll by my duty tae report ye tae the Parochial Board tae get your Government grant stopped, or at least made a hantle sma'er. It's perfect nonsense tae keep up sich gran' schules if the weans are no kept better up tae the mark. Come 'ere you wee fellow wi' the red heid. Tak' yer slate an' mark this doon. If a cannon ba', going wi' double its usual ferocity, wis fired aff at Jamaica Brig at seven o' clock at nicht, in the teeth o' a strong north-west gale o' win', when micht it be expected (weather an' ither circumstances permitting) tae arrive at Demerara? Noo try that."

No ane in the hale schule could work it oot, an' Mr Broon declared it wis a question only fit for Professors in the College. So as I mindit that I had forgot the way tae work it oot mysel' I thocht it best tae say nae mair aboot it, an' I cries, "Weel, weel, bairns, jist keep min' o't an' try't at your leisure; and noo maybe Mr Broon'll gie us a recitation, and then I'll gie ye a hauf-holiday."

Mr Broon declared he couldna recite, but I grippit the taws an' says—

"Mr Broon, when I'm no here you're maister, but when here *I'm* heid man, representing the ratepayers, an' if ye dinna dae as I tell ye—recite or sing, aye, or dance the heelan' fling if I order ye—I'll jist hae tae gie ye a taste o' yer ain taws."

Here a' the bairns gied a cheer, an' the approbation o' thae innocent minds nerved me tae a sense o' my duty, so I rises up and adds—

"Mr Broon, come up at once. I'll gie ye five minutes tae decide on what 'll recite. 'The Ruined Cottage' or 'Young Lochinvar,' it's a' ane tae me, an' as this is my first official visit, an' I want it tae be a pleasant ane, I'll sing ye afterwards

> 'My auld mither de'ed in the year auchty-nine,
> An' I've never had peace in this worl' sin syne.'

Chorus, weans.

> 'For my auld mither de'ed in the year auchty-nine,
> An' I've never had peace in this worl' sin syne.'

The bairns a' began tae sing the chorus wi' me, throwing their bannets, at the same time, up intae the air, jumping ower the forms, an' hitting ane anither on the heid wi' their slates, an' it pleased me sae weel tae see their young spirits sae happy that I says—

"Man, bairns, if I wisna sae auld an' stoot I wid gang oot tae the playgrun an' hae a gemm at the bools or the rounders wi' ye in a minute. As it is, I'll let Mr Broon aff wi' his recitation for this time, and in the name o' the Queen I gie ye a' a hauf-holiday—aye, an' mair than that, here's tippence tae buy sweeties. It'll no be mony tae each o' ye, but that'll jist mak' ye the mair carefu' in the dividing; an' Mr Broon an' I'll awa' an' draw up a wheen new rules, for I see they're needit. Before I go, hooever, I wid like tae say a few words tae ye in the name o' the Brod whom I hae the honour tae represent. Weel, bairns, pay attention tae yer lessons an' tae what Mr Broon says; if he's no jist as clever as I wid like, still he does his best. Without eddication, bairns, this worl wid be like a howling wilderness tae ye. Look at what eddication has done for me—look at the proud position I occupy—an' ye may a' one day be raised tae the tap o' the very pinnicle I noo occupy if ye're diligent an' study the jography weel. Aye try tae be at the heid o' the class if possible. Still, as it staun's tae reason ye canna a' be at the heid, I wid gie a word of consolation tae them that canna manage tae get up. If ye're at the bottom never mind. In fac' I wis aye happier when I wis there, for if you're at the tap ye hiv an unco fecht tryin' tae keep up, but if ye're at the bottom your mind's easy. An' noo, bairns, we'll sing a verse o' 'Auld Langsyne,' an' then ye can rin awa' an' play yersel's, an' come back the morn, it is tae be hoped, wiser an' better weans."'

[*Jeems Kaye,* First Series, pp 45-8]

'A VOTING EXPERIENCE.'

[based on the idea that as democracy has to be paid for, it is logical to savour electoral experiences to the full]

'An awfu' business this voting, Bailie, and vera different frae what voting was in my young days. Then it was jollification and fuddling, and every man went up proodly and gallantly tae gie his vote and oot wi' the name before the world. Noo, it's a miserable, mean kind o' sliding intae a box wi' a curtain, and in fear and trembling taking up a pencil that's tied wi' a string in case ye pit it in your pouch, and makin' a scratch wi't, and then like a condemned criminal ye emerge frae the box, and under the eagle eye o' the Sheriff, or wha-ever he is, your paper is put in among the rest and a' is ower.

Last Saturday, after breakfast, I set aff tae exercise my privilege o' voting. I got intae the box. As the Sheriff was eating a hurried breakfast and couldna speak, he pinted tae a bit second-haun cotton curtain; and lifting it I was in the inner sanctuary. Takin' up the miserable lead pencil, broken short aff at the neb, I paused a meenet tae reflect on the gravity o' the situation. Here was I, Jeems Kaye, wi' a single stroke o' this farthing pencil, that even the maker was ashamed to put his name on, gaun tae decide the future o' this great kingdom, the "Britannia" o' the sang-books, "the home o' the brave and the free," &c., &c. As there was nae windows tae look at, I turned up my ee tae the roof o' the box and cogitated. "Whig or Tory," wha will I mak' happy the nicht? Slowly and hesitatingly I took the pencil up and was aboot tae gie it a flourish, when the string gripped and it flew oot o' my haun, and

Fig. 8. Jeems as Provost.

as I was searching for it, three or fower faces were keeking in, waiting their turn and pu'ing the curtain aside.

"Gentlemen," I said, "are ye aware ye are violating the sanctity and sacredness o' the ballot? Oot ye go till I exercise my birthricht o' makin' or marrin' this kingdom for the next twa-three years. 'To be or not to be,' as Tannahill says; will I record on tablets o' stone my distrust o' the policy o' the Government, or will I show them I fully approve o' a' they did? I"—"What on earth's keeping you in there?" says a voice. I turned roon an' there wis the Sheriff keeking in. "Mr Sheriff," I says, looking at him sternly, 'Are ye aware ye are only a paid servant o' the county, sworn tae keep the pencils sharpened, and alloo nae boys in? Go awa' back tae yer post, sir, and leave me, a free-born Briton, and a taxpayer, forbye an elder, tae record my vote according tae my conscience. Hoo daur you, and thae three faces behin' ye, presume tae prejudice my vote, eh?"

"But these gentlemen want in to vote, too," he says.

"Weel, put up mair boxes," I says, "am I tae be discommoded because o' your defective arrangements? When I come here, sir, I have a richt tae cast my mind's eye back ower the vista o' the years the Government has been in, and wee in the balance a' the oots and ins o' the acts passed and un-passed, and a' that, ye may be sure, will tak' a little time. I think ye had better advise yer freens tae go and get breakfast and ca' in as they come back, I daresay I'll hae totted it a' up by that time and decided for weal or for woe. Noo, I'll begin," and I drew the auld curtain and shut them oot. Nibbling the pencil, and it was gey hard, I set tae think. Noo some may say I micht hae done a' this at hame, but then I say, what's the ballot boxes put up for, eh? or wha bears the expense o' them? Me and the like o' me, and I like tae get the worth o' my money some way or anither. I nibbled awa', and then there was an awfu' noise ootside, and I heard the Sheriff saying, "He's in there," and then the curtain was drawn aside and a fine big polisman wis seen, and he says tae me:—"What she'll do there?"

"Voting," I says; "voting as hard as ever I can; an' michty dry wark it is—no even a tum'ler o' water provided for us. I'll ha'e tae write tae the fiscal aboot it."

"She'll better come out twice as quick as evermore. She's been in twenty-five or nineteen meenents"—

"My freen," I says calmly, "recollect my puir rates are paid, an' I'm thereby entitled tae exercise my dearly-bocht privilege o' voting, an' I'm no aware that there's ony stipulated time for using the ballot-box. Every man has tae record his vote in a conscientious manner—mind that, in a conscientious manner—and yet ye wid daur tae dictate tae me, and hurry me, and maybe mak' me in my agitation mak'my cross upside doon; in which case, as the Sheriff will tell ye, the vote wid be lost, and the whole election hae tae be made ower again. Gae awa', man;" and I drew the curtain back again; and then I heard him muttering something aboot "getting [mair] polis," so I cried oot, "This is no a polis maiter, aye, or a Toon Cooncil maiter neither, this has tae dae wi' the politics o' the empire," and I retired again; but as the strain on my heid wis getting serious, I decided something must be done, and that speedily, so I keeked oot and says tae the Sheriff, "Are ye allooed tae write a few words o' advice tae the candidates on the paper?" "Oh," he says, "do anything ye like, and come oot." "No sae fast," I says, "I don't want tae invalidate the election, ye ken."

As there wis a great crood by this time roon the door, a' howlin' at me tae come oot, I says, "Ay, howl awa,' but posession's nine-tenths o' the law, and I question if ye wid come oot tae let me in; so jist hae patience a wee, I'll no be lang noo; only I must get the pencil sharpened, and I've forgot my knife."

"For ony sake, tak' the len' o' my pencil," says one; and I took it, and gaed in, and I thocht, and thocht; but as each o' the candidates had his guid points, I couldna mak' up my mind, so I did jist what ony sensible man wid dae in like circumstances, I put a cross opposite each o' their names; and so, sae faur as I wis concerned, I gaed them baith "fair horney."'

[*Jeems Kaye* First Series, pp. 58-60]

'ON THE UNDERGROUND RAILWAY.'

[on the new Glasgow underground, the predecessor of the clockwork orange, at this stage privately run by the North British Railway Company. At first, apparently, there was no lighting between stations, and journeys took place in stygian darkness. Now, however, hearing that the tunnels have been lit, Jeems Kaye and his wife Betty sally forth to try the new system]

'Dear Bailie,—Ye'll be wondering why I haena had a trip before this on the new Underground Railway, but the truth is that Betty wis frichtit tae go, as she had heard they had nae lichts. Last week, hooever, I said tae her that I had heard they had noo great raws o' lichts, an' that the hale place wis like an illumination, so the next day we gaed up tae Queen Street wi' fear an' trembling, for it was a queer sensation for auld folk like us tae be hurlin' doon ablow the hooses an' streets. Getting oor tickets, awa' we gaed tae the heid o' the stair, where we saw a sign up, "Shew your tickets." Thinks I, the North British Railway Company are coming oot in a new way noo—as reformers o' oor spelling. I used tae aye spell it "show," but maybe I wis wrang. Betty cries, "Oh, Jeems, I doot it's no safe yet, for ye see we've tae shew oor tickets for fear o' us lossing them in a collision. I wish I had brocht my needle an' thread; I could hae stitched them on tae your coat sleeve." But I explained tae her it wis jist an improved way o' spelling. Awa' we gaed doon a wheen stairs intae a dark place that put me in min' o' yon caverns o' pandemonium ye see in the pantomimes, an' in a wee up comes oor train, an' in we bundled, an' wi' a shriek we plunged intae darkness.

Oor carriage wis gey crooded. On one side next the window wis a young lad, an' I wis next him; opposite him, at the ither window, wis a young lass, an' Betty sat next her, an' next tae Betty wis an auld fat wife wi' a big basket, an' then twa laddies an' a wheen ither folk. The lad an' lass were evidently coortin', but the lass looked as if she had been in the huff wi' him aboot something, for she held her heid awa' frae him, an' flattened her nose against the gless. Maybe he had been poppin' the question afore we got in. "Hooever, it's nane o' my business," says I to mysel', "we've a' tae dae that once in oor lives." As there wis nae appearance o' ony lichts, I wis a wee nervous, but I held in my breath an' sat still till I hears a voice saying in a whisper, "Oh, Leezabuth, will ye no turn roon?" Then in a wee, "Leezabuth! I say Leezabuth, will ye no look at me?" As Leezabuth is my wife's name, I thocht it wis somebody speaking tae her, so I put oot my haun in the darkness tae try tae guard her face frae whaever wis speaking tae her, an' I hears in a hoarse woman's voice that wis nut Betty's "Auld man, jist keep yer hauns tae yersel', or I'll gi'e ye in chairge tae the polis." So I drew in my hauns an' sat as far back as I could, an' jist as I did that, a female face fell on my neck an' kissed me, an' said in aboot the sweetest tones I hae heard for mony years, "An' it wis angry wi' its Lezzie, was it? Oh, ye're my ain wee doo after a'."

"Am I," says I, "yel' excuse me, mem, but this is hardly the proper place for coortin', especially a man that micht be your gran'faither," an' whatever it wis gaed a lood squeal, an' my ain Betty cried out, "What's wrang, Jeems? Are ye feelin' faint?" when the fat woman exclaims, "It's that auld hoary-heided ruffian trying tae kiss me." Then the twa laddies that were in the ither corner cries:—"This is better fun than the caur," an' they began tae whustle wi' their fingers, an' one o' them reached ower a walking-stick on chance, an' knocked my hat doon ower my heid.

"Michty me," says I, "this bates a'. Wha did that? Wis that you, mem, you wi' the basket sittin' forenent me? If it wis—"

"No, it wisna me, but that wis me, ye dooble-dyed auld reprobate that ye are," an' she cam' doon ower my knees wi' the basket.

"Oh, Jeems," cried oot Betty, "I wish I had gaen in ane o' thae penny boats; they're no verra clean, but it's aye daylicht wi' them."

Jist then the train arrived at one o' the lanterns. Bailie, the science an' skill o' the age is extr'ornar, and the North British Railway evidently spare nae expense in takin' advantage o' it. Being new tae underground railways at first, they couldn't be expeckit tae ken that lichts were needit, but after a lot o' indignant letters tae the papers, an' a collision, they put their best foot foremost, an' then triumphantly exclaimed, "*Noo* we hae the tunnel lichtit up. *Noo* the nervous needna be feared. Noo come wi' your pennies, an' see what we've dune for ye." So this wis one o' the lichts! It wis for a' the worl' like a spunk struck suddenly, an' then blawn oot in the middle o' a big kirk on a dark nicht. Past the licht we flash before we could even see the darkness we were in, an' then—I suppose it wis ane o' the laddies—something grippit me by the ankles, an' "gurred" like a dog, an' when I made a dive sideways oot o' its road I cam' against a decent, quiet man that wis takin' a smoke, an' no' speakin' tae onybody, an' he leant ower tae me an' whispers, "Leezabuth's ower at the ither corner—ye've turned the wrang way." At this the hard-voiced woman wi' the basket says, "Is he at you noo? he's perfectly ootrageous"; an' I cried in my vexation, "For guidness sake, Betty, whaur are ye?" "I'm here," says the young woman. "Hut, tut! it's no' you," I cried, "it's—"

"Keep a grip o' your purse, mem," I heard the hard-voiced woman saying, "he's no' canny that man. I wish we wid come tae anither licht. Oh, there's ane—huch, it's awa' already. Has naebody a match?" Evidently naebody had a match, so we sat still an' listened tae the beatin' o' oor herts.

"Wid ye like tae come ower beside me?" I whispers across tae Betty.

"No, I widna," cried oot the fat woman—dod, Bailie, that woman seemed tae be a' ower the carriage—"but if there's law an' justice in the land, my man, ye'll get it when we come tae Finnieston."

"Will ye wheesht, woman," says I; "I'm no' speakin' tae you at a'."

"Bow, wow, wow," cam' frae the faur-awa' corner, an' somebody cried, "Rats, Towser," an' then there wis a great scuffling an' worrying like, an' Betty cried oot, "Oh, Jeems, this is awfu'. I'm fenting. Oh, for a drink o' water."

"Here, mem," I heard the fat woman saying, "tak' a sup o' this. Wait till I see if it's no the bottle wi' the cough mixture. No; here it is."

Noo, it seems that the mention o' a bottle livened up the quiet man, an' he put oot his haun an' grippit the bottle, an' after refreshing himsel' he handed it back tae the owner, wha asked, "D'ye feel better noo, mem?"

"I canna say I do," says Betty.

I thocht it wis time I should help my wife, so I reached ower, but I happened tae touch the bottle, when the owner screamed oot. "He's after the bottle noo," an' there wis likely tae be anither row, only we arrived at Charing Cross Station. I thocht I wid get out afore we cam' tae the polis office at Finnieston. When we stepped on tae the platform, I says tae Betty, "Sit doon here a wee an' get your breath, an' I'll tak' a smoke tae settle my nerves." So we sat doon on a sate, an' I had a crack wi' ane o' the porters.

"Man," says he, wiping his broo wi' his nepkin, "this is awfu' wark. We're doon here a' day, for a' the worl' like yon bears doon the pit in the Zoological Gardens. We can see naethin' either tae the richt or the left— naethin' but the sky abin, an' oor lives are terrified oot o' us. The trains go scooting oot an' scooting in like rats rinning intae a hole. In fac', sir,' if I don't get a chinge I'm going tae ask for a 'rise,' for this'll tak a guid few years aff my life. But yon lichts is a great institution, sir, they quite enliven ye. I'm sure ye felt quite prood when ye cam' tae one?"

"I did that," says I; "I thocht so much o' them I wis wishing a' the time there had been hunners o' them instead o' dizzens."

"That's what a' the passengers say, but we hivna ony lichts past this—frae this tae Finnieston there's nane."

"D'ye tell me that?"

"Aye, it's a fac'."

"An' hoo's that?"

"Weel, ye see, a' the folk that writes tae the papers come oot here, so there's nae need's giein' lichts tae the Finnieston folk; it wid jist be throwing awa' money giein' them lichts."

Betty an' me cam' oot, Bailie, an' putting her intae a caur, I went up ootside, and, lichtin' my pipe, I thocht tae mysel', "Happy Finnieston folk tae

Fig. 9. The Briggate Slum.

hae a philosophical spirit under trying circumstances, wha widna imitate you? but I'll hae nae mair o' the Underground Railway till they treat us decently and gie us lichts." '

[*Jeems Kaye,* Second Series, pp. 5-8]

'THE ORGAN QUESTION.'

[one of relatively few papers on the kirk. Except for an almost routine anti-clericalism, the kirk as an institution was practically ignored by the new wave of vernacular writers, which rather contradicts the modern stereotype of the churchy Victorian Scot. Indeed Kaye is the only one I can recollect who speaks about a kirk connection, and even then not very often; anyway, Kaye's kirk is puritanically austere in the old Scotch style, a rock of doctrinal orthodoxy in a sea of shifting beliefs and quite uncontaminated by ecclesiological falalls...as yet]

'A'tho' I'm an elder, Bailie, I don't think I ever tell't ye aboot oor Kirk. Weel, you maun ken that we're o' the rale auld-fashioned covenanting sort. There's nane o' yer hurdy-gurdys an' stained-gless aboot us. And by the same token oor minister has naething in common wi' the young anes that wear lang coats an' indulge in new-fangled notions; the kind that when they see they canna gain popularity for their preaching, start a' sort o' doctrines. One, for instance, is for daeing awa' wi' Auld Sandy a'thegither, anither says there's no sich place as "So-and-So," while a third alloos that, after we dee, we revisit the earth in the bodies o' dromedaries an' hyenas an' sich like, keeping guard ower the folk we left behin'. Indeed, the maist o' them turn everything upside doon jist oot o contrariness, till at last ye dinna ken what tae believe. No, oor minister is sound. He believes jist the same as I dae. I never need tae sit watching him for ony heresy; I can fold my arms, like back in my corner, shut my eyes an' gang tae sleep, quite certain that in his hauns everything is safe as if I was in the poopit preaching mysel'.

Nor hae we a paid quire that sit on elevated sates an' hurl operatic music doon at the puir sinners below—puir bodies that are never vera sure whether they're at the Italian Opera or in the Kirk. Oor quire is a voluntary ane, an' they sing extr'ornar. Ye'll see the precentor waving his hauns in the air at sich a rate that ye wid think he was leading the hale Choral Union. I notice, however, that the quire jist let him wave awa', never fashin' their thoom. As ane said tae me, "they ken the music as weel as him." One o' my dochters is in the quire, an' I never look doon at her sitting there but I think on that sang ye hear so often aboot some blacksmith that had a "smiddy" under a spreading chestnut-tree, an' he, like me, used to sit wi' brawny arms an' look at his dochter singing on the Sawbath days.

I've already said that we've nae organ, but lately some o' the younger folk, declairin' that we must keep pace with the times, got up an agitation in favour o' ane. My auld frien', Mr M'Cunn, an' me, an' twa-three mair focht sair against it, but it was o' nae use. I gied them a lecture one nicht on the errors of Popery, wi' special reference tae organs, an' I said that if they *must*

Fig. 10. Archibald Macmillan, creator of 'Jeems Kaye'.

hae a musical instrument I wid propose that they gat bagpipes. The pipes, I said, were the national instrument o' Scotland. They wid be chaper than an organ, an' I wis bound tae say that, if we had a fine big Heelan' man in kilts, sitting in the precentor's box, and blawin' awa at the bagpipes, we wid sune hae the best-filled kirk on the South Side.

At the end o' my harangue I banged my haun doon on the table before me; I shook my nieve in the organ proposer's face; I said I wid leave the kirk; bit, Bailie, a' my eloquence, as Jeems Martin wid say, wis like spittle on a tailor's goose. They jist laughed at me. I wis narrow-minded, they cried, oot-o'-date, &c. One o' them, mair argumentative than the rest, put forrit the plea that they had had a harmonium in the Sunday skule for the last twa or three years, an' that it hadna dune ony harm. At lang and last a show o' hauns wis taen, an', as I suspectit wid be the case, the only followers I had wis a wheen auld, bauld-heided men and the precentor. When I sat doon the precentor said to me, "Thank ye, Mr Kaye, ye did weel; ye've a noble hert. But oor trade's doomed! I see that."

Weel, tae mak' a long story short, it was carrit that we were tae hae an organ, an' we began tae gether siller. I said I had been honourable bate, an', as I wis in the minority, it wis only reasonable tae suppose I wis in the wrang. I harboured nae illwill, hooever, and wid subscribe mysel'—thirty shillings wid be my subscription, an' I thocht that wid go a guid way; but, if they were sair pressed, another five shillings widna' break me.

Ane, at this, got up an' said that an organ wid cost near a hunner poun'.

"A what?" says I; "a hunner poun''! Lord, that's an awfu money tae pay for a thing we can dae withoot. But I'll tell you what," I went on, "I had a crack ae day wi' ane o' thae Italian men that gang aboot wi' an organ an' a monkey, an' we micht hiv him some week nicht withoot the monkey, an' hae a trial o' his instrument."

This wis agreed tae, an' we arranged accordingly. The organ played "Auld Hundred" an' "Martyrdom", an then a wheen secular tunes; but the Italian showed me a pin an' the word "repeat," and said when he pushed the pin tae this word, it wid play awa' at that tune as long as he likit. The meetin' wis ca'd for the Oddfellows' Hall, jist beside the kirk. The nicht cam' roon, an' wi' it cam' the biggest congregation we had had for years. There wis a collection "tae defray expenses." I drappit my humble penny intae the place, an' listenin' tae hear if there wis as mony clinks o' ha'pennies as I had weans behin' me—ane for each—I walked intae a front sate in the gallery, jis for a' the worl' like my ain pew. I saw the weans seated properly, an' mixed weel up between Betty an' me, so as tae keep them frae jaggin' ane anither wi' preens, or fechtin' for the books. This done, I turned hauf roon, an' reclined back in the corner. A' my arrangements had been made. I had had a guid dinner an' a bottle o' porter, an' I wis at peace wi' the hale o' minkind. Even if it had been my laddie, that rins oot wi' the hunnerwechts, I think I could hae gi'en him a clap on the heid and a wheen lozenges; an' he, o' a' the worl', is the ane that puts me oftenest in an unchristian temper. Indeed, there wisna a body in the hale toon I had a grudge at—a child could have played wi' me.

The Italian wis there wi' his ear-rings, an' his face washed in honour o' the occasion. I suppose it wis the first time he had ever been connectit wi' a kirk in his life. He wis stationed awa' up in a corner o' the back gallery, an' he wis tell't when he saw the folk risin' he wis tae begin. A verse was gi'en oot, the folk got up, the organ pealed oot "Auld Hundred," an' everybody wis delighted. We a' sat doon, an' the minister said a few words, an' hoped that the opposition wid be silenced; for, if a common street organ could mak' sich melody, what micht we expect tae hear when we got a big ane costing, maybe, a hunner poun'.

Then anither verse wis gi'en oot, the folk got up again, the precentor waved his hauns, the quire started, an' the organ began—"The Floors o' Edinburgh!"

"Guid gracious," says Mr M'Cunn, reaching ower tae me; "that's no a psalm tune, Mr Kaye!"

"It must be," says I, "for there's twa saum tunes come thegither in that organ."

A' the same, hooever, I saw that something wis wrang, for the minister began tae wave his haun'. The organ-man thocht this wis a signal tae play faster, for he began tae ca' the haunle roon at an awfu rate, an', before we could say a word, he ran intae "Nancy Lee." But this wisna a'. What wis oor dumbfoonderment tae see, creeping oot frae below the man's coat, a guid-sized monkey, wi' a red swallow-tail coat an' a blue bonnet! On comin' oot, it sat doon on the tap o' the organ an' began tae crack nits.

The minister put his haun' on his broo, an' said—"Oh Mr Kaye! Mr Kaye! ye'll hae my hert broken."

"Weel, sir," I says, "I did it a' for the best, an' ye may be thankfu' it's no in the kirk; an', seeing it's no', I wid propose ye jist let him play awa'—it'll come roon tae the richt tune by and bye."

"Mr Kaye," he replied, "I'm afraid ye did this tae try an' bring ridicule on the organ movement."

"O, no, sir; as sure's death I didna", says I. A' this time, the organ wis grindin' awa' an' when it commenced the "Sailor's Hornpipe," the monkey got twa wee brass plates oot, an' clappit them thegither, an' the women held up the weans tae see it, an' began tae sing dum, dum, de dum, dum de diddle, diddle dum!!!

"*Silence* wi' yer 'dumming'!" I cries oot, as I stood up in my sate; an' then I cried tae the organ-man—"Put in the sneck an' change the tune, ye unhallowed maccaroni-eater, or I'll ding you an' your monkey throo' the window. Wis it for this I engaged ye, eh?"

He gied the monkey's string a shake, an' cried oot, "Bon! Bon! Jacko!" an' it took tae climin' up the window, an' the weans a' hurrahed! an' the laddies began tae whistle, jump ower the sates, and throw their bonnets at the monkey, while the minister buried his face in his nepkin.

I got Mr M'Cunn, the beadle, and twa-three mair, an' we gaed up, an' catchin' the organ-man by the shoother marched him oot tae the close mooth, where he, in broken English, tell't us his ain organ had gaen wrang, an' he had tae get the len' o' anither man's. It seemed, tae, that he had thocht the meetin' wis a soiree, so he brocht the monkey tae divert us.

Bailie, I paid him his fee, an' wishing I could wi' safety hae gien his monkey's tail a nip, I an' the ithers gaed awa back tae the hall, where the minister wis telling them that after what had happened, he wid propose that the name of Mr Kaye be taken aff the organ committee.

"Then,' I says, interrupting him, 'ye'll tak' my thirty shillings aff the subscription sheet."

"Weel, Mr Kaye," he replied, "we'll keep on your name, as I am convinced it was thro' your zeal ye erred, an' we'll say nae mair aboot it."

The folk hurrahed at this; so after a' the meetin' broke up in harmony. We're aye gathering awa' at the siller yet; in fac', there's some talk o' us haeing a bazaar tae get the money quicker.'

[*Jeems Kaye,* Second Series, pp. 13-17]

'THE WHEELBARROW.'

[on the Victorian penchant for athletic stunts and sporting wagers; Kaye's purpose in personally delivering a load of coals for a customer in Crossmyloof in the company of the one-legged town clerk of Strathbungo, Mr Pinkerton, is seriously misjudged]

'Trade, Bailie, is vera bad, awfu' bad, indeed. I whiles think the folk in Stra'bungo hae gien up using coals a'thegither. The ither nicht, while takin' my smoke at the fire, an' thinkin' o' what wis tae come ower us a', Betty interrupted my meditations by readin' oot o' the paper aboot a woman haein' started frae Falkirk tae hurl a perambulator tae London an' back wi' an infant o' echt month auld in it.

"Michty me," cries I, "that cowes a'! Upon my word, I've a guid min' tae rig oot a barrow an' start for London mysel'."

This talkin' aboot the wheelbarrow put me in mind that I had forgotten, clean forgotten, tae sen' a hunnerwecht o' coals tae a guid customer oot at Crossmyloof. So I put on my hat an' ran doon tae the coal ree, where I wee'd oot a hunnerwecht an' shovelled it intae one o' yon wee trucks, yon square things wi' twa wee iron wheels an' a lang iron haunle. My laddies were a' awa' for the nicht, but I hope I'm a conscientious man, an' I hope I'm no above my business, so rather than let a customer hae nae fire for his breakfast the next morning, I buttoned by coat, an', grippin' the haunle, I set aff wi' the barrow. Jist as I got oot tae the pavement, Mr Pinkerton comes alang after shutting up, an' he said he wid go wi' me for company. So aff we set, he stumping alang on the pavement next the syver, and me hauling awa' on the road like desperation, for they're unco nesty things tae draw yon barrows, the wheels are sae vera wee.

Betty had looked ower the window tae see what wis keeping me, an' seein' me haulin' awa' she somehoo cam' tae the conclusion that I wis aff tae London for a wager, like the [Falkirk woman] so she rins up tae Mister M'Faurlan in the hoose abin an' tells them, an' beseeches Mr M'Faurlan tae gang efter me an' bring me back. He didna think twice but slippin' on his coat doon the stair he cam' as hard as he could, an' tel't twa-three that wis at the fit o' the close that the Provost wis aff tae London hurlin' a hunnerwecht o' coals for a wager!

Mr Pinkerton an' me hadna got much faurer than Princes Square till we took a rest,—I have'na been accustomed tae hard work this wheen years back—an' I wis lichtin' my pipe, an' Mr Pinkerton wis sheltering me wi' his big coat tae keep the match frae being blawn oot, when aboot a dizzen folk made up tae us an' gied a great "hurrah".

"Haste ye," says I, "an' shove the barrow oot o' the road, for here's the Salvation army, an' they'll be tumling ower it."

Hooever, jist as they cam' up Mr M'Faurlan cries oot, "Hoo mony days are ye goin' tae dae it in, Provost?" an' anither ane that had a concerteena began tae play "When ye gang awa', Jamie."

I thocht that maybe they had been drinking, so I never condescended tae answer, but I grippit the barrow an' set aff again. If ye had heard the "hurrah" they gied. Then they flung their hats up intae the air an' jumpit aboot, an' a 'Shaws caur coming up it had tae stop, an' a' the folk scrambled doon aff the tap an' joined the crood, an' the driver cried, "Weel done, Stra'bungo!"

I thocht it wis curious, but as they had as much richt tae the road as we had it wis nae business o' mine, so I hurled awa'. The crood seemed tae be a' bound for Crossmyloof like oorsels, an' it aye got bigger an' bigger. I noticed, besides, that they looked aye at me, an' I wid hear whispers such as "Man, he's plucky," "My, he's a rale weel put-on man," an' so on. Remarks like that, hooever, I, as Provost, am quite accustomed tae hear, so I never let on but hurled awa', an' Mr Pinkerton solemnly stumped alangside o' me.

At last I got tae a vera muddy bit o' the road, an' I turned roon an' says tae Mr Pinkerton, "Jist gie me a bit shove for a minute or twa," an' he being vera obleeging wis putting doon his hauns when one o' the crood grips him an' says, "Oh no! nane o' that! that's no fair." I wis dumfoonered, but I put on my maist Provosterial air, an' gathering mysel' up tae my full hecht, which is five feet three, I says in a withering voice—"An' what's your business wi' us, may I ask?"

Dod, Bailie, that shut him up, an' he slunk awa', while anither ane says, "Maybe him wi' the gemm leg is going tae."

"Of course he's going," says I, "he's tae keep me company."

"But he's no tae touch your barrow, is he?" says one.

"Weel, really," says I—

Jist then a woman pushed ower wi' a wean in her arms, an' she set it doon on the tap o' the coals an' says, "oh, jist hurl it for five yards, an' it'll be immortalised for a' its life."

"Weel, mem," says I, "if that'll immortalise your bairn, in wi't"; an' aff I set again, an' the woman walked by my side an' held the wean stracht, an' then an elderly female comes ower an' says, "Oh, wid ye tak' me?"

"Certainly *nut*," says I, "ye're quite able tae walk"; an' I began tae wunner why there were sae mony daft folk aboot.

It beat my comprehension, an' at last sae great wis the crood that I had tae stop, expecting them tae move on.

Hooever, they a' stopped when I did, an' some lichtit their pipes, an' ithers put their hauns in their pockets an' danced jigs. Then it struck me that maybe there wis something curious aboot Mr Pinkerton's leg; that it wis screwed on the wrang way, or something. I looked, but naething wis wrang that I cood see. Then I looked doon at mysel'—naething; I felt a' ower my heid—naething; I looked at the barrow—naething; so I got nettled, an', gripping the haunle, aff I set an' aff the crood set alang wi' me. I stopped; the crood stopped. It was incomprehensible, so I set aff again at a run. The crood ran, an' gied such a "hurrah" that three on' yon mules in a caur cockit their ears an' set aff at a gallop alangside o' me.

"Heth, he'll bate the caur," the crood roared.

I never let on, I wis that angry, bit on I ran, the mules ran, the crood ran, Mr Pinkerton ran, takin' twa haps wi' his rale leg for ane wi' his ither ane, an' as he skliffered alang he hizzed up an' doon like the mast o' a wee boat in a storm.

Oor entry intae Crossmyloof wis a triumphal ane. The folk a' cam' tae the windows, the crood got bigger an' bigger, the man wi' the cocerteena played "See the conquering hero comes," an' the rest beat time wi' their sticks on the window shutters; dogs growled an' ran up closes; an' weans were knocked ower like nine pins.

On I ran in the middle o' the road till I arrived at my customer, an' then I up the close an' emptied the coals doon at the door, an' awa' withoot my money, for I wis that angry I couldna trust mysel' tae speak an' ask for the seeven-pence.

When I got oot tae the street I turned hamewards, an' the crood seein' this cried oot, "He's bate a'ready," "Ah, he's ower stoot."

"Ye've lost your wager, Provost," says a civil auld man tae me.

"What wager?" says I.

"Weren't ye going tae walk tae London?" says he.

"Walk tae yer granny," cries I, "what put that intae your heid?"

"That wis what they said," he answered.

Then, Bailie, it struck me that they thocht that I, in the pursuit o' my honest business, was ane o' thae clanjaffray wha a' ower the country enoo are rinning awa' tae London wi' wheelbarrows. Man, man, but I wis humiliated when I thocht on't. Me, a Provost—But I stood up on the pavement an' tell't them that for once I wis ashamed o' my fellow-toonsmen. Indeed, I spoke so feelingly, an' yet sae sarcastically, that there wisna ane but felt ashamed. At last one cam ower tae me as a spokesman, an' says he, "Provost, we are humiliated, an' hope you'll pardon us, an' tae show that we're sincere, we'll hurl you an' Bailie Pinkerton hame if you'll alloo us." Then without waitin' for an answer, they put me in the front o' the barrow, wi' my feet hinging ower, an' seizing Mr Pinkerton they put him in the hin' en' wi' his feet hinging ower, or rather one foot hinging ower, an' the ither up in the air, an' set aff amid a cheering that wid hae done your heart guid.

Bailie, it was aboot the roughest hurl ever I got—worse than a tramway caur when it's aff the rails; an', besides, it wis faur frae being a smooth sate—there were a heap o' hard wudden corners aboot it. But think o' the honour; it wis like what they dae tae some great man when they tak' the horses oot an' draw his carriage.

Tae mak' a lang story short, I took as mony as it wid haud intae the coal ree, an' there we smoked an' tell't stories, while Betty, efter keeking through the keyhole an' seeing I wis safe hame again, went up the stair, an' poured forth her heart in thankfulness as she fried a finnan haddie for our supper.'

[*Jeems Kaye*, Second Series, pp, 50-53]

The Glasgow Clincher

1897-?1912

The editor of *The Clincher*, Alexander Wyllie Petrie (born c.1853, probably in Kilmarnock, died 1937), was a Glasgow hairdresser fallen on hard times who became one of the best known street characters in the city around the turn of the century. As 'The Glasgow Clincher' (he wore the name pasted on his hat) he would cruise around Buchanan Street, mild-eyed, immaculately dressed, dapper Paw Broon moustache, selling his small quarto paper, and keeping up a continuous stream of impromptu wit on the topics of the day. He was one of the last, and ablest, of the old 'street patterers'. He was continually harassed by the police and the burgh courts; they shut him up at least twice as a pauper lunatic, but Petrie buoyant and irrepressible, could seldom be kept off the streets for long. He had himself diagnosed as sane, and then proclaimed that he was the only certified sane man in Glasgow. (The implication being that everybody *else* was crazy). His writing is extraordinary, a mixture of Blake and Nietzsche, laced with his own bizarre surreal sense of humour. For the decade or so that his little paper survived, he inveighed with prophetic fire against the stupidity, greed and philistinism of middle-class Glasgow.

The Clincher had few advertisements, and any small return it made came from the editor personally selling it in the city centre. The paper was entirely written by Petrie under a number of pseudonyms, and it supported a large, imaginary, staff, including a typewriter (female typist), reporters, office boy, and lion tamer, all of whom commented trenchantly on their creator's *bêtes noires* in the Scotland of his day. Petrie regarded himself as an inspired fool lashing the corruptions of the age. *The Clincher* 'was intended to flavour society with a little morality in this french letter age of brutality.' (No.1, Vol.1, July 1897, p.3.), and the editor declared (No.5, Vol. 1, November 1897. 'I am quite conscious that I have to use wild, weird leaps and bounds of logic, to reach your feeble, piebald methods of thinking (or rather what you proudly, but ignorantly, call thinking).' He added, 'It takes a Brain to become insane, and I know it because I am not an imbecile. I am simply a self-conscious Fool, which is the highest Art, higher than Music, or Painting. And...you have put the only Editor you ever had with a Silver Cell in his brain, into a lunatic asylum, for being insane, because you have never learned to dream that the Editor of *The Glasgow Clincher* is the only Editor in the Universe who has manifested the Golden Sun Splendour of Transcendental Concentrated Race Experience. Yes. I am also the inventor of Petrie's Golden Petals for the Hair, and the Author of "Not Getting Old" and "Out on Bail," Yes, I am the Elect Dramatist of the age, and last (but not least) the Creator of *The Glasgow Clincher*—The clinching *Clincher* that clincheth. My fool name is Argus Alexander Misknown Petrified Wyllie Eirtep, [follows alphabet in upper case and

THE GLASGOW CLINCHER

No. 19. Vol. 2. Copyright.] JANUARY, 7. 1899. [PRICE ONE PENNY.

The Glasgow Clincher

—:o:—

BRITANNIA BRITIZER,—What is the wealth of this great country? Of course, you will reply money, but my reply is, morality. Yes, the mediocrity of matter follow on to the abyss of death, but the aristocracy of mind are led on the lines of eternal life. Now, Britizer, you have no money in the bank, because, as Mr. Ruskin would say, "Your gold has you in the bank." So, you see, money is nothing! mind is everything! A man with money—when he has lost it, and is sent to the street, has to yield to the cloven hoof of defeat; but the man who has a mind—he can overcome the world with his three fingers, just as the shepherd of old slew Goliath of Gath with a simple stone, then cut off his head with his own sword. But you are very foolish, Britizer. You don't understand a great pose, because you are led by the nose of public opinion. Therefore, puzzled with greed through policy—and you are diligent in business for fear of losing your trade, Britizer—you are unable to think: therefore, you make terrible efforts to find Darwin's missing link, but very few have the perseverance to displace a perpetual grievance, because, Britizer, your chief endeavour is to get undue [illegible]: and you are too deceptive to be simple. [illegible] the principal reason you are so silly, and those who are in poverty you always accuse them of improvident notoriety, because you unjustly punish the graceful unwary for their godly sincerity; and, Britizer, the good that a man does is systematically concealed, but the evil they blame a philosopher for is savagely revealed, and you heap on the most extreme punishment when an honest man manifests the spirit of a righteous discontent; and those who are in authority are always piling on unnecessary expenses, and with their seven-devil faces, growl at me when I tell them they don't act like prudent men in their senses. Of course, I know, Britizer, this will not agree with their lust, but they will unconsciously pretend it is preposterously unjust; but, Britizer, your faithful servant, Monson, in France, is not leading you a dance, and I shall leave the next generation of writers to explain the work of Lord Khartoum, because I have not forgotten that the high priest of public opinion went to the theatre the very night he received the message that the godly Gordon had been sent to his doom, and don't forget it, Britizer. Tommy Atkins on board a troopship—it is a shame how he is abused—you should look upon him as a hero, then you would not use him as a hog. Now, Britizer, the 25th of January is coming on, and some silly people will be amusing themselves commemorating the day Burns was born, but had my illustrious compeer been on the scene, he would have laughed them to scorn. Oh, Britannia Britizer!

EDITOR, "CLINCHER."

Our editor returns his heart-felt thanks to the people who have supported our paper from the day it started, but especially to the thinking people who wrote letters to the press demanding him out of two lunatic asylums.

*

Our lion-tamer allows that in the year '99 our staff will get on fine.

*

In the year '99 we purpose keeping our heads straight between our shoulders as we have done in the past; therefore, march round a cycle of masterpieces, and we are confident we will ring the bell, because we have an editor with a silver cell, therefore we are independent of frowns or favours, applause or maws.

*

No newspaper agency is complete without the *Clincher*.

*

Our cinematograph correspondent informs us that the shadow of the man we have on this page, there is a time coming when his enemies will acknowledge that he has manifested the greatest spirit of British pluck that has appeared in this age.

*

Just imagine a single creature robbed of everything he had and sent to the street by a bundle of ignorant brutes, then turning round and making a living by running a paper for nineteen months himself. Can anyone say the day of miracles is past.

*

Our ecclesiastical correspondent [illegible] that we are giving great offence to the Pope [illegible] Booth, but we hope when they are walking backwards with their frowns, they won't fall and break their crowns.

*

There would be more consideration in society, as Burns would say, if people would suppose a change of places.

*

There is a man goes up and down Buchanan Street with a snuff-brown suit on and a face like a crocodile.

*

We have been investigating the characters of some of the people who accuse our editor of insulting ladies on the street, and we find they have no respect for the morality of a woman.

*

Our type-writer was educated at St. Enoch's School. This was over thirty years ago, but it was one of the best schools Glasgow ever had. A gentleman the name of Sim was head master, and was said to be an excellent teacher. Perhaps he was like our editor, who got his education along with the colour of his hair.

*

The other day a carriage rolled up Buchanan Street, and before the machine stopped, a bold looking woman threw the door open against a passer by. This manish woman may have money, but she evidently does not know the meaning of being a lady.

Fig. 11. A W Petrie and *The Glasgow Clincher*, January 1899.

upside down and curiously punctuated], Barber, Vocalist, Instrumentalist, Scotch Carpet-Weaver, Ladies' Hair-Dresser, Dramatist, and Literature Editor. For this I am declared insane...'

But Petrie revelled in the imputation of madness: 'I am going about wearying for my next *Clincher* coming out,' he said, 'because I think the idiots will put me in Gartnavel the next time. I have been through Woodilee and Gartloch, and should like to get the experience of the swell dafties...' (No.ll, Vol. 1, May 1898, p.2). In issue No 5, for November 1897, there is a piece, presumably spoof, in which a reporter from the *Dundee Weekly News* goes hunting for Petrie while the latter is on one of his periodic stints in Woodilee. Eventually he finds himself in the Cowcaddens;

'A projecting barber's pole in Cowcaddens attracted me. I entered the shop. Two men were having their heads 'cowed,' and a hulking labourer was awaiting a shave with a black growth that would have frightened Sweeney Todd, the demon barber of Fleet Street.

"Petrie?" said the barber, when I put my query. "Oh, a'body kens Petrie. Yon man wisnae daft. He wis a wee bit queer in his notions—that's a'."

"Them's ma sentiments tae," put in the man under the barber's shears, wiping a hair out of his eye. "Look at the man's geynius. I'm tellin' ye there wis some rael clever things in the *Clincher.*"

The second man getting polled turned round in his seat, and gave us a gloomy wink.

"That's hoo they run him in," he said, with a mysterious nod. "Yon hits o' hees at the bylies an' ministers wur ower straight frae the shouther. Yon made them girn. Ay, the slops his been watchin' the *Clincher* frae the first, but he's ower mony for them. He'll hae somethin' great about the Asylum an' the ither dafties in the next *Clincher.*"

"I want you to tell me where I can see Petrie," I said. "I want to have a crack with him. Where can I find him?"

"In the Asylum, of coorse," instantly responded the knight of the shears. "Did you think he wis oot? Oh, no; he'll no be oot till Wednesday. There's Jimsie, ma apprentice, wis oot at the dance at Woodilee on Friday nicht, an' kens a' aboot it. Wisn't ye, Jimsie?" Jimsie looked up from the prison crop he was giving to the second chair, and remarked with an air of importance—"Ay, wis I. Ay, and I saw the 'Clincher' tae. He wis looking awfu' weel, wis the 'Clincher.' It wud a dune ye guid to see him leading aff the graund march at the feenish. Yon man daft! There's no' a daft hair in a' his heid."

"And he's not to be out until Wednesday?"

"Not him," responded Jimsie, finishing the "cowe," and taking on the big labourer. "Man, I believe the Asylum folk'll be rael sorry to pairt wi' Petrie. He's been graund company for them. Besides, it's no' offen they've an editor oot there."

Thanking Jimsie and his master for their information, I beat a retreat...'

A lot of Petrie's writing is wildly extravagant—for example he accused Gladstone of keeping a private assassin, a Sultan called Abdul the Damned, who crops up all over the place—but at his best, he was a brilliant phrase maker and epigrammatist. 'This', the masthead declared, 'is the Rockbed of Scotch Common Sense.' Just occasionaly, it was...

[For further information on Petrie, see: Neil Munro, *The Brave Days A Chronicle from the North* (Edinburgh, Porpoise Press, 1931) pp.228-232; James Speirs, 'The Clincher was a Character' in *The Chiel and Glasgow Review*, No.4, 1947, pp.10-11; and Bob Morrow 'The Glasgow Clincher', *Scots Magazine*, June, 1986, pp.282-88.]

'Unbelief brings in a low passion for middle class respectability. They endeavour to explain the Great Mind away. Then comes a bloody revolution.' [No 4 Vol 1 Oct 1897 p.4]

'We have it on popular authority that Lord Rosebery purposes wearing a pointed beard, but he may save himself the trouble, because the growth is irregular, and it would simply be the survival of an undeveloped scandal to pointed beards in general, because the great thing about a pointed beard is that it should be a well-bearded beard.' [No 1 vol 1 July 1897 p.2.]

'It takes terrible courage at the end of the nineteenth century for Christians to wear their own teeth.' [Same]

'...it is only a real sheep that can act the goat.' [No V Vol 1 Nov 1897 p.4]

'Born silly you can stammer through a college, but born thorough daft you can pass successfully through the lunatic asylum.' [No 6 Vol 1 Dec 1897 p.2]

'Get the "*Clincher*", and it will save you the trouble of going into the blues when you are coming off the booze.' [No 7 Vol 1 Jan 1898 p.1.]

'Since the Battle of Bannockburn they have been wanting a real Newspaper Editor in this country. They have got one now, and he is a "Clincher" that clincheth.' [No 7 Vol 1 Jan 1898 p.3.]

'Education is an admirable thing, but there is nothing worth knowing that can be taught. One has to learn it for one's self—even going right daft.' [No 7 vol 1 Jan 1898 p.3.]

'You are as ugly as a street.' [No 8 vol 1 Feb 1898 p.3.]

'...the great majority of people in this country are made hideously ugly with vulgar education.' [No 9 vol 1 Feb 1898 p.3.]

'The *Clincher* is not only for reading, it is for eating.' [No 9 vol 1, March 1898 p.2.]

'A'm no' a man; a'm a Glasgow Bailie.' [Same p.3.]

'Sauchiehall Street is the finest street in Glasgow for showing off a procession of fish suppers to advantage.' [No 9 vol 1 March 1898 p.4.]

'The policemen of Glasgow are warned not to laugh at the daft 'Clincher'' on the street or they will lose their situations. If they wish to laugh, they are to go up a close and do it.' [No 10 vol 1 April 1898 p.3]

'Everybody takes an interest in you when you are right daft; they come and hand you pennies in case you take a turn and bite them'. [Same]

'I exclaim, humour is the greatest gift the Creator can bestow upon the creature. Verily, verily, humour is a flash of eternity bursting through time.' [No 12 Vol 1 June 1898 p.1.]

'Jean M'Farlane on Voteless Weemen.'

Weekly News, 13 January 1906

'Jean M'Farlane' had a regular column in the *Weekly News* in first decade of the 20th century. She addressed herself specifically to women, always beginning 'Neebor' Wives', but the whole orientation of the *Weekly News* was beginning to be slanted towards women readers at this period. The essay was published on the eve of the general election which resulted in the Liberal landslide victory of 1906.

'Oor mere men buddies in their wise stupidity hae declared that weemen shall hae nae vote, which, in my opeenion, is aboot the biggest piece o' arrant nonsense an' rank injustice ever recordit in oor history.

Hoo should weemen no' hae a vote as weel as men? That is a puzzle whilk has bothered me for mony a day. What wad this boasted Empire o' oors, or the wide world aither, be withoot the guidin' wisdom o' weemen, eh? No' up tae verra muckle I'm dootin'.

Weemen even at praisent rule the warl', but, oh, at what a loss, for they hae tae dae sae in a seeckond-handit kind o' way. They hae first o' a' tae rule their men, an' then let the men try on their haun's at the rulin' o' the world, whilk, unco' affen, they mak' a gey puir job o'...

There's a wumman I am unco weel aquaint wi' whase husband ackually drank himsel' intae his grave, leavin' his weedie wi' a helpless femmily o' seven, a rickety coal cairt, an' an auld horse the same as gin it had been made in a cooper's shop.

That puir wumman took up the management o' a business whilk wis scarcely worth a docken, but, bein' a contractor's dochter, she kent a' aboot horses an' cairts, an' to manage an' a' the rest o't.

Weel, settin' a stoot he'rt till a stey brae, she stairted wi' that auld coal cairt an' the dune auld horse, an' she stack in till she gat a new horse an' cairt. Syne she got twa horses, an' syne she got three. She gat employment an' guid wages tae men, keepin' their wives an' weans in comfort an' independence, an' at this present mamment she has atween thretty and forty horses, an' abune a score o' men workin' till her, an' dependin' on her tae find wark for them tae gie them their weekly wages.

The mere men buddie governors o' oor nation hae decreed that a' thae men are entitled tae hae a vote in the government (guid or bad) o' oor country, but they likewise hae declared that their employer—because she is a wumman—shall hae nae vote.

Oh, wives, did ye ever hear o' sich nonsensical tomfoolery, eh? I'm thinkin' no. That wumman gies over a hunner pounds a year tae the sae-ca'd Government o' this country in rates an' taxes, an' yet hasna a single say in whaur it is tae gang or hoo it is tae be spent or squandered.

I ken anither wumman what is the heid proprietor o' a big millinery, dressmakin', and haberdashery bisness. In her lassiehood days she wis cruelly jilted an' deserted within a week o' her waddin' by a worthless scamp o' a mere man buddie. Sae she was never merrit—no, nor never will be, the sensible wumman.

She had a graun' heid an' clever fingers, hooever. Sae she stairted in busness for hersel' in a sma' wey, an' has noo a great big braw warehoose. She has aboot forty weemen an' lassies workin' till her, an' only twa men—wan tae clean the windies an' the bress name-plates, an' the ither tae look after the pownie an' trap whilk tak's hame the braw dresses an' bannets tae the gentry.

Thae twa men hae votes for Paurliament, but their ain mistress an' breed-winner canna be trusted wi' wan.

Noo, wives, is there no' something far wrang wi' oor system o' government, whan sich managin' weemen are not only refused a vote, but are shut oot frae renderin' service tae their country in oor great Hoose o' Commons? My conscience, whan I think o' the busness abeelities o' some weemen o' my ain acquaintance and think o' some o' the mere men poleetical candidates wha are cuttin' sich sorry figures on the platform at the praisent mament it fairly puzzles me tae ken whare the sense o' the thing comes in.

I suppose the feck o' the men fowk wha flock tae poleetical meetin's are jist like oor John—ready tae swally onything that's preached tae them. I hinna askit John hoo he intends tae vote at this election, but I hae haen hale fower canvassers at the door this past week, ilka ane o' them wi' his pooches stuffed fu' o' pamphlets an' picters o' candidates. Oh, "Mister M'Farlane" is in great demand i' the noo, an' there's as muckle election leeterature aboot oor hoose as will help tae licht the fire for a guid twa or three weeks. I jist wish thae canvassers wad bring a bundle o' sticks an' a wee pickle coals alang wi' them.

Eh, wives, it's really high time that we war up an' doin', for is it no terrible that oor men buddies dinna hae minds an' opeenions o' their ain? As fack as ocht, it has ta'en me a' my time tae be ceevil tae that canvassers wi' their vote-catching capers, an' I hae ta'en guid care no' tae lat on tae oor John whan they war at the door...

[a passage follows on the Women's Textile and other Workers' Representation Committee in Wigan sponsoring a parliamentary candidate pleged to introduce a "Weemen's Richts Bill"]

Tak' he'rt then, wives, and use yer influence as far as ye can tae help on the grand crusade. Mind ye, we weemen folk will only be helpit whan we help oorsels. Men an' men's Government are only daidlin' an' daudlin' wi' the busness sae faur as the real guid o' the masses are concerned, and that will never be richtly mended till weemen get the pooer they are noo sae sairly needin'. At least, that's the opeenion o'

JEAN M'FARLANE.'

'Orkney Dialect.'

Orkney and Shetland Miscellany, 1907-1908

'ORKNEY DIALECT', by J T Smith Leask, 'Read before the Glasgow Orkney and Shetland Literary and Scientific Association, 6th January, 1906.' in *Orkney and Shetland Miscellany*, 1907-8, Vol 1, part V111, pp. 317-27

[on the centrality of dialect to personal identity, intellectual outlook and social behaviour; why Orcadian should be taught in the schools; reflections on the way Gaelic is officially sponsored while Lowland Scots is not; strong anti-Highland sentiment in an author who knows and can use Gaelic; passages on marriage and courtship and the sense of community in the isles contrasted with the impersonality of the south. Several cuts have been made in the passage for reasons of space, but the glossary which accompanied it in the original source is given entire]

'Trou da hairst dat wanjoy Secretary o' wirs—Tamson—speered me gin I wadna gae a paper i' wir ain dialec. I telt 'im at aince 'at I hed been sae lang awa fae hame 'at feinty bit o' me minded on ony o'd, an' even gin I deud I hed tent da way o' makin' a dacent discoorse. Da common galloos wadna leed tae me, bit jeust pat me doon for id. Tae mak a lang story short, he sent a lang screed back tae me sayin i' high English "Thu're a leer." Noo, bairns, I pit id tae yersels, waas dat right? I wad hae taen da laa api 'im for takin' awa me guid name i' dat wey gin id warna 'at a' body kens laaweers ar' sic scoondrels dey wad hae jeust reuined is baith, sae I made ap me mind hid wad be better tae gcong aboot wi' a little wirt name nor loss da twa tree babees I hae...

I telt Tamson teu 'at siccan a discoorse is he waas tinkan o' wadna deu ava, 'cis a' the isles dudna spak the sam, for whit's mithertong i' ane's high English i' anither. Tae that da muckle gappis wadna leed, sae am here afore ye, an' I'se deu me best an' I canna deu better nor dat. Beesweel deunna lippen ower muckle, an' gin I faal, ye minna blame me, ye buist blame that Shetlan' gluffas—Tamson—for pitten me doon withoot me leave. Gin ye stairt ganan at the riff an' gantan as gin I'd been a minister at me seeventeenthly, I hoop wir Chairman 'ill putt api' me an' I'se stow withoot takan the trilcya.

Ye'll a' ken dat sax an' twenty year sin', a neufangled ting ca'ad "The Celtic Chair" waas begood i' the College aff sooth i' ald Reekie. Hid waas said tae be tae keep da Gaelic fae deean. Am seur miny a better ting's de'ed 'at could be waar wanted...Guid kens foo muckle siller waas begged, burrooed or staled tae pay for her wi'. Noo a' that waas seurly deun tae mak freens wi' da Ald Chiel, for hid's weel kent 'at Gaelic's the lingo dat's taaked i' da bad piece, an' hid's a lingo ye maun tak' siccan moothfos o' as wad ding da yackles oot o' a yearald golt. I'se wirran ye've a' hard o' the minister 'at waas spakan aince api' a time i' the Hielans, an' i' 'is discoorse telt da folk 'at 'id waas a gey ald language, sae ald dat he hadna muckle doot 'id waas the lingo Adam an' Ave coorted in. Peety me patience, bairns, jeust tae tink o' dat twa waistan deir time coortan, hid's aneuch tae scunner a scoottie allan whin hid's weel kent ane couldna help takan the tither, for deir waasna anither tae be haen, bit jeust like a' the lasses 'at's ever gaen efter the lads sin her time, sheu wanted tae be tized. I'se wirran sheu waas trang aneuch for 'im bit made adeu 'at she dudna mind a preen, the ald hedal 'at sheu waas. Efter da kirk hed skailed ae ald man leukid stootly doon i' the mooth, an' whin spiered whit he tou't o' the discoorse said 'e dudna like id ava, an' whin spiered gin 'e waarna prood tae tink da Gaelic waas sae ald, said "Na, cis if Atam an' Eve spoke ta Gaelic, ta teevil maun be a Hielant man," which nae doot's treu seean hid's been provan 'at Pontius Pilate waas born i' a piece ca'ad Glenlyon i' Pert! Da Ald Chiel an' Pontius warna jeust yamals bit dey waar seek cronies an' as tick as horse heds, [footnote in original: As tick as horse heds—a phrase meaning very friendly or inseparable] 'at 'id cinna be dooted ane waas a oe or eerie oe o' the tither, an' buist haa spoken da sam.' Noo, whin sae muckle's been deun for a dialec o' seek dootfil origin an' wi siccan pecuieer wirds 'at na or'nar bothy can forsta, whit soo'dna be deun for wir ain bony saft-soondin' hamely dialec' 'at even the peerie cheelders can spak.' True, muckle od's been forgotten bit lit's tak' care o' whit we hae an' ken o'd. A General Election's comin' an' feinty candidate soo'd be voted for what doesna mak' a solemn voo 'at 'e winna tak' rest annuder 'im till wir dialec's at laste ta't i' the skeuls gin no i' the Colleges...Tamson soo'd be telt tae write the morn neest tae wir M. Pay aboot 'id. Hid's amas tae gae 'im sonting o' eus tae deu. He gabs aneuch aboot a road tae Rackwick 'at lies somewhaar nar the ald Man o' Hoy, 'at wadna be o' ony eus till onybody, an' laste o' a' tae da ald man himsel' cis ee's gotten bit ae leg noo an' hasna been seen gan aboot dis lang while. Wir M. Pay jeust daves folk teu wi' 'is clatters aboot da trallers 'at am sheur never deud 'im ony herm, an' aboot ither poleetical faldaralls, fairilies an' lalls am dootin' he deusna ken ower muckle aboot. He maybe kens a peerie air aboot crampy grises an' kye includan eum bulls, owzen, an whyoos an' dippan sheep for scab an' kebs, bit sae far as da wants o' wir isles geong he's a stoopid amiter. For Guid sake gae 'im sonting eusfil tae deu or he'll geong intil a decline. Tell 'im gin 'e winna voo tae hae wir dialec ta't i' the skeuls, there's naither a stirlin', auk, gruely belkie, selkie, scarf, crab, lempit, hobbler, yirning, wilk, sheep, mare or bluidy puddin [footnote in original: These are parish nicknames] 'll vote for 'im. Sae might I trive dat wad gae the muckle ferrylouper a gluff gin onyting wad fleg 'im...

Hid's said 'at every lass gin sheu lives lang aneuch gets at laste ae offer o' the lang fee, sae da wirds i' which a lad may spier 'er is a maiter wirt kennan. A Heelanman wad say "Am pos thu mi m'eudail?" meanan i' English "Will thu' mairy me, me dear." Da lass's answer wad jeust be as ootlandish accordan tae foo sheu teuk it. Gin sheu said "Posaidh," sheu wad be sayan "A'll tak thee." "Cha phos!" wad be "A'll no hae thee," bit gin sheu said "Ha cabhag ort!" he wad hae tae coort a mont or twa langer for dan sheu wad be sayan "This is so sudden." Noo, whit lass wi' ony respec' for hersel wad say

"Posaidh" till siccan oncan wirds, am gey an sheur Orkna lasses onywey wad tell da chap tae lave her alane an' geong tae whar dey wadna fa' oot aboot the quality o' the Kirkwa' borewater. Am telt da neuest English wey is for da lad tae fa' doon api' 'is murro banes, tak' a had o' the lass's han an' stimmer oot like an alarm knock rinnan doon "I cinna had me tong ony langer. Me caddie lam, I like dee, seure's daith ever sin I met dee at Filtymires muckle supper, I hae liked dee. Sin dat e'enin' whin I teuk me first luk intill dee bony een thu're aye been i' me hert an' me tou'ts, an' withoot dee, withoot de love, withoot the light o' dee laich the ceulkie wad be dark an' life wadna be wirt livan. Am no tae blame for likan thee, foo could I help 'id, thu're the ae lass i' the wirld wha I like, thu're me peerie doo. Tak me an' I'se be thee slave a' me days. Heevan hidsel cinna be brighter nor whin du're aside me, bit I wad as seun be i' the boddam o' the bad piece nor hae thee no tae tak' me. Gin thu'll tak' me hid'll be heevan tae me, bit gin thu'll no hae me, A'll mak awa wi' mesel," an' a hale lock mair o' sic nonsince aneuch tae mak' a gibbie speu, bit 'e jeust means da sam as the Heelanman, only teuk langer tae say id, fyled da knees o' 'is bits o' guid Sunday pants, telt a lock o' lees an' deudna gae the lass a chance o' hadden ap 'er mooth like a peerie laveric leukan for a swinky fae hid's minny as lasses ar' sometimes said tae deu i' the sooth bae wey o' sayan "hm hm." Sheu cinna fa' gracefully intill i' skurt as ithers deu or sheu wad ding 'im ower, an' dan gin sheu waas a muckle ane sheu might smoor 'im or mittle 'im for life. A'body kens hid's da best position gin sheu's gan tae gae 'im the keek. Feinty lass wad say na till an Orknaman's proposal gaen i' da treu Nort Ronaldsha wey "Am come tae see thee, tae seek thee, tae hae thee, tae hae me, be it Guid's will an' thine 'at thu're tae be mine an' am tae be thine. I's gae thee ale at ale toime an' kail at kail toime, an' male a' the year roond, I'se gae thee a pair o' rivlins meed oot o' whoite horse hoide wi' rade tape tae toi them wi." Whit could a lass say bit jeust speir foo seun da buikan wad be. Of coorse afore the buikan da bottle buist be drunk an' dis teu shaws the beuty o' wir dialec'. His ald filloos 'ats waded da water kens whit 'id is tae geong an' spake tae wir guidfaither tae be, as buist be deune here i' the Sooth, bit hame aboot id's naething. Ye jeust get a guid sap o' the "Ald Man o' Hoy" or "Heelan Park" or "Skapey" an' geong tae the lass's hoose an' spier da ald man gin he'll tak' a drink wi' ye. Gin 'e says "ay" guid an weel, sheu's yeurs, gin "Na" ye'd as weel tae scoot afore ye get a' da ill deuans o' yer forebears haved at yer head as gin ye waar the caas o' oreeginal sin an' a' the ither sins 'at waas deun afore da fleud. Whin I waas a cutty rinnan chiel, an' dat waasna da streen, I kent a pair whar the bottle drinkan waas reversed. Jock o' the Geo waas a trowie coorly ting, sae Betty o' da Bout, pittan on da breeks 'at sheu never cust aff a' 'er days, gaed tae 'is faither, weel kent bae da eetname "Ald Cull" an' wi' nae ither preliminary bit a "haa, haa, haa" telt 'im strait "Am come tae seek Jock"—anither guid sample o' da beuty o' wir dialec' an' da pluck o' wir lasses. Sheu got 'im, ay fegs deud sheu....

Dan, leuk at da wey folk i' the Sooth bid till deir boorials bae letter, wi' deir "sirs," an' deir "compliments," an' "respectful requests," an' deir "I am, sir, your obedient servants." Jeust a lock o' hypocrisy an' blaw. Foo hamely an' touching waas da ald Orkna man's biddin' tae 'is wife's boorial bae wird o' mooth—"Boys, wad ye come an' gae's a lift ower da sand wi' the ald wife da morn at twal o'clock."

Dan, again, whin wir dialec's bean ta't, Orcadian guid mainers soodna be misglimed, an' foo bony id's tae leed tae wir politeness i' wir ain wirds. A sportie meetan a ald Rousa mare ca'd Jeemo o' da Bu i' the ebb, spiered 'im whit waas da name o' a peerie bit o' bird he saa rinnan aboot da noust. Hid waas a sinlic bit Jeemo kent fine hoo tae spake till 'is betters sae said "Weel, sir, hereaboot, sar, ye see, sar, we jeust ca'id a sandy laveroo, sar, bit am dootan, sar, hid's fancy nem'll be Alexander lark, sar." Anither time Jeemo hid da honour o' bean boatman till ane o' wir late Sheriffs whin 'e waas oot dere tryan tae sheut wild deuks or tammynorries an' ither seeklike fools. A' trow da day whiniver the Sheriff spak till Jeemo, Jeemo answered, "Yes, me lord" or "No, me lord"—hid jeust waas a case o' "me lord" a' day tae everything. I' the grimlins whin id waas aboot time tae geong hame da Sheriff teuk oot a bony siller flask fu' o' the best "Heelan Park" an' handan id' tae Jeemo telt 'im tae help 'imsel. Seek condescension fairly teuk Jeemo's braith awa, an' for a peerie meenit deudna weel ken whit tae say tae seut da occasion, bit 'is mainers cam' till 'is mind an' instead o' sittan api' da thaft wi' a mooth like a pate casie an' gannan at the Sheriff like a stoopid nowte, he made 'is boo an' haddan ap da flask tae da Sheriff afore tastan id said, "Here's yer vero guid health, me God."

Noo, am tinkan am said aneuch tae preuv tae ye a' dat wir dialec's weel wirt keepan ap, sae ye's ma'be mind on whit am telt ye an' vote for nane 'at'll no voo tae preserve id. Am deun noo.

J. T. SMITH LEASK.

GLOSSARY

*Words marked thus * will be found in the English Dialect Dictionary.*

Aisins, Sco. *Easings, the eaves of a house. In Stenness applied to the open space inside the house between the top of the wall and the underside of the slates in an open-timbered roof.

Amiter, Sco *Amitan, a foolish person. O.N. amatligr, adj. loathsome.

Atgangs, ongoings. O.N. atgangr, fighting.

Aval, to fall backwards. Sco. *awald. O.N. af-velta, cast, used of sheep that have fallen on their backs and unable to rise.

**Billie,* an old man.

**Buist,* must.

**Birr,* force, energy, vigor. O.N. byrr, a fair wind.

Bud, buddie, terms of endearment, resembling bird, birdie.

**Caridge, mither's caridge,* catechism; corruption of French, catéchèse.

Ceulkie, the circle bounded by the horizon.

Ceular, *cooler, a tub without lugs. A *say was a tub with two lugs through which the *say-tree was passed, by which it was carried on the shoulders of two persons.

Ceut, ankle; *coot.

Cleepoos, marle stone. In Sandey the word means cowdung dried ready for burning as fuel.
Crampy grices, young pigs affected with stiffness in the knee joints.
Digedoo, a game of tig, called pickoo in Stenness, played after harvest round the stacks; called dikiedoo in Orphir, "dickiedoo aroond the screw."
Eerie-oe, great grandson; *Eerie-eerie-oe,* great-great-grandson.
Eum, mad; *Eum bulls,* mad bulls. [Also used in Orphir in connection with bulls only and popularly explained as representing the made by a mad bull. A. W. J.] *Uim.
Fairilies, uncommon or strange articles.
**Feinty,* feint a, feind or devil a.
Galloos, a rascal, generally in a jocular sense. *Gallows.
Ganan, stairing with open mouth. O.N. gona, to stare sillily.
**Gantan,* yawning.
**Gibbie,* cat.
Grimlins, twilight.
**Harnpans,* skulls.
Hedal, light-headed, giddy.
Lalls, toys.
Live, palm of the hand.
**Misanter,* misfortune.
Misglimed, overlooked, negledted. *Glime
**Mittle,* mutilate, injure. O.N.mjatla, to cut.
**Mooswab,* cobweb.
**Mouch,* moth.
Murro-banes, *marrow bones, the knees.
Pisslin, this word has several meanings, but when joined with peerie, means slow in movement.
**Ploy,* dispute.
Putt, nudge.
Scourin booty, a woman's head cloth, like a small shawl, made of a piece of blanket.
**Scunner,* disgust, sicken.
Seustoo, do you see.
Sinlic, sandlark.
Swinky, long earth worm.
Trang, busy *throng.
Trilcya, huff.
Tullzied, disputed, *tuilyied.
Uddie, small; *peerie uddie,* very small.
**Wanjoy,* troublesome.
Whasacco, pretending. See Jamieson, quha-say, a pretence.
Why, quoy. Elders' Why, the enclosed pew or "quoy" where the elders sit at communion.
Wirren, warrant. *Awarrant, to vouch for, used always with future tense.
**Yackles,* molar teeth.
**Yamals,* of the same age. O.N. jafn-aldri.'

'Airchie Tait.'

(James Leatham) *Peterhead Sentinel*, 1903-1905

James Leatham was born in Aberdeen in 1865 and worked as a printer in the city. He was active in radical politics and edited the *Workers' Herald—A Socialist Weekly*, later working as a full-time organiser for the Marxist Social Democratic Federation. He became editor of the *Peterhead Sentinel* in 1897.

'Airchie Tate' began as a reply to something said in the local gossip column by the editor himself under one of his several pseudonyms. In the issue for 23 May 1903 he had drawn attention to a little temperance sheet issued in Fraserburgh and pointed out (rather mischievously) that as it bore no printers name, it was illegal. 'Airchie Tait' began the following week, May 30, 1903, developed into a regular feature and ran until the Autumn of 1905. What probably started as a device to push the circulation of the *Sentinel* in the rival town of Fraserburgh during a difficult patch in the paper's affairs, quickly became a personality in his own right and spokesman for the editor's own social and political views, growing in range, authority and moral seriousness as the months went on.

'Airchie Tait' is presented as a tough, independent-minded farmer living near the Broch. He is aging, with grown-up children who have moved away, and a sharp-tongued wife called Eppie. He lives in a changing world, with improved communications broadening intellectual horizons; a world in which the traditional Victorian certainties, like British commercial supremacy, free trade and *laissez faire*, the gospels of work and self-help, are palpably crumbling. He voices a general wariness of change, especially technologically-driven change: a feeling that things are not getting better in any real way as a result—indeed they may be getting significantly worse as the pace of life speeds up, and it gets more puzzling, complicated and dangerous. He has a philosophical turn of mind; he likes to reason things through, argue about abstractions, and take, where possible, an original line. The persona treats writing as a serious, even arduous, process because of the high degree cognitive skill it involves, and the care which needs to be taken to develop one's thought with precision and force by means of the written word. He is attracted to conventional subjects by the very difficulty of saying something fresh about them and aims consistently for originality based on systematic reasoning from first principles.

The measured sobriety of Leatham's prose is frequently illuminated by flashes of vivid observation. Here he is, for example, on the hideous din of contemporary city life—the city in question being Aberdeen:

> 'Abeen a'thing, there's the terrable soun'. It begins i' the moarnin' wi' a hunner bells, fussles, horns, and hooters for the wark-fowk—ye ken they wunna gyaung tae their beds in ony time-o'-nicht, an' it's nae ord'nar mineer 'at it

taks tae wauken thim. An' as the day draws on there's bells for the mulk, bells for the coal, yer ain doorbell for the poastie, an' a' day on there's pictur' mannies, stooki mannies, rag mannies; there's tawtie men, peat men, an' "pig" men; there's fish cadgers, traivelin' glaziers, sweepies, mannies sellin' sponges an' shammy leather, book-canvassers, shooin'-machine mannies, insurance canvassers; there's hawkers wi' plants in pots, hawkers wi' feather-disters, waxcloth, bamboo whatnots, and baskit-cheers (that cracks an' yists for half-an-oor aifter he've risen oot o' thim). There's men wi' balloons, an' candy, an' win'mulls, an' tin tootin' horns; an' there's coamin impident cyards an' thiggers o' a' kin-kin', 'at wid jist wurry the life oot o' Eppie an' me tee.'

['Airchie Tait on City Life.' 20 June 1903]

'On the Disadvantages o' Bein Gweed Natur't.' [11 March 1905], shows another side of Leatham, the social satirist, whose typical method is to pretend to espouse views he is actually attacking in order to expose their grossness, philistinism and moral delinquency. Ordinary sociability is a disadvantage in a thrusting commercial society, he reasons, because if you are nice to people they waste your time—and time is money. If you are nice to people they think you are soft and despise you; if you are generous to them they think you are a fool and exploit you: 'Dinna', he pleads, 'be mair nor ord'nar' ceevil. It's nae naitral in Aiberdeenshire. It wiz an Aiberdeenshire wumman 'at said her man hid been *sinseless* ceevil. Scotch fowk think 'at politeness is a sign o' waikness...'

The fullest and most explicit statement of Leatham's political views appears in in the essay 'Mair Prejudeece.' [26 August 1905—the 'Newcastle Programme' he refers to being that of the radical wing of the Liberal party]:

'I hiv a programme, 'at I believe in, as lang's a bull's pedigree—the Newcastle Programme's naething tull't. It taks in the Newcastle Programme an' hunners o' ither things 'at the ordinar' Loobral never sae muckle's thinks aboot.

Ti lat's get oor ain aul' Parlymint back in Edinburgh that was teen awa fae's bi gross corruption; ti gie the Irish a Parlymint an' lat them be free ti tak aboot their ain affairs in their ain wye; ti abolish the Hoose o' Lords; ti exten' the Crafters Ack an' gie men a chance o' bidin' i' the parish they war born an' brocht up in—Aw'm soun upon a' that an' a lot mair. I've teen in owre mony awcres o' bog nae ti be a believer in the nationalization o' the lan'. I dinna believe in the Great North Railwye takkin deviden's for bad-usin the public, an' I wid hae a' the railwyes teen owre bi Parlymint. I think the toon coonsl o' the Broch micht rin a fairm i' the ootskirts an' sell mulk i' the toon; an' syne there wid be nae suspeeshin o' tiddlyvinkin wi' the pump. The Broch gaswark's cryin oot ti be teen owre bi the toon; an' if a toon sells gas an' water I kenna foo it sidna sell coal am' mulk, an lat the profits gyang ti the common good instead o' gyaun inti private pooches. Foo sid the Brochers hae ti pey five shullins the thoosan for their gas fin you Peterheid fowk gets for three an' saxpence?

Weel, Aw'm thinkin it's nae ilky een o' yer pairty men 'at wid be ready for mizzshurs o' that kin'. So that if Aw'm reddy for the ord'nar' pairty programme, an' the pairty men's nae reddy for my programme, they've naething ti say ti me, like, hiv they?

That gies me the courage ti say 'at Aw'm nae a pairty man. There's some things I want, an' Aw'll tak them fae ony pairty, an' for the maitter o' that, work wi' ony pairty ti get them; bit yer ordinar' polateeshin blesses a'thing 'at comes fae his ain side an' bans a'thing 'at comes fae the ither. I canna oonerstan' that wye o't, an' it's a sair hin'er ti progress.'

Here, then, we have a Socialist, strongly influenced by the thinking of William Morris, (for whose Kelmscott Press he had done printing work), with a wide range of social and political interests, a fundamental seriousness of approach, an innovative and varied style, and an ability to reason abstractly in Scots— the most powerful of the later vernacular essayists, James Leatham. [For further information on this writer see *Popular Literature*; and Bob Duncan, *James Leatham (1865-1945)* (Aberdeen 1978)]

'AIRCHIE TAIT ON OPENIN' SHOWS.' [29 August 1903]

[on plain speaking; mutual improvement societies and their promotion of a superficial and affected book English for public consumption; a few of these fine linguistic fowls 'domesticated'; on pretentiousness in writing, especially the ponderous older newspaper style; this taste for traditional plainness, in this case in utterance, has obvious links with Morris and the arts and crafts movement; one notes, too, a distinctly idealist feel about this essay—everything is just a 'show'—i.e. a mere appearance, from physical nature to human institutions like kings and armies and empires]

'DEAR EDITIR,—Ye ken the wye 'at fowk hae o' spikkin' aboot a'thing nooadays as a "show." Fin I wiz a young chiel atten'in' the Myowtwal Improvement Societies—an' the maitter o' forty 'ear ago ilka kirkie had ti hae ane—we ees't ti try ti ca' a'thing bi its dicker name. The weemin' wiz a' "ladies" fin ye spak aboot thim in public. A man or an umman wiz aye a "pairty" or an "indiveedwal," or a "verra nice pairsin." A man's better-half wiz nivver his "wife"—that widna hae been consider't jist exackly polite or respeckfi: she had ti be his "leddy" or his "good leddy," an' an umman buddy at wizna merriet, or 'at wiz jist an umman body in the abstrack, as ye wid say, she hid ti be "a female." As gin there wiz nae females, like, bit weemin—as gin mears, an' heifers, an' bitch-dogs wizna a' "females." The newspapers at the time I spik o' wiz full o' lang-win'it sintinces, an' the sintinces wiz full o' lang-nibbit words. Nae self-respeckin' writer wid say "come oot" sae lang as he could write "emerge" or "emanate." Johnny Bright, amo' public spikkers, wiz ane o' the first ti get awa fae the coonfoonit nine-jintit, mak-believe, oonnaitral, up-upo' stilts wye o' spikkin'. He wiz ane o' the first fowk ti use in public the same kin' o' words 'at a body wid use gin they war pettin' a bairn or makin' love tull a bonnie deemie—the kin' o' words 'at ye get in the Bible an' in Johnny Bingin. Weel' Aw'm gled ti think 'at plain langidge—aither sharp or coothie or jist deleebrit—hiz come inti fashion again; for, deil haet, I aye likit it.

It's accordin' ti' this new an' richt wye o' plain spikkin' 'at I use the word "shows." A'thing's a show. The great muckle bleezin' yalla sun's a show. It's something mair than a show; bit it's a show first an' foremist. It ripens the craps, it birstles the back o' yer neck, it maks a' the differ atween day an' nicht, or atween a gloomy owre-cas'en day an' a day fin ye're in gran' speerits, an' only need ti be drawin' in yer breath ti be saitisfeet in yer ain min' 'at life's railly worth livin'. Still, the first thing aboot the Sun is that it's a show—jist a great muckle lump o' a lowin' ba' stuck up i' the lift ti be seen an' ti lat fowk see...The meen, the stars, the green goon wi' flooers upon't that Muddim Natur' pits on fae June ti November—fat are they bit shows? Ti come fae big things ti little, fat's a' yer airmies, fleets, an' impires bit shows? Fat's a keeng, dress't up in a diff'rent shoot ilky day, bit a showmin an' a show—a kin' o' a clyes-horse or tyler's dummy ti show aff the duds upon....?'

'AIRCHIE TAIT ON COUNTRY LIFE.' [5 September 1903]

[on the distinction between work and recreation being highly relative; on the pull of the cities and how people accept lower wages and conditions for the sheer excitement of crowded city life; distinctly William Morris-ish flavour again—cheerful sociability is the main thing people look for in life and work, and the reason for so much rural depopulation is not that farm work is badly paid, or unduly monotonous, but that it is so solitary]

'DEAR EDITIR,—I tell't ye last wik that I wiz ti hae a twa'r three wordies aboot country life and roorl depoppilation.

There can be nae mainner o' doot aboot the attrackshins o' ceety life for some fowk—espeeshilly for the fowk 'at ken naething aboot it. Ye'll see men leavin' nineteen powin i' the half-'ear an' their keep on a fairm, an' gyaun inti the toon ti tak a job as a cairter or a labourer at auchteen shullins i' the wik. That's aboot equal tull a sacrifeese o' aught shullins i' the wik. I dinna gie them freely sae muckle misel. I try ti get a haud o' hallich fowk—able-bodied, bit nae brainy. Ye can get a gey rug o' roch fairm wark oot a feel chiel or a feel deem. Ye dinna wint an intellectual giant ti shiel muck nor a lady fae the trainin' college ti mak brose an' wash blunkits. If we *could* get senior wranglers an leddy graduits ti come an' work wi's, I believe they micht be baith eydent an' mensefi. It's only a *little* knowledge that's a dangerous thing. Bit there's sae muckle wark for a'body nooadays that aivn the colleeginers can get places i' the toon.

Bit Aw'm thinkin' the time'll come fin we'll hae toon's fowk o' a kin kin' comin' oot an' takin' up fairm wark. Ye ken, richtly lookit at, plooin', an' sawin', an' mawin's sport. Ay, sport. The difference atween sport an' wark is jist a maitter o' name—a maitter o' fat wye ye look at the thing. If yer cyciclist wiz pey't for cyciclin' an' hid ti dee't as a maitter o' wark, a verra short spell o't as a riglar compuls'ry thing wid seem some like an afflickshin. Traivlin' never seems sport tull a postie: bit walkin' matches is a' the go, an' fowk'll positeevly *pey* ti gyang an' see twa lawds paddin' roon' an' roon' a ring, fair heel-an'-tae, aivn on, withoot a cheenge, for oors on en'. It's nae only sport ti the walkers, bit it's sport aivn ti the fowk 'at's only stannin' lookin' on. Sheetin's plain ivvryday *wark* tull a gamekeeper or a Reid Indian; bit it's the verra best o' sport tull a loard or a poalateeshin, an they'll pey thoosans o' powins for a sax weeks' sheetin' i' the en' o' the year. Again, gairnerin's thocht a gey hard job; bit there's naething pleases a bit laddie or lassickie better than ti get a plotty o' grun' an' be tell't they can dee wi't jist fat they like. For gentle an' simple, dellin' an' weedin' an rakin' an' hyowin' micht be recreations—sport; an' in fack gairnerin' is lookit upon in that licht be some fowk as it is; bit we're maistly geylies oot o't in the vyow we tak' o' wark an' sport baith. Only that's nae my subjick, although it's a pairt o't.

The great difference atween sport an' wark is that the sport maistly goes on wi' a lot o' ye thegither an' plenty o' news an' clatter an' fun an' lauchin' gyaun on; bit wark, an country wark espeeshly, his ti gyang forrit wi' you maistly bi yersel', plooin', or pooin' frosty neeps, or castin' peats, wa' nae a sowl nearhan' ye bit the horses an' the teuchits—giein' them the benefeet o' the doot in the maitter o' sowls.

I've hid lawds 'at wid hae bann't an' curs't at Jess and Mull, at the plooin', a' day, an' aivn daudit the flunks o' the craiturs wi' clods an' steens; bit pit the same chiels intul a plooin' match, wi' ploos an' horses on ilka han' o' them, an' fowk lookin' on at the en' o' the furrs, an' they wid get through the wark in gran' style an' be the cheeriest an' best o' company. An' far'll ye get a cheerier cyarn o' fowk or mair eydent workers than the hairst han's? In spite o' jobs an' stobs in the han's, an' aivn-doon hard-pang, takin' the puff oot o' ye an' the sweyt aff o' ye, deems and chiels, aul' an' young, sing strowds an' tell stoaries—nae aye fit for a Mother's Meetin'—an' faith I think the mair fun there is amo' them the mair wark ye get oot o' them. They dinna tire at it as lang as there's something ti occapee their min's.

Aw've lang thocht 'at fat wiz wintit abeen a'thing in the country wiz company at wark. Men play at cricket an' fitba' and the curlin', nae for the play itsel', bit for the company. Yarkin' a ba' or bungin' a steen upo' the ice is nae fun ava for men gin it wizna for the company. Naebody wid think o' playin' ony game bi 'imsel. That widna be play, an' it wid be *waur* than wark, because it wid be naither pleesint nor eesefi. There wid be naither fun nor siller in't.

Weel, than, if we could hae great muckle fairms wrocht be squads o' men an' weemin—on ae bit the day, on anither the morn—that wid be ae wye o'makin' the country attractive an' garrin fowk bide in't. Wiznin't aul' Aristotle 'at said 'at man wiz mair soshl than the ants an' bees?

There's nae bonnier sicht tull a richtly constitutit man than the face o' a frien'. The face may be pock-markit; the moo may wint the teeth; the een may hae a wanderin' wye wi' them that leaves ye sometimes in doot futher yer friend's lookin' at you or the awmry far ye keep the bottle; bit a kin'ly look, a coothie word, an' a herty lauch fae a frien'—weel, nae ti pit owre fine a pint upon't, they're worth a lot. It's nae winder 'at the loons wint ti gyaung ti the toon faur a'body's aye rubbin' shoothers an' passin' the crack wi' some ane. Man, it's a lot jist ti see faces—a' kin's o' faces, a' kin' o' dresses, a' kin' o' shops, an' ships, an' cairts, an' kerriages; ti see sodgers an' sailors an' judges (sae lang as it's nae in a profeshinal capacity); ti see my leddy sailin' across the pavement tull 'er kerriage, or my leddy washin' doon the front steps, ti watch the bootcher loons an' the tellygraph loons knockin' in the time wi' their taps, an' their bools, an' their poother-deevils; ti see a' kin' o' wark gyaun on; an' ti get admittit ti a' kin' o' shows wi' the best an' the brawest—gin ye hae time an' siller.

We've a' seen the wye 'at a ploomin' or a kitchin lass will stop their wark an' look efter ony kin' o' a passin' convyance. The verra gangril bodies, if they're ony kin' o' wysselike, an' hae ony news ava, are made welkim.

A' this is human natur', an' though it's a kin' o' richt that a body sid be self-sintert, an' nae depen' upo' fowk for *a'* their pleeshirs in life, it's richt, at the same time, that fowk sid hae their fine-tune't social side tee. Ony wye, there it is, an' ye maun rauckn wi't gin ye want ti keep fowk in the country an' upo' the lan'. Halls an' concerts an' leeberaries an' lectirs are a' verra gweed in their place; bit the evenin's o' a man's life are a sma'er pairt o't than the moarnins, the foraneens, an' the aifterneens. Fowk wint some pleeshure in their wark as well as in their leisure. A lot o' country wark, like a lot o' toon wark, is jist plain drudgery, an' the mair sense yer fowk hae the less they'll like it. In the toons the drudgery is lichten't bi the fack 'at it's deen in company.

I've mair ti say upo' this heid; bit Aw'll hae ti keep it for anither wik. Aw doot ye've some muckle o' 'er already.

AIRCHIE TAIT.

Mains o' Munsy, Frazshersbora,
The Verra First Day o' Septembir
(an' nae muckle sign o' hairst yet).'

'THE EN' O' THE SIZZIN. Airchie in the Dumps.' [26 September 1903]

[on the dull, dead feeling brought by the end of the herring fishing season; the annual invasion of Highlandmen and women for the fishing and how they should learn to swear in a proper language, like Scots, because it would give real outlet for their feelings and make them less violent; atmospheric 'mood' writing on decay and death, a note rare in vernacular Scots prose]

...It's the sizzin that's deen an' awa wi'. The hairst's nae in yet; the wither's better than it's been a' the simmer; the kye's still gettin' a bite the furth; the yaird's fu' o' flooers an' fruit an' vegetibles yet; the lawds that can affoord it's still on hoaliday, an' Loard Saltin an' ither birkies roon aboot are playin' the deevle wi the pairtricks ilky day. Bit the sizzin's deen for a' that.

Tull a body that bides ony wye near-han' the Broch, the en' o' the herrin' fishin's the en' o' the sizzin ti him. Jist consider. Munsy's a coastside fairm, an ilky day durin' the fishin' time I can see fae mi fields the hunners o' boats driftin' awa oot ti the herrin' parks. The sea's sae lonely a' the rest o' the 'ear that, in the fishin'-time, although the boats may be miles aff, ye hiv the feelin' that there's nae en' o' company nearhan' ye. Then, fin ye gyang inti the toon durin' the fishin' time there's steer on ilky han' o' ye. Hielanmen an' Hielan' weemen teir the tartan in ilky street; an' the men ony wye fyles teir mair than the tartan. They sometimes tak' a bit claucht o' ane anither's wizzens;

an' the droll thing aboot a Hielan' fecht is that they're sae saft spoken that ye wid think they were sayin' "Wid ye hae a drink or a dram?" or "Come awa in by ti yer cauppie o' brose?" or "Here's ti ye, Donal' honest man—may the moose nivver come oot o' yer meal-bowie wi' a tear in 'e's e'e?" It's surely a verra fushionless langidge the Gawlic, an' it's nae muckle won'er although the Heilanmen tak' ti their steekit nivves. Gin the missionar fowk wid only gie the Hielanmen a curn lessins in gweed Scoatch "bad words"—words that ye can raelly get a moofi o'—there micht be a hantle less fechtin'. As it is, wi' a feckless, smeirless, hairmless, langidge like the Gawlic, the peer Hielanman—tir't flingin' aboot words as gweedless-ill-less as a caul' pultice—jist his ti tak' tull his bunch o fives, wi' the result, of coorse, that up he goes afore Bailie Smith—dacent stock—an' gets lich'en't ti the extint o' onything fae therty pince ti therty shullins on a Munondy moarnin.'

Bit a' this mak's a fine sturry toon, an' the disappearance o' John Hielanman fae the streets, amo' ither things, gars a body say that the sisson's owre. The sea's teem o' boats, the streets is teem o' fowk, the shops is teem o' customers, the public hooses is teem o' drooths, the curin' yairds is teem o' a' thing bit full bowies; the demand for mulk, an' chyse, an' butter, an' taaties, an' b'ilin' beef has fa'n aff be a hunner per cint; an' on the hole ye're inclin't ti conclood that gin ye hinna made yer Mairtimas rint ye've lost yer only chunce this 'ear. Then ye'll begin ti conjir up veezshins o' Johnny Bailllie comin' in wi' his man, an' sayin' "Take down everything in the house, Willum, an' begin with the clock."

It's a dowie time, ae wye an' a' wye. The birdies is deen wi' their sizzin, tee. The young eens is up an' awa; an' the fathers an' mithers, separatit withoot the leave o' the shirra, flit aboot chirpin' in a half-hairtit, disconsolate wye, as gin they war murnin' owre joys depairtit an' trouble ti come.

The berries is a' deen. The curran's is fast disappearin'. The taatie shaws is yalla, an' black, an' debauch't like. The sky's fite an' hard, an' the sun's reid an' fierce as gin he hid ti mak' up for a lost time bi shinin' his verra best in the short fylie that's left 'im noo. There's a loat fyower scents—for ae thing the gut cairts is nae on the move now—an' a loat fyower soun's oot aboot than there wiz a twa month ago.

Aw tell ye she's deen; she's awa. We're a' anither simmer nearer the grave. For mony a een o's it's the last simmer we'll see. Mony a een has h'ard the sang o' the pairin' birds for the last time. Mony a een has seen the last cairryin' o' straes an' biggin' o' nests. Muddim Natur' that's sae lavish wi' her life, an' colour, an' sap, is beginnin' ti call a halt sae far as this side o' the worl' is consairn't. She'll shoartly hae her han's full ayont the seas; bit she's nearhan' the en' o' 'er wark here—for a time.

She hizna been awfa kin' the 'ear; bit she's deein' 'er best noo ti mak up for lost time, an' we'll hae coarn an' neeps yet. There'll be fat nowt ti ait at Chris'mas. There'll be meal for wir pottich, barley for the broth an' a dram, timmer ti licht the fire, an' coal an' mair timmer ti haud it gyaun. There's be clyack, an' meal-an'-ale, a' the Chrismas plum-duff, an' Aul' Eel, an' sowens nicht, an' mony a dance, an' mony a denner, an' mony a happy nicht ti come yet. An' if a body his ti weir awa afore there's blossim on the hedges again—

weel, if we've deen ony kin' o' wysselike wark i'the worl', we sidna grudge—owre muckle—ti dee.

This, I grant ye, is some a dowie letterie; bit Natur's decay i' the en' o' the 'ear aye taks a haud o' me; an' futher the thing that's eemist comes oot wi you or no, it's the thing 'at's eemist that maistly comes oot wi'

AUL' AIRCHIE.

Mains o' Munsy, Frazshersbora,
The Ane-an'-Twentiet o' Septembir, 1903.'

'AIRCHIE TAIT ON HINGIN' IN.' [21 November 1903]

[on the underlying reasons for British economic decline—a collective exhaustion after generations of pioneering the industrial revolution; on the death of the gospel of work with an explicit attack on Carlyle; distinctly anti-monarchical note— Edward V11 *work?* the idea is preposterous—anyway enjoying himself and providing a bit of genteel national P R is all he's fit for; similarly jaundiced view of George 1V, (including a reference to the great Buchan cattle market at Maud); scathing views about the decline of honest toil in the British scale of values: according to Leatham the people who make money nowadays don't do it by *working*, they're the fixers, the operators, the unproductive parasites of modern capitalism]

'DEAR EDITOR,—I see ye've been haein' a bit yark at the fistikl question bi word o' moo as weel as in yer pepper. I've naething ti say aginst fat ye said; bit there's ae thing 'at a' the spikkirs is ovirlookin' at this praisint, an' that is that the fowk o' this country's tire't. Ay, tire't. Jist aivn doon *sweir*. Fowk's gyaun ti the toons, nae because life's better there, bit jist 'cause it's some easier there, an' there's mair fun. The rizzin fu sae mony fowk starts choppies is pairtly because there's heaps o' fowk canna *mak* onything—hae nae trade at their fing'er-en's—bit abeen a' it is because fowk thinks it's a heap less fash ti read the newspapers ahin' a coonter than ti tyauve at the binch, the forge, or the printer's frame. Fat's a' yer aucht oors meevemints an' yer airly-closin' Bills bit sae muckle recogneeshin o' the fack 'at the fowk's tire't? An' fat wye is't 'at the German's lickin' you an' the Dane's lickin' me? Fat sorra is't bit that the Germans an' the Danes is nae tire't. Didnin aul' Geordie Goschen—he's a loard noo—didnin Geordie tell's lang ago aboot the wye the German 'll tyauve nicht an' day at e's wark? Wull ye get aither maister or man in this country ti dee sic like! Nae mony. Ye may get an anterin' maister here an' there that jist lives for his show, an' ye may get a man that has nae sowl abeen's wark; bit tak the Breetisher bi the lairge, an' ye maun alloo that, on the hole, he's nae strong upo' wark for its ain sake. Bizness ti him means sic an' sic a hoose for the wife, sic an' sic a coorse o' lessins for the loons an' the quines at hame, or sic an' sic a hoaliday for 'imsel'.

The fack is, the average Breetisher's gotten 'e's bellyfi o' wark. He disna believe in't. His father an' granfather rocht hard, an' he 'imsel' wiz born tire't.

He sees that roon' aboot 'im the fowk that's made siller an' that's makin' siller is nae the hard-workin', early risin', plain-livin' lawds, but the "fly" divvles that can get ither fowk ti work for them.

There wiz a time fin hingin' in wiz crackit up. There wiz a time fin a'body spoke aboot "the dignity o' labir," an' maybe believe't some in't. Aw say they maybe believe't some in't, bit Aw hae mi doots. The lawd that spak (or rote) maist aboot it wuz aul' Tammas Carlyle. I dina exackly set up for a leeterary creetick; bit Aw've read aneuch aboot Tammas ti be able ti say that he wizna as gweed at hingin' in as he wid hae likit ither fowk tae be. Wark—hingin' in—is a fine thing ti recommaind ti ither fowk; bit the last kin' o' dignity in the worl' that a man wints for 'imsel' is the dignity o' labour. He'll lat ither fowk get it a'—baith a' the labour an' a' the dignity that come's o't. Labir's oot o' the fashion. Ye ken that yersel', sir. Aw ken that ye ken't because ye're aye tellin' fowk ti hing in, an' it widna be necessar' ti tell fowk ti dee fat they war already deein', wid it?

I believe some misel' in hingin' in gin ye're biggit that wye. Fat I notice is that a'body hings in at cairds, or tennis, or cricket, or fitba', or the dunsin', accordin' ti the sizzin; bit fin it comes ti aivn-doon eesfi wark it's "Wa, wa, Roger!"

Tak wir aul' keeng, peer stock. He's hid a gey lang rist. He sid hae been like a giant refresh't wi' new wine fin he cam inti the rulin' show. An' faith he's been deein' fine. Jantin aboot, suppin' broth, drinkin' drams, an' shakin' han's wi' the bosses o' Eetily an' France is the verra best thing a keeng could dee. Bit ye canna preten' that it's hard wark. Na, na, aul' Edwirt can tak a hoaliday fin he likes. He can ait the best, drink the best, see the best plays an' the best limmers o' actrisses, hear the best pipers, an' fiddlers, an' singers, an' the time he's hearin' them an' haein' jist a rollickin' gweed time, that's the time he's maist spokkn aboot an' maist pop'lar. Ye nivver h'ard o' 'im deein' a richt hard day's wark in yer life—ay, nae richt aivn-doon tyauvin' like. Nivver you.

Weel, weel, Albert Edwirt's the Breetish Mirror at this praisint. Like King like fowk. Gweed aul' Victoria wiz een' o the aul'school—een o' the kin' that wid get throu' ony amount o' wark 'ersel' an' keep ither fowk up ti konsairt-pitch tee; bit Neddie's nivver been 'custom't tull a richt day's wark, an' he's nivver been 'custom't ti be denie't a dram fin he wintit it. It's aye been full an' fesh ben' wi' 'im. A'body kens that. An' *he's* the Breetish Mirror nooadays. Fin yon scoonrel Geordie the Fort wiz up an' aboot they said *he* wiz the first gintlemin in Europe. Goad help the gintlemin o' Europe! Wattie Scott wiz a gey loyal subjick, an' upon verra sma' encouragemint wid hae surroundit the Fort Geordie wi' a lot o' virtues an graces. Bit appearintly there wiz naething ti tak haud o' ava, an' Geordie gyangs doon ti posterity, sae far as Wattie's consairnt, as "my fat friend." He was fairly fat. Gin keengs wiz bred an' fed ti be put inti the ring at Maud, Geordie wid hae fesht a hantle o' siller, deid wecht; bit, faith, he wizna muckle o' an example ti the nation, an' this nation wizna muckle o' an example ti ither nations at that time. We're nae muckle o' an example ti ither nations at this praisint. We've a king that tak's't easy, a Prime Minnystir that tak's't easy, a Leadir o' the Oppazeeshin that tak's't' easy, an easy-gyaun ex-Primier, an' maisters an' men are a' takin't easy. Hingin' in's oot o' fashin.

Bit Aw dont ye'll a' fin' that there's naething bit hingin' 'ull dee in the lang-rin.

Bit Aw maun come back ti this subjick anither time. There's owre muckle in't ti be dispose't o' in ae lettir.

Yours tyauvin' wi' discontentit hinds,

AIRCHIE TAIT.

> Mains o' Munsy, Frazshersbora,The Auchteent o' a gran' Novembir
> (wi' the nowt still gettin' a moofi the furth, an' muckle
> need o't, an' servints seekin' waages that's a' nonsense).'

'AIRCHIE TAIT ON CHRISMIS.' [2 January 1904]

[on how December 25 was originally a heathen festival; with reflections on the way that science is shaking the foundations of all kinds of popular beliefs, or would, if its message were getting through to the mass of the people—which it isn't...]

'DEAR EDITIR,—Aw see they've been discoverin' that Chrismis—the twinty-fift o' Decembir—is nae the richt anniversary o' the day it preten's ti be. They tell's that the last quarter o' the month o' Decembir is the verra heicht o' the rainy sizzin in Judea, an' that neither sheppirds nor floacks wid hae been on the plains ti see starns' i' the east at siccan a time. An' haein' prove't, like, 'at Decembir's nae the month o' the anniversary, they gyang on ti tell ye that the month o' Octobir's mair likely ti be the richt time. An 'aivn that's nae a'. They tell ye that oor Chrismis is jist an aul' haythen feestivl—the anniversary o' the birth o' the sun-god Appolla. They explain that the auncients, seein' the sun bidin' less an' less wi' them ilky day, begood ti grou' terrafelt that he wiz gyaun ti furhooi them athegither; bit fin they saw, like, that efter the mid-month o' Decembir he baid lang'er an' lang'er wi' them ilky day, they cam' in coorse o' time ti regaird the Twinty-fift o' Decembir as the day fin he took a new lease o' life. An' so on, an' so on...

Weel, noo, if ye gyang awa an' mak Chrismis the anniversary o' a lawd like Appolla, yer time's nae, on the face o't, sae verra "gracious" or "hallowed"; for yer haythen gods an' goddesses wiz a gey core, an' it wizna muckle won'er though the Greeks an' Romins wiz a curn randies. Their Jupiters an' Junos wizna exackly the kin' o' fowk at ye wid selaick yer Sunday-school teachers fae.

The creeticks an' scientific lawds is jist playin' crockaneeshin wi' a'thing. They wid leave ye naething ti ait, naething ti drink naething ti beleeve in bit prottyplasim—Loch Robbisins—an' they wid stop ye fae smokin' an' snuffin' an' haein' a kiss for fear o' the macrobies an' the back-killy—a'thing's killy wi' them.

Bit fowk maistly peys them terrable little attinshin—espeeshly fin it's something ye dinna find it convenient ti believe...'

'AIRCHIE TAIT ON GROUIN OWRE MUCKLE.' [7 May 1904]

[a curse on motor cars; gloomy vision of the prospect of aerial warfare and motorised crime; the benefits of 'progress' queried; technological advance seen to be spinning out of control without a commensurate growth in human maturity or restraint; scientific progress inequitable anyway because it has largely failed to benefit the common people; plea for the redistribution of wealth, decent wages, housing and conditions for the working class; powerful echoes of William Morris again]

'DEAR EDITIR,—Aw wiz joggin hame the ither day fae haein a ca'-throu amo' the parks ti see fu things wiz shapin an' fat the chiels wiz deein. It's an aul' sayin at the e'e o' a maister's worth the wark o' twal men. It wid need ti be a gey big squad faur ye wid save twal men's wark bik keepin them up ti the scratch wi' close watchin' an' plenty o' tellin; bit oondootedly a word in sizzin an' a look in-by noo an' than coonts for a loat.

Weel, Aw wiz comin awa fae mi roon o' the parks, an' wiz in a bit o' a broon study aboot fat the billies wiz deein an' fat Aw wiz ti pit them tull neist, fin fup roon the corner o' the rodd comes een o' yon confoonit mottirs. "Pee! pee!" cries yon thingie—a cross atween a fussle, a horn, an' a corn-crake, an' Aw hid jimp time ti jump ti the side o' the rodd afore the noisy, stinkin, stew-raisin, dog-flattenin scunner gied scoorin by. As it flew, a wully-goo o' a cove, wi' an ogly, flat, Rooshian caip pull't doon owre his een, an' a muckle cwite up owre his chin, lookit daiggers at me fae the car, and roar't some kin' o' scawlin langidge as he flew by. Ye wid hae thocht 'at the rodd belang't ti *him.*—tho' Aw suppose he nivver wiz a penny piece towards the mak o't or the up-keep o't—and that I hid nae business there, although I've contreebitit scores an' maybe hunners o' poun's tull't. Man, Aw wiz that nettle't at haein ti jump for mi life an' at bein scawl't for naething that I did fat Aw hinna deen sin Aw wiz a loon—Aw shot oot mi tongue an' shook mi stick at the mottir mannie, an', haith, for a' mi threescore 'ear an' the fack 'at Aw'm a man o' peace, gin the ablach hid come back Aw wid hae owre-laid 'im wi' mi staff. The aul' Aidam fairly got the better o' me for a curn meenits.

Confoon' yer mottircars! say I. A body feels terrable sma' an' helpless noo-a-days, wi' a' the big an' pooerfi things 'at's springin up on ilky han'. They hiv torpedoes 'at can blaw ye ti blithereens afore ye can say "Spottie." They've gotten the fleein machine made practicable noo, an' we'll hae

> the nations airy navies
> Grapplin' in the central blue

verra shortly. Wi' een o' yon air-ships they'll come sailin owre the toon abeen ye, an' they'll drap cannin-balls doon the lum inti yer broth-pot, an' blaw oot the ga'le o' the hoose afore the wife can turn her fit ti see fat this is tull 'er noo. An' yon mottir-cars will gyang clippin an' jiggin aboot the countryside layin oot hens an' dogs upo' the rodd; an' thieves 'ull get haud o' mottirs, an' they'll fup yer claes aff the dryin-tows, the silver speens aff yer sideboord, or

Fig. 12. James Leatham.

the verra siller oot anaith yer nose as ye sit coontin't', an' muntin the mottir, they'll be oot o' sicht afore ye've time to steer yor fit

Aw'm thinkin wir progress is some lopsidet. We mak great advances in mechanical science; but Aw'm nae sure 'at humane an' kindly feelin's grouin in proportion. It's a dangerous thing ti pit great pooer inti the han's o' bad men. Aw'm fair terrafee't ti see the wye 'at the pooers o' life an' death are bein' multiplie't on ilky han'. An' it's nae only that. Muckle hooses an' muckle toons, weers owreheid in a' direckshins, weers oondergrun' in pipes, electrick messages fleein' throu the air, electrick cars and mottircars rinnin throu the streets, tillyphones, tillygraphs, gramaphones catchin fat ye say, an' reelin't aff again as lang's the record laists—weel, it's a' terrable bewulderin an' gars a country mannie like misel' feel gey sma' tawties.

Science maks a lot o' progress, I say; bit the good o't disna seem ti be verra well share't. The workin man still hiz ti rise at half-sax o' clock in the mornin. He still hiz ti work nine, ten twal oors i' the day, 'at wark 'at's baith hard an' ooninteraistin. He still hiz ti bide in a twa or a three-room't placie, often in a shabby street, far the wife an' the bairns sees terrable little o' the sun an' gets terrable little o' the air. We mak a lot o' meelyinaires; bit there's aye plenty o' worn-oot fowk for the poorshoose tee—fowk 'at's rocht hard a' their lives, bit never wiz able ti pit onything by, for fessin up a faim'ly. Of coorse some o' the clivver an' lucky eens rises; bit we canna a' be clivver, an' we couldna a' rise supposin we wiz. An airmy canna consist o' officers—it maun consist maistly o' privits A warkshop canna be full o' foremen nor a mull full o' overseers. An that bein the case, the best kin' o' science wid be the kin' 'at wid raise the general standard o' comfirt, turnin' the meelyinaire's profits inti warkmen's wages, giein the warkman better claes, mair time tull 'imsel', less wark tull's wife, a bit hoosie stannin in it's ain gairden ti ilky body 'at wantit it; a lang holiday ti John an' the wife in the simmer time, an' a chance for 'im ti see the bonnie places an' the wonnerfu' things in the worl.'

Aw'm nae an admirer o' big things. The ither wye aboot. I dina care for muckle toons, muckle warks, muckle fortins, or muckle hooses. Life's grouin far owre complicate. Aw wid like ti see the worl' simpler, bonnier, cleaner, mair generous, and alloin o' mair dignity and legeetimate happiness ti the great body o' the fowk. There's plenty o' a'thing in the worl' already gin it wiz some better share't. This is an aul' plea; bit it represents the honest convickshin o' an' aul' man,

AIRCHIE TAIT.

The Fort day o' May, an' promise o' a rale gweed sizzin; though, like the wife wi' the het broth, we're sair needin't.'

'AIRCHIE TAIT ON DIGNITY.' [21 May 1904]

[on pretentiousness and hypocrisy and how people feel demeaned by having to do any kind of physical work; the idea of the dignity of labour has changed; Leatham suggests that dignity and labour are two different things, and that physical labour is not regarded as dignified, to be dignified it is essential *not* to work, at least with your hands: 'Keep yer han's clean an' yer cwite on gin ye wid be dignifee't.' We see again the demise of the high Victorian work-ethic; while at the same time the healthy survival of an equally Victorian fixation with the absolute importance of outward 'respectability'; the essay stresses the overriding importance of genteel appearance and a grave demeanour in the respectability racket with specific directions on how to acquire a suitably cool professional aloofness if you are a doctor, a lawyer a banker or a minister; the rules by which class-supremacy is maintained are exposed as cynically deceptive]

'DEAR EDITIR,—A body needs some pride ti keep them oot o' the gutter; an' as I've aye keepit weel clear o' the gutter I maun *hae* some pride; although the wife says I hae neen. For a lang time I've been tryin hard ti cultivate a bittie dignity; it dizna come naitral tull me. Fin I see ony roch, fool, or naisty job ti be deen aboot the toon I nivver like ti tell the chiels ti dee't. Gin it's sittin up a' nicht wi' a horse or a coo 'at's teen an ull turn; gin it's cravin some o' the slow-peyin fowk in the toon 'at's due me a curn bawbees for mulk or taaties; gin its performin surgical operashins upon beasts o' ae kin or anither in mi ain hooses—Nyod, somewye or anither Aw'm aye expeckit ti dee't. Mi wife Eppie's a skechn kin' o' an umman—she hiz a proud stammack, an' cowks verra ready at things 'at gies me nae trouble; bit although I've often ti come ti the rescue, that disna prevint her fae castin' up mi want o' dignity ti me.

An', faith, Aw can see there's something in't. There's a sayin in the book o' Mattha—"And whosoever will be chief among you let him be your servant." That's a text 'at a' my fowk's verra soun' upon. An' Aw'm the chief, like—an' the servint. Fairly the servint.

It's possible ti "shun delights an' live laborious days"—an' nichts—gin ye dee't wi' dignity. Bit ye mauna tak a graip in yer han.' Dignity's oot o't on the muck midden. Ye mauna be daudit wi' sharn. Ye maun aye be spick an' span. Ye maun aye be cool an' sairious. Ye mauna put yer han' ti ony kin' o' wark 'at ye can get ony ither body ti dee for ye. Wark's honest. Bit it's nae dignifee't. Though it's easier for ye ti dee the job yersel', an' get it deen ti yer ain min', dignity requires 'at ye sid pit yersel' tull a lot o' trouble ti lat some ither body see the wye ti dee't. Keep yer han's clean an' yer cwite on gin ye wid be dignifee't.

Gin ye want ti be dignifee't as a doctir ye maun aye weir a frock cwite, a lum hat, an' a fite sark. An' ye mauna gyang aboot withoot gloves in the winter time. Ye maybe drive in a close't cab—Aw mean cairriage: that's mair dignafee't than a coamin cab—an' ye're han's is maybe in nae need o' gloves gin ye hae a gweed circulation, like me. Or gin ye tak a daunder owre tull a patient ye can maybe keep yer han's warmer bi pittin them inti yer great-cwite pooches—that's fat the pooches wiz made for, I rauck'n. Bit it's nae dignafee't. Ye *maun* weir gloves. An' ye mauna pit aff time wi' patients. It dizna maitter although yer cheery crack an' honest face is better than yer drogs. Ye maun look yer watch, an' come awa as gin a' the worl' an' his wife—espeeshly the wife—wiz wytin on ye. Gin ye're call't i' the nicht, dinna be owre ready ti come awa at the first speirin'. It looks hung'ry, like. Preten' 'at ye've been oot a' day, fae early mornin; 'at ye wiz up the nicht afore; an' try ti get the fowk ti tell ye aboot a' the symtims so 'at ye may prescribe for the unweel body withoot gyaun oot. In that wye ye can consult yer convenience an' yer dignity at the same time, an' gie the fowk the impression 'at ye're terrable teen oot. Dinna be in a hurry ti sen' oot yer accoonts. If ye're owe siller, jist gar the shop fowk wyte. Fin ye pass yer patients in the street dinna nod ti them unless ye canna help it, an' aivn than, nod withoot lauchin. Ti lauch is human; ti be sairious is divine—an' dignifee't.

Gin ye're a lawyer, for ony sake dinna smoke in yer office. Ye may be wantin a smoke. Ye wid maybe be the better for a smoke. Ye maybe hinna three veesitirs in the day, an' the eens ye hae may smoke themsels; bit dinna ye dee't. Smokin wunna hurt you, an' it wunna hurt them; bit it's nae dicker, it's nae dignafee't, an' a man that gyangs tull a lawyer looks for dignity. Sometimes it's a' he gets. Fin ye're in doot aboot a p'int dinna be in a hurry ti answer; bit dinna sit veesibly switherin. Gie a hoast, or steer the fire, or ring the bell an' gie some instruction ti yer clerk aboot some ither thing. That'll gar yer client think 'at ye're thrang wi' wark, an' a' the time ye can be thinkin fat ti say; an' he'll think a' the mair o' ye gin ye can pick up the threid o' the conversation faur he left aff. Fin onybody calls be aye engage't. Nivver lat onybody straucht in ti ye. Get the office laddickie ti speir the name o' yer caller gin he dizna ken, an' tell him ti write it doon on a pepperie an' tak it in ti ye. That's far the best in a heap o' wyes. Bit the p'int is 'at it's dignifee't.

The same rules wid apply, like, ti ungshineers, factirs, architecks, bankers, an' ither fowk 'at sits in offices. The less brains ye hae, an' the less business ye hae, the mair ye need dignity. Bankers wid need ti be speeshilly dignifee't; an' as a maitter o' fack, they maistly are. In fack, its faickly dignity—an' siller or coorse—'at cairries on a banker. Bankers hiv ti nod less and lauch less than ither fowk. A banker wid need ti hae feower oongairdit momints than maist fowk. He may be a verra ignorint an' ordinar' man; bit he's nae safe ti mak friens wi' onybody short o' the lan'lord o' an estate 'at hiz nae mortgages on't; an' Aw'm thinkin' 'at that jist nearhan' ostracises 'im fae ceevilised society a'thegither. A banker wid need it keep a'body at airm's len'th. Aye, he wid need aye ti hae the breid o' the bank coonter atween them an' him, an' that's the len'th o' twa airms. He mauna agree wi' onything 'at onybody says; because the maist hairmless propaseeshin may enclose a proposal or an assumshin 'at the pairty 'at maks't is fully entitle't tull an overdraft. A banker mauna tak a dram fae onybody, nae maitter faur 'e meets 'im. Ti accept a dram, like wid establish a claim tull a mild fauvir for the man 'at steed it. A tippenny nip wid fairly be a sprat ti catch a whaul gin the lawd 'at peys wis needin' a hunner poun' neist day. It's some sair upon bankirs ti be cut aff fae a' humin faillahship in this wye, espeeshly seein' 'at they hae sae muckle time on their ha'ns; bit Aw suppose dignity hiz its compensations.

Bit this story's rinnin awa wi' the space, an' Aw'm thinkin there wunna be room ti enlairge upon the dignity befittin volunteer offishers, poleece offishers, Sauthooseheid warders an' gairds, berthin-maisters at the Broch, ministers, Caibnit Ministers, an' newspaper editirs.

Na, bit faith, Aw maun hae a word aboot Kirk Ministers. The ministry's een o' the leebral profeeshins. A minister sid aye be aither readin or ritin fin ye call upon 'im. He sidna be dellin in the yaird, nor catchin butter-flees wi' a net an' a treacle-can, nor sid he be sossin wi' a camera or a microscope, nor sid he be ca'in in nails for the wife. Gin he repeats the lawyer's tricks—keepin ye wytin on a cheir in the entry afore ye get in—it'll gie ye the impression that he's a man 'at a terrible lot o' fowk wants ti consult. An' of coorse if he wizna a terrable lang-heidit and pop'lar man a' that fowk widna consult 'im. Onywye, it'll maybe mak ye some nervish if ye hae ti wyte, an' think owre fat ye hae ti say; an' gin ye're nervish the minister wull get redd o' ye a' the easier. A minister should aye ca' a peer man's dother be her Christian name. A warkman sid aye be address't bi *his* Christian name. It's only weel-ti-dee fowk 'at can be alloo't ti forget 'at they're coamin humanity bi bein ca'd "Miss" and "Maister." A minister, ti be rale dignifee't, sid niver enter inti discussion wi onybody below the rank o a shopkeeper. He sid jist *dreel* coamin fowk. Tell them fat's fat. Gie them a gweed shakkin owre the pit, or turn the shoother o' indifference an' go on ti the neist "case" fin they start ti raise quystins aboot this or that in conneckshin wi' releejin. Ye couldna blame a minister for deein that. Fat diz the average body ken aboot releejin? Fat di they need ti ken? The Irish Cath'lic priesties keeps a blackthorn stick; bit a Protestant minister can get redd o' fowk withoot vi'lence. He can gar caul' dignity tak the place o' a rung....'

'AIRCHIE TAIT ON ANITHER AUL' CARLE.' [3 September 1904]

[on meeting an aged stonebreaker; the coupling of mental with material poverty]

'DEAR EDITIR,—I wiz gyaun alang the rodd the ither mornin afore the sparra hid gotten the dyow prinkit aff o's tail, or aivn the sleep richt rubbit oot o's een, fin I sees an aul' stock comin in aboot ti the rodd-metal recess 'at tak's a bit neukie aff een o' my parks. There hid been naething deen in't for months; bit the ither day a curn lodd o' steens wiz pitt'n doon in't, an' this wid be an aul' carlie comie ti hae a knap amo' them.

He wiz geylies boo't—wi' roomaticks an' booin owre the steens as muckle's wi' hard wark or aul' age maybe; though he widna be a chuck'n aitherin.

He wore terrible hivvy, tacketty sheen, 'at lookit dry an crin't an tash't like, wi' tyauvin amo' the micuddim. He wiz gey muckle-boukit aboot the legs, as gin he hid on three or fowre pair o' brikks; an' the brikks themsels wiz cleekit up wi' towies tied roon the legs anaith the k-knees. His cwite wiz bleach't tull it hid turn't the colour o' the steens themsels, an' it hung doon at the corners o' the pooches as gin there wiz a back-chyne or a saivn-pun weicht in ilky pooch.

He warssle't in by amo' the steens, haudin ae han' roon upo' the sma' o's back, as gin 'e wid fain strauchen't oot some, or at ony rate keep it fae grouin mair boo't than it wiz a'ready.

"Ye're early ti the rodd, aul' man," says I, stannin up anent 'im.

"Ay," says he, pechin some as he sat doon amo' the steens. "Aw wid need ti be early sturrin; I've a gey bittie ti come, an' Aw'm nae freely sae kibble at the rodd as Aw eence wiz."

"Faur di ye come fae, than?" says I, "gin it binna ull fashins ti speir."

"Fae the Broch," says he.

"Nyod, ye maun hae been up at three o'clock ti come a' that lenth," says I.

"Ay," says he, "I'll warran' that. Ye ken, Aw dinna sleep verra muckle nooadays, an' I gyang ti mi bed a hantle earlier at nicht than the young fowk."

"Ay, ay, fat idder!" says I. "That's a gey pappin 'at the Jappies is gien Rooshia, isnin't?"

"That wid be a war some wye, is't?" says he.

"Aw'm thinkin that! Man, they're killin thoosins ilky day!"

"Yea, yea?" says he quaetly. "They're gettin fine wither for't!"

"God be here, man!" says I. "Ye dinna mean ti tell me ye didna ken?"

"Aw dinna read the papers nooadays," says he, rankin a haimmer-heid oot o's pooch, an' tryin't on a shank 'at he hid been usin' for a staffie.

"Fat sorra di ye dee at nichts?" says I.

"Weel," says he, "ye see Aw bide in a bit garretie bi misel, an' Aw hiv ti tak aboot mi ain bits o' jobs. There's the fire ti licht, the kettle ti bile, there's mi drap tay ti mask, an' mulk ti get in for neist day's brakfist an' denner, an' ilky ither nicht a puckle taaties ti bile. I ait them caul' the neist day gin Aw'm oot aboot, an' nae ony wye faur Aw can get a drap het watter. An' syne some nichts the rain comes on, an' I hae ti rig up mi bits o' pannies."

"Pannies!" says I, "fat i' the worl' kin' o' pannies?"

"Ye see," says he, startin ti full his pipe noo, "the riggin o' my garretie's nae verra watter-ticht, an' fin it rains I hae ti rig up the tillypans ti kep the watter 'at comes in."

"Losh keeps!" says I; "an' fat di they chairge ye for a shanty like that?"

"Oh, nae verra muckle," says he. "I hiv the placie for auchteenpince i' the wikk. I canna pey muckle rint, ye ken. Rints is an awfa herriel in the Broch."

"Did ye gyang an' see Buffalo Bill?" says I.

"Fa's he ava?" says the mannie, sookin at his cutty tull the cheeks o' 'im wiz clappit thegither.

"The great show, man," says I, "the Wild West!"

"Aw didna hear aboot it," says he, birzin doon the dottle, 'at wiz curlin up an' risin oot owre the heid o' the pipe, an' pittin on the lid.

"Wiz there ony kin' o' a fishin at the Broch last nicht?" says I, thinkin 'at bein a Brocher, I could wauken 'im upon that.

"Aw didna hear," says he. "Aw ha'rd some stur the furth on the riggin o' the nicht. It wid maybe be the fishin." An he spat in's aul' han's, an' gied a pech as he chappit his first steen.

"Fan wid ye think we wid hae an eleckshin!" says I wi' a touchie o' the sarcastic.

"Eleckshin?" says he. "Fat kin' o' an eleckshin?"

"A Parlymintry eleckshin. Fa div ye think we're gyaun ti hae for wir neist Prime Minnyster?"

"There's naething come owre Maister Johnstin, hiz there?" says he, wi the nearest approach ti humin int'rest 'at he hid shown.

"Na, na, bit foo that?"

"Maister Johnstin, the minnyster, ees't ti sign my tax paper—ti lat mi aff. Bit they dinna fash me for taxes noo. I jist leave the auchteenpince wi Mistress Frazsher the wife 'at keeps the shoppie, ti gie tull the Factir's chielie. She's a fine wife, Mistress Frazsher. Man, she sells a richt bowl o' pottit heid for a penny! She cam fae Aiberdeen, an she maks pottit heid, an' ye can mak a Sunday denner aff o' a penny bowlie o't. I bile the tatties on Setterdy nicht, an' I hae them caul'—peel an' ait—on the Sunday. An ye can render doon a pennyworth o' pottit heid in a pannie, an' het pottit heid an' caul taaties is a denner fit for a keeng!"

An' the carlie sookit his pipe an' nearhan' lookit young at the thocht o' het pottit-heid an' caul' taaties.

"Fat kin' o' waages di ye mak at the steenbrakkin?"

"Aboot a ten shullins in the simmer time, gin it's nae weetie, an' five or sax in a gweed wikk in the winter."

"An' ye come here at five o'clock in simmer, an work tull half sax at nicht, an' ten shullins is a' ye can mak at it?"

* * *

Bit there's a hallo for mi ti gyang awa oot aboot, an' Aw'll need ti keep the rest o' the crack tull neist wikk. Aw raelly think it's worth the tellin.

Yours,

AIRCHIE TAIT.

Mains o' Munsy, Frazshersbora,
The Therty-First day o' Aagist, an' fine
wither atween the shooers.'

'AIRCHIE TAIT ON THE CONTENTIT CARLE.' [10 September 1904]

[a representative of the dawning welfare state confronts the relics of Victorian individualism and self-help in the form of an aged and impoverished stone-breaker, still doggedly looking after himself and achieving thereby a genuine, if perverse, kind of dignity; Leatham uses the encounter to launch a powerful attack on *laissez faire* and economic individualism—liberty is unequally distributed like everything else under the capitalist system—the poor have the 'liberty' merely to work or starve. (Note—the Buchan poorhouse was situated at Maud)]

'DEAR EDITIR,—Last wikk ye left me stanin newsin wi' a steenbrakkir on the roadside at five o'clock in the mornin.

The mairch o' mind wizna muckle in't wi' the aul' man. There's fowk 'at says the workin class is owre weel edicat the day; 'at the rizzin foo we canna get fowk ti bide in the country an' work at fairm wark...is because they've gotten owre muckle schoolin. It may be that a little knowledge is a dangerous thing—for some fowk—but it could hardly be said 'at my steenbrakkir mannie hid been connacht wi' culture. A man within rax o' the resources o' civilization, like, 'at dizna ken there's a war on atween Rooshia an' Japan, an' dizna ken the difference atween the Prime Minnyster an' the Pairish Minnyster, is surely nae owre-burden't wi' learnin, is he?

Says I tull 'im: "Wiz ye ivver mairriet?"

"Fie, ay," says he, knappin a steen.

"Bit the wife's awa, is she?"

"Ay," says he, "a curn year syne."

"Ony faimly?"

"Ay, fowre sins an' a dother."

"An' fat aboot them, than? Couldnin ony o' them gie ye a bit seat bi the fire, an' haud ye ohn come oot ti this kin' o't."

"Tie," says he, "they're a' groun up an' deein moderate weel. Naething ti braig aboot. Bit they a' hae aneuch adee wi' themsels. Foo sid I be a burden upon ony o' them as lang's Aw'm able ti dee mi ain turn?"

"Bit bleed's thicker than watter," says I. "Surely it's the duty o' wir ain flesh an' bleed ti dee something for's. Honour thy father an' thy mother's aul' advice. Fa's an aul' fail't man ti leuk tull gin it's nae his groun-up sins an' dothers?"

"Ti the Boord!" says he, wi' the quickness o' a man that's been thinkin't oot, an' hiz his answer ready.

"Tats, min! there's nae a Boord nooadays," says I. "It's the Pairish Cooncil 'at tak's aboot peer fowk."

"Weel, weel, than the pairish cooncil be't. It's them Aw'll look tull. Aw pey't taxes mony a 'ear an' day, an' I've a gweed richt ti get back some o't noo. As for mi faimly, they've a' aneuch adee wi' themsels. I dinna consider Aw've ony claim upo' them. I brocht them up—I hid ti dee that—an' I gied them some squeelin—I hid ti dee that tee, wi' the last twa, ony wye. Bit they war a' shankit awa ti wark as seen as they war fit for't an could get onything ti dee. An, na, they're nae due me onything. If ye're airt an' pairt in bringin bits o' craturs in aboot, it's only bit yer duty ti gie them maet an' claes an' a curn raiths o' the squeel."

"Bit gin ye dee yer duty ti them they sid surely dee their duty ti you," says I.

The mannie turn't owre a steen an' gied twa knaps at it—a little een an' a big een—afore he gied me an answer. In fact he wiz knappin a' the time he wis spikkin; bit of coorse I canna pit in the knaps.

Says he:—"Dinna fash yersel, gweed man. There's naething comin owre me. I tell ye again 'at a' my young fowk his aneuch adee wi' themsels. Aw'll be weerin awa in my bed some o' this nichts, Aw'm thinkin; an' Aw wid like that ony wye. Aw dinna want ti be a hanfi ti onybody. Bit if Aw should grou nae able ti dee mi ain turn they'll verra lickly sen' me ti Maud. An' gin I gyang there, mi young fowk'll maybe hae ti pey a shullin or auchteenpince i' the wikk the piece for me. So my boord'll be pey't, like; an' that'll be better than sittin up at the fireside o' ony o' mi sins, an' gettin, maybe, a begrudg't bite an' sup, an' bein i' the rodd."

"Divnin ye believe in aul' age pensions?" says I.

"Ay," says he, knappin anither steen; "bit fat diz't maitter? Futher they gie ye siller ootside the hoose or maet an' claes inside, it's the same thing, like—it wid a' come aff the taxes."

"Ay, bit," says I, "gin ye wiz ootside wi a pension ye wid hae yer leeberty."

"Leeberty!" says he. "Aw'm nae sikkin leeberty. Aw've hid leeberty a' mi days. Aw hid the leeberty ti traivel oot here the day—fowre mile o' grun. Aw hae the leeberty ti bide here as lang as it's daylicht. An' syne Aw'll hae the leeberty ti traivel back again ti the Broch. I hae the leeberty ti brak a' this steens. An' takin't a' thegither it's a lot mair leeberty than I want at my time o' life. I could tak a rist fine. A lang rist wid dee me nae hairm. The sunny side o' the dyke on a fine day, the ingleneuk in coorse wither, a full o' tibacca fin Aw'm needin't, an' the bed ti crawl intull at nicht, an' the fient a flee I wid care aboot leeberty."

"Weel, ye hinna muckle ambeeshin onywye, an' Aw'm thinkin ye've nivver hid muckle."

The mannie rakit amo' the steens wi' his haimmer, an' aifter he hid pickit oot a shootable steen an' broken't, says he: "Na, Aw'm nae ambeeshis. An' fat's mair, Aw'm thinkin it widna be a gweed job for you an' the like o' ye gin the like o' me *wiz* ambeeshis. Ambeeshin an' steenbrakkin dizna gyang thegither. An' there wid aye need ti be fowk ti dee the roch wark."

There wiz plenty ti say, like; bit I cam awa.

The carlie's hid hiz denner amo' the hairst han's a' this wikk. He's nae a cheery aul' man. I wid like ti mak 'im oot ti be vrang; bit I hinna fun' oot faur, exackly, he's vrang yet.

Yours trooli,
AIRCHIE TAIT.

Mains o' Munsy, Frazshersbora, the sixt day
of September, an' an early clyack at han'.'

'EDDICASHIN AN' TEACHERS.' [25 March 1905]

[on the failure of compulsory education to produce discriminating readers; this due to the meretricious pottiness of the curriculum which contains intrinsically useless things like maths, drawing and handicrafts; the cultural content of the syllabus especially weak upon the historical side; some consideration of the burgeoning market for skilled female workers in various trades and professions; ironical reflections upon the callous insensitivity necessary to 'succeed' in the acquisitive society]

'I see they've brocht in that Eddikashin Bill again. Fat sorra ails them aboot eddikashin? Surely there's a hantle o' things 'at's mair in need o' reddin up than the school boords. As fac' as death, I think there's owre muckle attinshin bein pey't ti eddikashin. We'll seen be 'at we wunna be able ti get a chiel to shiel muck for love nor money.

Aw'm fairly on for fowk githerin a likin for readin. For ae thing, it's a fine, chaip, shortsome wye o' pittin in the time, an' for anither it gies fowk sinse an' mainners, an' maks them better behave't. Bit the kin' o' eddikashin they gie them nooadays disna foster a likin for readin in the aul' fashion't sense.

There's a heap o' readin deen; bit it's faickly newspapers, trashy magazines, an' dirt o' noavels. There's nae taste or judgmint in the readin o' the generality, an' the consequence is that there's nae general intelligence. Fin the warkman comes oot in the diet oors he's in ti "sport" in a pink paperie at the verra first chance. He kens little or naething aboot the goavermint o' the country an' taks next ti nae interest in the affairs o' the toon. A Brocher or a Mogganer kens something aboot the hairbirs; bit it's maistly only fat he sees an' hears aboot them. He dizna fash his thoom aboot the School Boord or the Feuars' Managers, or aivn verra muckle aboot the Toon Cooncil.

An' the business man's jist aboot as bad. Spiik ti the average commercial traiv'ler aboot politics or leeterature, an' the depth o' his ignorince gars an aul' coo-puncher like me open mi een, espeshly fin a body considers 'at he's gyaun aboot ti sae mony different places, meetin sae mony different kin's o' fowk, an' has sae muckle time for readin. We a' ken, of coorse, 'at fin he's traivlin bi train, instead o' readin he spen's the maist feck o's time playin cairtes; bit that's *his* faut.

Young fowk, I notice, comes awa fae the school awfu' weyk upo' the historical side nooadays, an' the man that dizna read hist'ry canna ken the reet an' rise o' things, an' ae half o' the worl'—that is ti say, the past life o't—has nae existence for him—it's a seal't book.

Weel, I pit a lot o' the blame o' this upon the teachin at the schools—nae the teachers, like, bit the system. They try ti teach them a lot, bit the great thing they fail ti dee is ti wauken their intelligence. Of coorse ye canna mak a silk purse oot o' a soo's lug, an' gin ye get brainless bairns they've naething ti haud lear in—nae wye ti pit it, like. There's nae aneuch o' readin nooadays at the schools. The concairn is nae ti turn oot intelligent fowk, bit craiturs at can gyang throu mental monkey-tricks ti please an inspector. Homer, Socrates, Shakespeare, Robbie Burns kent naething aboot mathematics an' curfuffle't coontin. Wattie Scott, Macaulay, Carlyle, and Gladstone couldna draw—unless it wiz maybe corks? Aw dinna believe 'at yon gran' wumman George Eliot could fold paper intull a hunner an' saivnteen different eeseless shapes, although she made the best eese o' paper 'at ivver an umman body did.

Fin I see quinies in short coaties staggerin in the rodd afore me wi' a birn o' books, a case o' compasses, a ruler, a set squar, a protractir, an' Gweed kens a' fat, it looks some coamical ti me. We dinna see the learn't weemen gettin the best men. Good looks, good natur, an' a knack o' managin ull land a man-fish faur the airt an' mistery o' ang'les accordin ti aul' Euclid wunna sae muckle's gar 'im look owre's shoother.

We're trainin up a' wir young fowk ti be professional teachers nooadays. There maun be teachers, an' teachin's noble wark fin it's weel deen. Bit it's a great sacrafeece. A wumman teacher, ye see, canna tak a man—or is't 'at they wunna? Is't that they grou that perjink 'at nae man's gweed aneuch for them, or is't that they fear awa the men? I dinna ken. Maybe some o' baith. There's a lot o' bonny craturs amo' them, an' some o' them dresses rael weel, an' hiv a rael takkin wye aboot them. Fat wye is't that they dinna get mairriet? There's nae muckle fun aboot deein an aul' maid in a garret, aivn though ye hae a pension.

Gin I hid ony lassies 'at wantit ti be teachers I wid fairly warn them nae ti negleck the men. The siller sid be nae great attraction ti ony umman body ti stairve her natur, for a' there is o't—I mean o' the siller. There's a heap o' jobs for respectable, brainy lasses nooadays—they're wantit as shorthan' an' type riters, manageresses, forbye the makkin o' beuks, an' ritin for the papers, nae ti spikk o' weemen doctirs an' lawyers. For the maitter o' that, a good-lookin deem ull get mair siller for showin' a pair o' licht heels an' fat legs on the stage than for teachin Frinch an' German. Theres plenty ackir weemen gets as muckle siller for ae wikk's wark as a teacher gets for a hail 'ear—the mair's the shame an' the peety.

Fat applies ti weemen applies ti men. Eddikashin dizna pey. At the best, it's a sair loss o' precious time, an' at the warst it's a deloozhin an' a snare. This is an age o' concentration, an' readin's raither a dissipation o' a body's energies. Readin's a' verra weel for a detective, 'at hiz ti' notice things, an' hiz ti ken something aboot a'thing; bit the average man sidna notice things, an' sid ken as little as he can aboot a'thing except fat he maks his livin at.

Forbye, readin maks a body sensitive, an' it dizna pey ti be sensitive. Ye get ang'ry at things 'at a fine stupiet man dizna sae muckle's see. Gin ye call upon onybody ti get an order, an' them nae in a good teen, they'll maybe insult ye gin ye're sensitive aneuch ti see't. Bit sense an' sensibeelity are baith a deid loss. Lat them misca' you—ay, lat them misca' the mither 'at bore ye—bit collar their order. The man 'at thrives is the man wi' a thick hide, a conscience 'at gies 'im nae fash, a man 'at gets up early in the mornin wi' a hung'ry e'e for fat he can rake tull imsel, an' gyangs tull's bed early at nicht, nae only ti save fire an licht, bit because he can lie in's bed a while wauken, an' can turn owre in's min' at leisure fat he's ti be deein the morn. Forbye that, ti bed early saves a sipper. Gin ye sit up late ye'll grou hung'ry.

Eddikashin! I've stood security for a doctor o' Diveenity, an' could buy up a baker's dizzen o' yer Maisters o' Arts, an' Aw'm only an aul' coo-puncher 'at canna spell, an' couldna pass the Fift Standirt.

Eddikashin! Na, na. Wa, wa!

AIRCHIE TAIT.

Mains o' Munsy, By Frazshersbora, the
Twinty-Sikkind day o' Mairch, an' a
gey puckle o' mi corn sawn.

Post Scrapc.—There's some contradikshins in that letter; bit there's a heap o' contradickshins in life, an' Aw'm naething it nae truo ti Natur.'

'THE CORRYSPONDINCE O' AIRCHIE TAIT. Twa Newspaper Billies.' [8 April, 1905]

[passionate denunciation of the 'new journalism' especially as exhibited in the popular Dundee papers; withering contempt for the the vulgarity, witlessness and gaudy materialism which inspires the new popular press; fascinating confrontation between the old earnest self-improvement-type Victorian ethos, and representative pushers of the new brash and shallow mass culture produced by universal compulsory literacy. The mendacity and cheap sensationalism of the gutter press stems from shrewd economic calculation—it aims to attract the lowest kind of reader and above all to say nothing that might frighten off advertisers; scornful passage on the growth of mass spectator sports, beset by familiar problems, crowds invading the pitch, player dissent on the field and so on; splendid hit at the unequal distribution of wealth and, a favourite theme with Leatham, the failure of the benefits of improved technology as applied to manufacture filtering through to the people who actually do the work]

'Saw ye ivver sic a mineer as they've been haudin aboot this gowffin ploy atween the Inverallochy fishermen an' the Tory members o' Parliament? I hid occasion ti be in the Broch the ither day, an', takkin mi denner in the Grand Hotel, I meets wi twa young chielies 'at I didna ken. They wid see bi me, like, 'at I wiz an aul' fairmer mannie, an' the deil a muckle ceremony did they treat me wi'. Bit an aul' man in Buchan's nae verra easy putten oot fin he's raelly sikkin information, an' ye couldna blame me for haein some curiosity ti ken fat line this twa billies wiz in. They didna look like traivlers, they warna forcie aneuch for showmen, an' they couldna be on pleezshir bent because they hid on lang brikks, an' nae self-respeckin man gyangs awa on a holiday nooadays withoot pittin on knickerbockers, nivver min' fat kin' o' legs he hiz.

I dinna ken fat wye I got at it; bit I fun' oot 'at they war two newspaper lawds up takkin phottygraffs o' the fishermen gowffers.

"Of coorse ye'll jist be deein this kin' o' thing for sport?" says I. "Ye'll spen' the fec' o' yer time reviewin books an' ritin leadin articles? Aw'm thinkin ye'll ken nae that little aboot leeterature an' poaliticks. Are ye college-bred?"

They leuch lood an' lang at this, an' the little een o' the twa says in a sooth-country tongue:

"Aw doubt, Jone, ye would be more at home writ'n up a football match than reviewin a book."

"Ay, or ritin up a murder, a fire, or a run-awa horse on the Bonnet Hill o' Dundee," says a cheerie, lauchin'face't traiv'ler man 'at wiz in the neist sta' ti me at the table.

"Jone" wiz a lang chiel wi' a plookie face—young, an' nae verra intellectual lookin, nor for that maitter verra pleezint-lookin ava.

"Ti—wi' literary notices," says he. "Or lead'n articles eether. The *Weekly Welter* has only one 'leader,' an' its din bi the commercial manager. There's no editor on the *Welter*. An editor would write about things on their merits, an' that's hurtful ti a newspaper. But the commercial manager knows the advertisers. He knows the agents. He knows the popular sympathies. He'll take good care no ti write anything that'll commit the paper ti any side. The worst o' editors is that they have opinions an' taste, an' that they'll show them in their writ'ns. Ye canna expect an editor ti read history an' political economy an' good literature generally withoot havin opinions. An' editor wants ti take a side, an' that's the mischief. For if he takes a side he offends a' the folks that take the other side. The commercial manager hasny any opinions—excep' that the circulation o' the *Welter* has ti gan up, an' that no advertiser can have anything ti object ti in the columns o' the paper."

"The object o' the *Welter*," explained the little man, "is ti supply facts."

"Sic like as the *Daily Mail's* story that the Breetish legation in Pekin wiz storm't bi the Boxers, an' that a' the fowk wiz kill't, like?" says the cheery, fair-hair't traiv'ler. "Or a' the lees ye tell't aboot the Ootlanders' grievances an' the Boer Ootrages? Ye forget that a newspaper's the only readin that lots o' fowk hae, an' that if ye gie them nae advice, nae instruction, nae guidance, ye're neglectin the verra highest function o' the Press. Ye forget that a' the best papers in the country have plenty opinions—opinions upon a'thing under the sun. The *Daily Telegraph*, wi' 'the largest circulation,' rins a discussion on 'Do we believe?' *The Daily News, The Mornin Leader, The Times* hiv columns an' columns ilky day o' leaders an' special articles, written by expert men, on a' kin's o' questions. An' you wi' your tink-like Dundee papers, can only gie the fowk picturs producet bi mechanics an' screeds aboot convicks at Sauthooseheid. It's nae journalism ava, an' Aw won'er 'at ye wid care ti degrade fat should be a profession."

"The degradation peys," says the little man.

"Oh," says I, "it peys, diz't? Ye wid tak a caller thoosan' a 'ear oor o't, maybe."

The little chielie leuch again.

"Away ti the devil!" says the lang chiel. "A fifty bob a-week's more like it. [i.e. they're paid like clerks] Whit di ye take the press for in Scotland?"

"Oh, man," says I, "I thocht muck hid pey't better than that. Bit Aw'm rael glaid ti learn 'at it dizna. We hear aboot *gintlemen* rinnin respectable papers an' bein able ti gie their editors a thoosan' an aivn twa thoosan' a 'ear. They're papers 'at *div* hae articles aboot politics an' leeterature. In fack, some o' them publish supplymints aboot naething *bit* leeterature. As for showin opingins, the *Manchester Guardian*, the best daily paper oot o' London, oppose't the Sooth African war; bit it still holds the field as the best paper; it wiz the ither mornin paper—the een 'at supportit the war—'at hid ti sell up. For the maitter o' that up tull a 'ear ago, baith the Aiberdeen mornin papers took the oonpop'lar side in politics; bit it didna brak them. Ony wye, siller's nae a'thing, success is nae a'thing. If it is, than ye wid say 'at Willum Wallace, the Prince o' Nassau, or ony ither great man 'at ivver took the waik side, wiz a feel. It's a peer man 'at canna dee the richt gait eence in a fyle futher he succeeds or no. Foo divnin ye try ti get awa fae the divorces an' murders an' fitba' an' gowffin? There's heaps o' fine, interaistin, *cheerfu'* things besides stuff o' that kin'."

"I thoroughly agree wi' ye, sir," chimes in the traivler man. "The press o' Scotlan's a disgrace tull't, an' haud awa fae the *Dundee Advertiser*, which is a respectable an' ably-conduckit sheet, the journalism o' Dundee is amon' the warst o't—I mean the lowest in tone. Fat for should ye mak yer papers sic *Newgate Calendars* as ye dee? It's surely possible ti get a livin as a journalist an' still be a gintleman. It's a great responsibeelity 'at the press hiz, an' the fowk 'at feeds the poor man an' his wife an' sins an' dothers wi' dirt is abusing it's pooer."

The lang-leggit chiel lookit some putten oot at a' this. He wiz bit a young lawd, ye ken, an' a' this wiz bein' gey side upon 'im. Bit he hid ti mak a show o' haudin up his en'; so says he:

"Well, you must admit that a liking for sport is a good thing. Wasn't it Wellington who said that the Battle o' Waterloo had been won in the playgrounds o' England?"

"It's nae verra likely 'at Wellington said onything o' the kin'," said the traiv'ler; "An' it's nae true ony wye, futher he said it or no. The Scots Greys, the Hielan' regiments, an' the Irishmen had naething adee wi' the playfields o' Englan', bit I've aye thocht 'at they hid something adee wi' the vict'ry o'

Waterloo. Bit there's surely a' the difference in the worl atween playin a game an' lookin on at ither fowk playin't. Foo mony o' the saxty thoosan' fowk at'll atten' an international fitba match ivver kickit onything bit a tin pan—or their wives? Fin ye see a crood brakkin in upon the field or cloddin the referee, an' fin ye see the players themsels fechtin wi een anither, it's nae easy ti believe, like, 'at ony great feelin o' magnanimous gie an' tak is bein engender't bi sport. The great ceeties o' Scotlan' hiv a terrable mass o' squalor an' druckenness an' degradation in them, an a lot o' social, poleeticl, an' economic cheenges would need ti tak place afore the great body o' the workin fowk could be said ti be derivin their fair share o' the benefeets o' macheenery an' improve't processes o' mannyfactir. Bit you newspaper fowk, instead of tellin the men aboot co-operation an' profit-sharin, an' temperance, an' their wives aboot richt cookin, instead o' haudin at the authorities ti big richt hooses, or new gairden ceeties, an' to go on municipalisin this, that, an' the ither thing, in the interests o' the hail community—fat div ye dee? Ye gie them wars, an' gowff matches, an occasional prize-fecht, an' a weekly crop o' horrors fae the coorts an' the police office. Ye gie them the speeshl fitba edeetion on Setterdy nicht; they gyang hame the waur o' drink an' tak a 'corner kick' at the wife; an' the Sunday they pit in in bed wi' a cutter o' fusky an' the *Weekly Welter*, fu' o' lofty sintiments an' usefu' information—usefu' tull a hoosebrakkir or a purse-snatcher. I wid as seen see mi sin wi' a heather beesim in's han' an' see 'im sweepin the streets as see 'im ritin the dirt 'at ye full yer columns wi'."

An' the traivler call't for's bill, an' rose fae the table. Sae did

AIRCHIE TAIT.

Mains o' Munsy, Frazshersbora, the Twinty-aucht day o' Mairch, an' mi corn a' i' the grun'.'

Glossary

Aagist August
aald/aul/auld old
abee—lat abee never mind
abeen/abin above
ablach a low ignorant fellow
ablow below
aboon/abune above
aboot about
abuird aboard
abuliement garments or equipment
acht/aucht eight
ack/acks act, acts
ackir actor
acquant/acquent acquainted
adee/adeu fuss
—*tae hae adee wi'* to be concerned with
—*something adee* something wrong, an important matter and no trifle
ae one
aer a little
aert direction
aert-bile bog
aesier easier
aest east
aetin eating
afflickit afflicted
aff off
afore before
aggrivant annoy
ahent/ahin/ahint behind
aiblins maybe, perhaps
aifterhin afterwards
ain own
aince once
air a little
airn iron
airt/airth direction, art
airt an' pairt being an accessory to something
aise ease
aishins top of an inside wall
ait eat
aither/aitherin either
aitmeal oatmeal
aiven/aivn even
ajee ajar
alane/aleen alone
alang/alangst along
Ald Reekie Edinburgh
alloo allow
alter change
amang among
amas a kindness
amon among
an if
anaith/aneath/aneth beneath
ance once
ane one
anent concerning, in front of
aneuch enough
anidder/anither/anosser another
annuder under
anse heed
anterin/antrin occasional
api' upon
apin open, upon
appearandly apparently
argie/argify argue, dispute
argie-bargein' arguing
ascent accent
asseer assure
astarn astern
'at that
ata at, on
a'tagedder alltogether
atweel/aweel an exclamation, 'oh well'
atween between
atweesh between
aucht or ocht—afore I could say aucht or ocht before I could make any kind of comment
auchty eighty
augh an exclamation
auld-farrant old fashioned

auld langsyne long ago
Aul' Eel Christmas according to the old calendar
ava at all
Aw I
awa away
awat an exclamation
awcres acres
awee a little
awmry cupboard
ax ask
aye yes, always
ayont beyond
baand belt
babee/bawbee penny
bacha tobacco
baerin'—it's bearin' wi' one must put up with
baid lived, stayed
baikie pin for securing a tether
bailie burgh magistrate
baith both
bakas' because
bambaized astonished, confused
bane bone
—marrow to his banes a source of great satisfaction to him
bangstrie masterful imposition
bann swear
bannet bonnet
baps buns
barns breakin' mischief
base/beass beasts, cattle
baste beast
bate beaten
bates beats
bauchel down-at-heel shoe or slipper
bauk rafter
bauld bold
baüd bade
be't had to
beastie animal
bed stayed
been bone
beer bear
beery bury
beesim broom
beest first milk from a newly-calved cow
beesweel however
beet beat
beetlin battering
begood /begude began
behaudn beholden
behin/behint behind
belaggered splattered
belyve quickly, soon
be-me-sang an exclamation
ben through
benichted benighted
Benna-Sunday the Sunday before Christmas
bere a kind of barley
beuk/buik/byukie book
bicker scurry
bide stay
bidin staying
biggin building
biggit built
bile boil
billie man
binch bench
bing pile
binna is not
birkie young man
birn load
birse—pat up my birse enraged me
birzin pressing
bittie a little, a small piece
blaand sour whey
blab blob, drop
blackcoat minister
blae blue
blae-flum fraud
blaiket baffled, perplexed
blatterin' rattling
blaw blow
blawin blowing
bleck scoundrel, black
bleddock buttermilk
bleed blood
blied/blyde blithe
blin blind
blinterin flickering, blinking
blobbie-like humid
blowted billowed
blude/bluid blood
bludy/bluidin/bluidy bloody
blyme blame
bocht bought
boddom bottom
bodie person
body bulk in the flesh, large as life, wholly, entirely

bogle ghost, scarecrow, spectacle
boo bend
booed bent
booin bowing
bools marbles, bowls
boonds bounds
boorial burial
boro burgh
boss o' the body abdomen
boukit made or shaped
—*muckle buikit* bulky
bourach/bourich group, cluster
bowie vessel
bowlfu' bowlfull
bowly-legged bandy legged
brackfist breakfast
brae hill
braidest broadest
braig brag
brainch branch
brak break
braverie ostentatious dress
braw bonny, impressive
brawlie excellently
brawn calf
breeks/brikks trousers
breest/breist breast
breet brute, person
breid oatcake; as opposed to *loaf*, bread
breid broadth
bress brass
bricht bright
bridder/brither brother
brig bridge
brig-stanes stone footpath in front of house
Broch Fraserburgh
Brocher inhabitant of Fraserburgh
brocht brought
brod/brodie board
broo brow
broon brown
brose staple Scots dish made of oatmeal and various hot fluids, hence neep brose, kail brose, etc. Superior, in any of its forms, to fushionless commercial porridge
browst brew
bruckit stained, shabby, grimy; of an animal—striped or spotted
brulzie struggle or contention
brück rubbish
brüle bellow
buckie a whelk
bucklin' thegither working together, cooperating, getting married
buddie a person, especially from Paisley
büddie straw basket
buggie skin bag
Buggle Day 17 March, day of spring fertility ritual in Shetland
buggy flachter flay
buikan completing the marriage register
buirdly brawny, powerfully built
buist must
buits boots
bülgaments odds and ends
bully-raggin' brawling, squabbling
bumbaized/bumbased astounded, amazed, baffled
bün been
bunkert obstacle
burep bow-rope
burkin' murder
burroo borrow
burry thistle spear thistle
burstin' feast
Buttany Bay Botany Bay
bylie magistrate
byous very
byre cowshed
by'se compared with
byukie little book
ca'/caa knock, drive
caad knocked
caald cold
caas cause
caddie lam pet lamb
cadger travelling merchant of the lower sort
ca' in call in, visit
ca'in travelling, lurching and swaying
ca'in awa getting on steadily with whatever one is doing
caippie little cap
caird tinker
cairt cart, card
cairter carter
cald/caul/cauld/cauldrife cold

callant youth
caller cool, fresh
cam' came
cam'ric fine linnen
canies small canes
canna/cinna cannot
carena don't care
carkitch carcase
carl man
carlie little man
Cassie James Cassie, R S A, distinguished North-East artist, born Inverurie 1819—1879
catagis catechism
cauff chaff
caulker bumper
cauppie bowl or cup
caur tram
causey street or pavement
—keep the croon o' the causey be cock of the walk
cawed knocked, called
ceety city
ceevil polite
'cep except
certie—my certie an exclamation
chaetin' cheating
chaip/chape cheap
chairge charge
chap knock
chappin'-stick cudgel
chappit chopped
chat bite
chauk chalk
cheek—cheek up till 'im stand up to him
cheel/chiel/
chield man
cheelders children
cheenge change
cheeny china
Cheeny-man Chinaman
cheep—never a cheep no complaint
cheer chair
chimla/chimley chimney, fireside
chinge change
chingle shingle
choppie little shop
chow chaw
chucken chicken
chyne chain
chyse choose, cheese
circumject discreet, submissive
'cis because
claes clothes
clagged clung
claith cloth
claivers idle talk
clanjaffray bunch of people
clatch daub
claucht clutched
claw scratch
cled clad
cleek lofted golfing iron usually used for playing out of the rough
cleekit hooked, grasped
cless class
cleuk hook
cleuks claws
clew thread
clinins buttered bread
clit hoof
clivs heels
cloddie peat
cloddin throwing things at
clood/clud cloud
cloots cloths
clossie alley, recess from the street
clug clog
clyack the end of harvest
clyes clothes
clyte sharp impact
cockalorum term of contemptuous familiarity
cockfechtin—'that cowes/beats cockfechtin' exclamation: 'that beats everything'
cocky-ridey-roosey dandling game for children
cockyloories daisies
coft bought
cog bowl or cup
cogle rock
collie lamp
collieshangie a dispute, wrangle, crisis
collops slices of beef, alternative name for mince as in *minced collops*
colls coals
commen' me I prefer
connacht spoilt, sated
contermachos contrary
coo cow
cood could
coont count

coonty county
coorly timid
coorse course
coort court
coothie friendly, familiar, reassuring
corbie crow
corn-i-da-horn ?jollification
cornel colonel
corse cross
cot coat
couldna could not
coupit overturned
cowe crop
cowes beats
cowk retch
cowpen bit
cowpit overturned
crack conversation,
crackin' conversing
crackit conversed, crazed
crafter crofter
craig rock, cliff, throat
craiter person or animal
crap crop
craw crow
craw-bogle scarecrow
creash fat
creash-keg grease barrel
crin't shrunken
crockaneeshin/crokanition destruction
crood crowd
crook hook for hanging pots over a fire
croon/croun crown
crowdie mixture of oatmeal and cold water
cryin about to give birth
cryn't withered
crü sheep-fold
cud could
cudna could not
cuillicks shellfish
cuir cure
cuist/cust cast
cuit cud
cule cool
—*cule i' the skin she had het in* recover her equanimity without interruption
cüllied attended in a placatory way
curfuffle make a mess of
curlies kail
curn few
curnabbit stolen
curpin' rear end
curracks horse panniers
curran' currant
cust cast
cutter spirit flask
cutty short-stemmed pipe, mischievous little girl, short, little
cwite coat
cyann cayenne
cyard tinker, begger
cyarn a few, a bunch
da the
daccle stroll
dae do
daein/daeing doing
daek/deck dike
daidlin' an' daudlin playing
daigh an' drummock variant expression for *crowdie* (q.v.)
daith/deith death
dan then
dander mettle
darger day-labourer
dat that
daudit hit, daubed
daun'er/daunder stroll
daur/daure dare
daurg work, task, feat
daurna dare not
davo deafen
dawtie dear, darling
dead-thraws throes of death
dee die, you, your
deealeck dialect
deean/deein doing, dying
deed awat an exclamation
deem/deemie woman
deen done
deevil/deevle/deil devil
—*deil's buckie* imp of Satan
deevlich devilish
deid dead
deif side o' the heid tell somebody something that they don't want to hear
deir there, their
deleever deliver
dellin' digging
dem them
dementit mad

demsels themselves
der/dere there, their
deu do
deuans doings
deud did
deudna did not
deuk duck
deun/deune done
deunna/dina/dinae/dinna do not
deusna does not
dey they
di your
dicht wipe
didna/dudna/didnin did not
diment torment
din done
ding beat
dippan dipping
dir their
dird jarring impact
dirdum blame, scolding
dirl shake, rattle
dirs there is
dis this
disna/dizna/doesna does not
dister duster
div do
divnin don't
dizen/dizzen dozen
doceelity docility
dochter/dother daughter
docken—not worth a docken valueless
dod an exclamation
doitin' becoming old and confused
dominie schoolmaster
doo dove, you
dooble double
doobler pluralist
dook swim. bathe
dool sorrow
dooms very
doon/doun down
dooncasten douncast
doonfa downfall
doonricht downright
doonwuth downward
doos does
doot doubt
—I doot I believe
dootless doubtless
dorrow fishing line
dort—dortit at his meat went off his food
dottle stale tobacco at bottom of pipe
douf dull, listless
douffart clout
doug/dowg/dug dog
doup bottom, behind
douse pleasant, sedate
dowie gloomy, low, disconsolate
dragon kite
drap drop
drappie showery
drave drove
dree suffer, endure
dreel rebuke, scold
dreeve drove
dreich/dreigh dismal
droggist chemist
drookit drenched
drooth thirst
drooths drunkards
drummock oatmeal and water
du you
dubbie muddy
dubs mud
dung doon knocked down
durstna dared not
Dutch crook ?pot hook
dux cleverest pupil in school or class
düana do not
düin doing
dünna do not
düsna does not
dwallin' house
dwalt lived
dwinin' declining
dy your
dyow dew
easedom comfort
easter't eastward
echt eight
edder/eddern either
edicat educated
e'e eye
eemage trifling thing
eemist upmost
een eyes, one
e'en even
eence/ence once
eenoo just now

eens ones
eeran' errand
ees/eese use
eesefi useful
eeseless useless
eest used
eetname nickname, to-name
efft often
efter after
elbuck elbow
ell unit of measurement
en' end
engag't contracted—as a boat might be with a particular fish-curer which meant a guaranteed sale for the catch
eneuch/eneugh enough
ennerteen ant
enoo just now
enstinck instinct
enuff enough
ereckit erected
essie-midden ash middden
ettiskeet etiquette
ettle attempt
eus use
eusfil useful
evenoo just now
everly always
exed asked
eydent active, conscientious
eyne end
fa'/faal fall
fac'/fack fact
—*as fack as ocht* indeed
fader/faither/fether father
fae from
faed from it
faels turfs
faer fear
faickly mostly
fair horney fair play
fairde-mate refreshments provided for a journey
fairin eating
fairlies/ferlies wonders, idle sights and curiosities
fairm farm
faisent fastened
fan when, found
fa'en i' the rive amon' become involved with
fand found
fanever whenever
fankle tangle
farden farthing
farder/forder/farrer/faurer further
far'est furthest
fash trouble, vexation
fashed bothered
fashins—*ull fashins* over curious
fat what
fat ither what else?
fatever whatever
faund found
faur where, far
faurdly—*weel faurdly* comfortably, easily
faut fault
fawvour favour
feal dyke turf dyke
feast—*I hae nae feast o'* I have little taste for
fecht/fect fight
fechtin' fighting
feck part or portion
feckly mostly
feedles fields
feegur figure
feel fool
feenish finish
feered afraid
feerious rare, extraordinary
feeroch fit of enthusiasm
fegs an exclamation
feint/feinty/fand a 'devil a'...
fell very
fell dyke turf wall
fenting fainting
feow few
ferry very
ferrylouper carpetbagging mainlander
fesh fetch, bring
fes'n fasten
fessin bringing
feuars managers local land and property tribunal
file a while, defile
filie a short time
filloo fellow
fin feel
finnan/finnan haddie smoked haddock from the North-East of Scotland;

excellent on its own or as a basis for skink (q.v.)
firyat forgot
fiscal local prosecutor
fistikl fiscal
fit foot
fite white
fiteiron tin
fitstap footstep
flay poons cut turfs
fleckit spotted
flee fly
fleg frighten
fleggit frightened
fleud flood
flichterin' fluttering
flooer flower
"the Floors o' Edinburgh" air of famous 18th century song, a favourite for reels and country dances
fluensy influenza
flude mark tide mark
flunks flanks
flüre floor
flytin' squabbling
focht/foch'en/foucht fought
foggie mouldy
folich foolish
folla fellow
foo how
fool foul, fowl
foonds foundations
fooshionless/fousionless/fushionless weak, insipid, powerless
footer/fouter simpleton, character
forbye as well, as well as, never mind
forcie powerful, vigorous, bracing, brash
foregaither to meet by prior arrangement
forehandit beforehand
forenent/fornent opposite
forenicht evening
forenoon morning dram
forfochin' tired, cross, exasperated, at one's wits' end
forgaitherin' meeting
forgie forgive
forjeskit worn-out, run-down
forrit forward
forsta forestall
fort fourth
fou'/fu' drunk, full
fouk/fowk people
four-oors afternoon tea
fower four
fowk people, relatives
fra/frae from
fraucht cargo
freely very, fully, quite
freen friend, relative
frem strange, strangers
frichtit frightened
frichts—nat frichts no fear
fule fool
funishent abashed
fup whip
furhooi forsake
furl whirl
furrs furrows
furth—the furth outside, out of doors
fusker whisker
fuskeries underdeveloped whiskers
fusky whisky
fussle whistle
futher whether
fyle while
fyled stained, made dirty
fyles sometimes
fylie a little while
fyou/fyow few
ga/gae/geng/geong go
gaamerie sport
gab talk
—weel shod i' the gab voluble
gaed went
gaen/gaing/gan going
gaes goes
gaet/gait/gate way, road, direction
gairnerin gardening
ga'le gable
gallows braces
galshichs trashy sweets
gane gone
gangrel/gangril tramp, vagabond
gant/gaunt gape, yawn
gappis idiot
gar make
garred made
garin/garrin' making
gart made
gat got
gauffin' guffawing

Gaul—*'garb of old Gaul'* the kilt
gaun going
gebbie stomach
gedder gather
geese/guse smoothing-iron
geet child
gein/giean/giein giving
gemm game, gammy
gemmest gamest
geo inlet
gey very
gey file a long time
geyan/geylies very
ghaistly ghostly
gibbie cat
gie give
gied went, gave
gien gave
gies give me/*us*
gif if
gillie servant
gin if
ging go
girn groan, complain
girse/girss/graiss grass
gither gather
glack gap between hills
glaid glad
glaum clutch
gled hawk, glad
gleg quick on the uptake, alert-looking
glent glance, glint
gless glass
gloamin' twilight
glower scowl, bold and truculent look
gluff fright
gluffas gangling idiot
golt ?colt
gomeril fool
goodman husband
goodwife wife
goon gown
gorsky attenuated and puny
goose flat iron
goshtie me an exclamation
goud/gowd gold
gowan daisy
gowd gold
gowin going
gowf golf
gowfer golfer
gowffin golfing
gowk fool
grain groan
graip gardening fork
graith gear, equipment
gran grand
grat complained, wept
graybeard large earthenware jug for ale or whisky
greetin' crying, complaining
greyt big
grice pig
grind gate
grippet seized
gripping shearing
gripe internal pain
groat farthing
groser gooseberry
grumlet overcast
grun/grund ground
grused crushed
grutten wept
gryte great, big
guaird guard
guddick riddle
—*lay up guddicks* ask a series of riddles
gude good, went
gude kitchen—*hunger is gude kitchen* hunger is an excellent sauce
guidfaither father-in-law
guids goods
guid-sister sister-in-law
guidwife/gweedwife married woman
guit threshold
gurr growl
gutsy greedy
gweed good
gweedless insipid
gya/gyau gave
gyang go
gyau gave
gyaun/gyaung going
gyin very
gylies very
gyp fool
haaf deep sea, fishing
haandie-crüpin game in which 'the man' is struck from behind and has to guess the identity of the striker
hadd hold

haddie haddock
hadna/hedna had not
hae have
haed had
haein/haen having
hael heal
haena/havena have not
haaff open sea
haigh/haith an exclamation
haik frame for drying fish
haill whole
hairbir harbour
hairm harm
hairst harvest
haiveless rash, senseless
hald—hoose an' hald home and its contents
hale whole
halesome wholesome
hallich giddy, rough
hame home
hame-aboot local
hamely homely
hame'ill an' frem't friend and foe
hamewith homeward
han' hand
hantle lot
hap cover, hop
hapwarm wrap
hard heard
harl drag, portion
harnpan skull
hasna has not
haud/hawd hold
haudden/haudin holding
haudden doon oppressed
hauf half
haun/haund hand
haunle handle
haved heaved
haver talk nonsense
havers nonsense
haviness—what haviness what on earth
haythen heathen
hech an exclamation
hed had
heely wait a minute
hees his
heevan heaven
heezy-hozy alternating two-handed game
heich/hich high, excited, elevated
heicht height
heid/heed head
heid deester chief man, principal
helly-day holy day, holiday
hels health
hemmer hammer
henches haunches
herm harm
herriel exorbitant expense or charge
hersel herself
hert heart
hesp length of yarn or wool
het hot
heth an exclamation
heuch crag, precipice
hey hay
hid it
hidmist last
hidsel itself
hielant highland
hillockie small hill
hilt—see neither hilt nor hair see no trace
himsel himself
hind farm servant
hing hang
hingin' in pressing on, working hard
hinmost last
hinna/hivna have not
hirple hobble
his/hiz us
hisna has not
hissel himself
hiv have
hizzed heaved
hoast cough
hobble struggle
hochle toddle
hoide hide
hois'in hoisting
hollachin larking
holls holes
hoo how
hooever however
hoop/houp/howp hope
hoor hour
hoose house, public house
hoosebraker burgler
hoosomdever/hoosomever however
hoot-toot an exclamation

horse orange ?piece of horse dung (the American term is a 'horse apple')

hostin' coughing

hoved swollen

howe valley

howlet owl

howp hope

huch an exclamation

hümen getting dark

hunder/huner/hunner hundred

hungert starved

hunkers haunches

hunnerwecht hundredweight

hurdies thighs, loins

hurl ride in a wheeled vehicle

hurley cart

huz us

hyowin' hoeing

hysted hoisted

id it

ida in the

idder/ither other

ileskin oilskin

ilk every

ilka/ilky every

ilk-ane every one

ill bad, badly

ill aboot fond of, partial to

ill-deedy mischievous

ill-deer malefactor

Ill-faured ugly

ill-helt the devil

ill pairt hell

ill-pairted unequally divided

imphim an exclamation

income mysterious pain

in-knee'd knock-knee'd

in-taed pirn-toed

intae into

inwards intestines

ipo upon

ir are

irons—aff the irons completed

is us

iss this

'ithenoo now, meantime

itsel' itself

jaud term of abuse for woman

jaw splash

jawhole cess pit

jealoused guessed, concluded, inferred

jee move

jeedge judge

jeedgment judgement

jeust/jist/joost/juist just

jimp barely

jine join

jingo-ring singing game played in a circle

jintit jointed

jockey horse trader

joostice justice

kailpat kailpot

kaimed combed

kashie basket

kebbuck whole cheese

keb sheep-tick

keek look, peep

keeng king

keerious curious

ken know

ken mark distinguishing mark

kenna don't know

kenned knew

kens knows

kent-like familiar

kep catch

keppie cap

kerry carry

kibble agile

kiler collier

killy fatal

kimmer female neighbour, girl

kin kind

kinda kind of

kine kind

kink choke

kinkinds/kin-kin' sort

kintra country

kirk church

kirn churn

kirscin christen

kist chest

kitchey savour

kitchie kitchen

kittie barrel

kittlin kitten

knap speak, break stones

knobbles ?waves

knock clock

knockin' stane hollowed out stone for grinding barley

knyp collide

kwintra country

kyaurn a few, a bunch, a parcel of
kye cattle
kyst box, chest
laa law
laamer amber
laaweer lawyer
labster lobster
laddickie little boy
laddie boy
laek like
laer learning
laest last
laich low
laigher lower
laird landowner
lairdie minor landowner
lairge large
lairge in's wye overweening
lake leak
lakely likely
Lammas day 1 August
lan land
lang long, tall
langer vacuity
lang fee marriage
langheaded shrewd, intelligent, penetrating
langije/langitch language
langsyne long ago
lass girl
lassickie young girl
lassie girl
laste least
lat let, permit
lattin' letting
lauch laugh
lave rest, others
laveric/laverock lark
lawd lad
lawly toy
lea' leave
leadin' nicht the end of harvest when the crops are taken in from the fields
leal loyal
lear learning, knowledge
'lecrra/'lectra electric
leddies ladies
lee lie
leed lead, listen
leems tools, equipment, cutlery
leen/lane alone, on his, her, your own
leer liar
leerie lamplighter
leeshins licence
—a new leeshins't probationer a newly qualified minister
leeted heeded
leeve live
leggins bottom
lem earthenware
len' loan
lent length
lern learn
Leruik Lerwick
less-a-less an exclamation
leuch/leugh laughed
leuk look, looked
leukan looking
licenan document
licht light
lichted lighted
lichtit alighted
lichtlifie belittle, trivialise
lichtly lightly
lickit beaten, defeated
lickly likely
lift sky
liftin'—in liftin' wintering indoors
limmer mischievous girl/woman
linties linnets
lippen/lippin expect
lit-kettle pot in which cloth is dyed
littleane child
lock lot, lick
lood loud
looder wooden frame of a handmill
loodly loudly
loof palm
loon boy, youth
loonie little boy
loop leap
loot let
lootna did not let
losh an exclamation
lounder beat, belabour
loupin' jumping
lowe fire, flame, light
lowermist lowest
lowin burning
lows/lowse let loose, stop
lozen/lozenger window pane
luft loft
lug ear
—chimla lug fireside

luggie bowl
luick/luik look
lum chimney
lum hat top hat
lumhead chimney-top
lyin' lying
lyin' tee moored alongside
mae more
maeshie carrying net
maet/mate food
maeted fed
mainner manner
mair more
mairriet married
mairter martyr
maist most, mostly
maister master
maisterfu domineering
maistly mostly
maiter/maitter matter
mak' make
maksna makes no, doesn't matter
male meal
manna/mauna/maunna/minna must not
maulies—'the maulies' fisticuffs
mannie man, little man
mask infuse
Mattha Matthew
maze dream
maun must
mawin' mowing
meal-buddie container for oatmeal
mear mare
meed made
meelyon million
meenits minutes
mengyie crowd
menner manner
men'in' mending
mensefi prudent, sagacious
mercery drapery
merrit married
micht might
michty mighty
midden dung-heap
midder/mither/moder mother
milk meat milk saps made with loaf or meal
millert miller
min' recollect, mind
mineer racket, bunch of noisy people
minny mother
misanter/mischanter/mischanter accident, disaster, setback
misca' slander
misel' myself
misguggiement spoiling
miskent mistaken, been in ignorance of
mista'en mistaken
misthriven ailing
mith might
mither mother
mithna might not
mixy-maxy all mixed up together
mochie close, humid
Mogganer a person from Peterhead
moniment curious or quaint person
Moninday Monday
mont month
mony many
moo/mooth/mou/mouie mouth
moofi mouthful
mooswab cobweb
morn—the morn tomorrow
M. Pay member of parliament
muckle much
muckle and little o' them all people great and small
muddim madam
mudge move
muild peat, earth
mulk milk
mull mill
mullins crumbs
munt mount
murnfu' mournful
mussel midden rubbish heap
mutchkin a measure of spirits about a pint in capacity
mysel myself
na no
na-say denial
nabal a rich, mean, oppressive, philistine, *arriviste*
nae/no not
naebody nobody
naething nothing
naeway nowhere
nain own
naither neither
naitral natural
nane/neen none

nap—tak' the nap ower make fun of
nar/narr narrow, near
nearhan close-by, nearly
nearlins nearly
neb nose, beak
nebbit/nibbet/nibbit nosed
—lang nebbit long-nosed, pretentious, learned, obscure
necessar necessary
nedder neither
neebor/neepor/ neepor/neibor neighbour
needcessity necessity
needna need not
neep turnip, crag, promontory
nefa nephew
neist/neest next
neive/nieve/niv fist
nervish nervous
neuest newest
neukie corner
newse to converse, conversation
newsin conversing
nicht night
nichtly nightly
nickum mischievous boy
nirled to become withered and twisted, as with age
nirlin withering, blasting
nits nuts, nets, hair-lice
nittl to become annoyed or upset
niz nose
nocht nothing
nochty useless
noo now
noo an' than now and then
nor than
Norrowa' Norway
nort north
nor-wast north-west
notish notice
noust shore-head
nowt/nowte beef cattle
nummer number
nyaukit naked
nyeuk/nyook nook
nyod an exclamation
observe remark
ochane an exclamation
ocht anything, ought
od an exclamation
o'd of it
oe grandson
offish office
ohn without
'oman woman
oncan strange, outlandish
ondeemas huge, extraordinary
—ondeemas thing o' siller a vast amount of money
ongaen conduct, manner of proceeding
ongaens antics
onleuker onlooker
onthocht—cudna been onthocht couldn't help thinking
onweel unwell
onwuttin' unaware, abstracted
ony any
onybody anybody
onything/onyting anything
onywye anyway
oo/ou we
ooby outby, on the outer wall
ooncanny alarming
oonce ounce
oon'erstan' understand
oonfain—wud 'a been nae oonfain would have been quite glad to get
oon-sharp dull, obtuse
oor our
oorlich dismal
'oors hours
oorsels ourselves
oot out
oot-a-decks outside
ootour as describing the action of coming out from inside something
ootricht outright
oots wi' take out, produce
oot-wuth outside, beyond
opingin opinion
ordinar'/ornar' ordinary
Orknaman Orkney-man
orral scrap
osser other
ou oh, (an exclamation)
ouk week
oure over
ower/owre over
ower da wy drunk
ower-laid struck

owzen oxen
oxter armpit, area associated with upper part of chest and arm
oye nephew
paet peat
pailace palace
pailin fence
pairis parish
pairt place, district, neighbourhood, part
pairtin' parting
pairtrick/paitrick partridge
pairty person, party
palaiverin speaking foolishly
palin' wire fence
pall ball
pappin thrashing
parritch porridge
partan large edible crab
pat pot
pate casie peat creel
patfu' potful
pavee commotion
pawky designing
pawrent parent
peastie beast
pech pant of exertion
pee be
peer poor
peerie little
peesweep lapwing
peetie pity
penkit titivated
pepper paper
perjink fastidious, neat
perrishin parish
persewaire persevere
Pert Perth
petawtis potatoes
pheesician doctor
piece bread or scone snack
pint point
pirn pin or reel
pirr-win'ie breeze
pit put, bit
pithless-like fushionless
pittin' aboot concerned, upset
pittan/puttin putting, put
plack coin of small worth, black
plaesed pleased
plainstanes pavement
plaise please
plash quantity of a liquid
plauverin' play-acting
play-day holiday
playhoor playtime
pleuch/ploo plough
plicht plight
plind blind
pliskie trick, predicament
ploiterin' splashing
plooin' ploughing
plotty toddy, punch
ploy trick, scheme, project
plyps plumps
pody body
pokefu' bagful
pooch pocket
poo'd pulled
pooer power
pooerfu' powerful
pooin pulling
poon/powin pound
poopit pulpit
poother powder
poother-deevil primitive home-made firework
poshie porridge
pottich porridge
pottit heid jellied meat
pouch pocket
pow head
—*wag their pows in a pupit* preach, become ministers (literally, 'nod their heads in a pulpit')
prains brains
prannin' reducing to a pulp
prap prop
precentor leader of the psalmody in church
pree taste
preen pin
prent print
press cupboard
pressern brethern
profoon' profound
prood proud
pu' pull
public public house
puckle a little
pucklie rather less than a puckle
puddin' pudding
puddlin' splashing, wading
puddock frog

puggie monkey
puir/peer poor
puirhoose poorhouse
Puir John spent codling
pultice poultice
pun/pund pound
pupit pulpit
pur-haandline ?codling line
pushin idiot
put-on—weel put-on imposing
pye pay
pyke pick
pyock bag
quaet quiet
quars where is
quarter wife poor neighbour
quat what
queel cool
quey cow
quine girl
quo/quoth said
rade rode
radicle-basket woven bag
rael real, true
railly really
rais't enthusiastic, elevated
raither rather
raith term
rale real
randie coarse immoral woman, or person
ranegill vagebond
rant dance
rash'nel rational
rauck'n reckon
raw row
rax stretch, reach
reca' recollect
reck reach
redd the marches sort out squabbles between people
redd up sort out
ree yard
reef roof
reeins squeals of a pig
reek smoke
reekie smoky
reenge range
reested dried, smoked
reestit rooted, seized up
—*reestit by the millert word* rooted to the spot by a traditional folk charm
reet root
refeest refused
regaird ragard
restin' shair wooden couch
ret written
reuined ruined
richt right
richtly rightly
rieve steal violently
riff/ruif roof
riggin' top, roof
riglar regular
rin run, smuggle
rin aff wi' the harrows run to excess
rinnan/rinnin running
riva-keshie creel
rive/ryve tear violently apart, split, burst, crash about noisily inside something
rivlins/rivllins shoes of untanned hide
rizzered dried
rizzin reason
rizzon or neen used of somebody obstinately pursuing a certain course of which the speaker disapproves
roch rough
rocht worked
rodd road
rool rule
roon/roun/roond round
roondir-buggie ?bustle
roorl rural
Rooshian Russian
roosty rusty
roozer watering can
roup auction
routh quantity
row roll, wrap
rowin' rolling
rüdan talking aimlessly
rug pull, portion
ruggin pulling
ruggit pulled
rung cudgel
russatangle horse-tangle, type of hard sinewy seeweed which can be used as a whip or goad
rüt root
saa saw
saat/saut salt
sae so

saek such
saep soap
saft/sauft soft
saick sack
sair serve, please, painful, hard
sald sold
salie silly, weak
sall shall
sam' same
san' sand
san'-hole sand-pit
sanna shall not
sap sup
sark shirt
sate seat
sattle settle
saul soul
saum psalm
saunt saint
sawin' sowing
Sawtan Satan
sax six
scad—gotten a sair scad suffered much hard usage
scar trace
scart scratch
scartin' scratching
scawlin scolding
schule/skweel
skule/skül school
sclate slate
scoag fishing-line
scoll basket
scool scowl
scoottie allan arctic skua
scouth scope
scran forage for
screed tear, piece of writing
scunner disgust
sea-maw seagull
sec such
sech/seck/seek such
sed said
seeklike suchlike
seen/sune soon
seener sooner
seer sure
seerer surer
seerly surely
sel' self
sen send
Seterda' Saturday
sets himsel' up full ben draws himself up to his full height
seun soon
seur/seure sure
seut suit
seyven seven
seyventy seventy
shaain showing
shaalds shallows
shackle-bane wrist
shair sure
shameous shameful
shankit walked quickly
sharger puny, weak, ill or half grown person or animal
shargit-laek puny, mis-shapen, stunted
sharn dung
she fake Highland for 'you'
sheek cheek
sheel scoop
sheemich small and generally unimpressive looking person
sheen shoes, shine
sheetin' shooting
sheu she
sheuk shook
sheur sure
shew sow
shief sheaf
shiel person, shovel
shild child
shilfa chaffinch
shimley chimney
shinner cinder, sooner
shirra sherrif
shiv shove
shooers showers
shooin' sewing
shoon shoes
shoother shoulder
shorded propped
shot catch of a fishing-boat
shoud rock
shouther shoulder
shü she
shud should
shudna should not
shuggar sugar
shuit soot
shune soon
shunners cinders

shustice justice
sib relation
siccan such
siccar/siccer safe, secure, determinedly
sich sigh, such
sicht sight
sid should
sids oat husks
sidna should not
signafee signify
sikkin such a
siclike suchlike
sile rafter
siller silver, money
simmer summer
simmit straw or heather rope
sin son, sun
sin' since,
sing—sing unco' sma' be mute and passive
sinsyne since then
sinter saunter
sipper supper
sizzin/sizzon season
skade/skaith ill, harm
skail empty, spill
skair averse
skechn squeamish
skeel skill
skelp smack, move rapidly
skeo place for drying fish
skink a fish soup of rare excellence for which there are several recipes, but the following instant skink is nearly indistinguishable from the original and is recommended: lay hold of a finnan haddie (q.v.) and poach it gently in a couple of cans of cream of celery soup, with some mustard, a green herb or two, possibly a daud of garlic. It's nearly instantaneous (say twenty minutes or so), and you can eat the haddie after...
skirl shriek
skliffer shuffle
skurt embrace
slauchter slaughter
sleekit devious, underhand, smooth and shiny
slicht slight
slocken slake
sloppin' avoiding payment
slop policeman
slug overall
sma' small
smachry cheap snacks
sma'er smaller
smeirless insipid
smookie smock
smoor/smore smother
smucks slippers
smush an' smut thick black smoke and soot
snaw snow
sneck door-catch
sneckit him aff caused him to be murdered (from *sneck* to cut off)
snifter sniff
snippit nipped, snatched
snod neat, dapper
snootit peaked
socht saturated, sought, asked
sodger soldier
sola ?foreshore
sontin/sonting/suntin something
soo sow
sood should
soo'dna shouldn't
sook suck
sookit sucked
soom swim, sum
soond sound
soop swoop
soorocky sour
sooth south
sorra—fat sorra? what the devil?
soshl social
sossin mucking about
sough sound of wind, sigh, background noise, rumour
soun sound
soutar cobbler
sowens dish made of meal and water
sowl person, soul
spae prophesy, predict the future
spaek speak
spak spoke
spakan speaking
spangin' bounding
spangle game of marbles in which the object is to get within a certain

fixed distance of the opponent's marble
spankin' walking rapidly
sparra sparrow
speedir spider
speel climb, spell
speenfu' spoonful
speen spoon
speer/speir/spier ask
speerit spirit
speeshl special
speirin' asking
speldrin' dried fish
sperse well set out
speu spew
spick fat
spik speak
spleet split, cut
sportie sportsman
spraing shaft of light
sprigs hobnails
spruce ?*sprush*, bush out
spue spew
spulzie plunder
spunefu' spoonful
spunk match
spur bauk rafter
squallichin' chattering shrilly
squawr square
squeel school
squeelin schooling
srambel scramble
sta' stall
staig horse
stairheid top of the stair
stale steal
stammach/stammack stomach
stammagast scunner
stane/steen stone
stang stab, stound
stang o' the trump the elite
stanin standing
stanks ditches, small burns
stap stop, step
stappin' stepping
stappit stepped
starn star
staum'er totter
staun stand
steed stood
steek close, stitch
steekit neive clenched fist
steek stitch
steencast stone-throw
steer stir
steshin station
stey—a stoot hert tae a stey brae approach a difficult task with cheerful perseverance
still an' on yet, for all that
stimmer stammer
stob thorn, splinter
stock man
stook sheaf
stooki fool, plaster statue
stoor dust
stoot fat, in good health, bold and determined
stootly stoutly, very
stot bullock
stottin' bouncing
stoup container
stouthreif armed robbery
stow stop
stown stolen
stracht straight
strack struck
strae straw
stramash dispute, uproar, commotion
strand gutter
strang strong
straucht straight
streek stretch
strent strength
strick strike
strowd song
stuid stood
stults stilts
stur stir
sturdy disease of sheep
sturry busy, bustling
styme glimpse
sud/suid/suld should
suddert south
sudna should not
suit soot
swad squad
swall swell
swally swallow
swatch sample, small portion
swate sweat
sweer/sweir reluctant, swear
sweetichie resembling a sweet
sweyt sweat

swither to be in a state of uncertainty
switherin deliberating indecisively
swye sway
swype swoop
syne/seen ago, then
syver gutter
sywippert agile, speedy
ta the
taak talk
taand burning peat
taatie potato
taat thick worsted yarn for making rugs
tackets hobnails
tae one
tae toe
tae tea
taeched taught
taen taken
tagedder together
taid toad
taings/tangs tongs
tak' take, or catch as in fish
takin' taking
tammynorry puffin
tane took
tanks thanks
tap top
—i' my tap badgering me
tappit hen lidded drinking vessel
tapswaar top-heavy
tare tear
tash stain
ta't taught
tats an exclamation
taul'/tauld/telt told
tautit tangled
taws schoolmaster's strap
tawtie potato
tay tea
tchop shop
teat a little
teckle tackle
tee also
teefil/teevil devil
teegur tiger
teem empty
teen mood, temper, taken
teir tear
—teir the tartan converse loudly in Gaelic
tent/tint lost
terrogatin' enquiring
teu too
teuch tough
teuchit lapwing
teuk took
thae/they those
thaft thwart
thegether/thegither together
themsel themselves
thereanent concerning that
the streen yesterday evening
thick friendly
thigger begger
thir their, these
Thirsa Thurso
thocht/tocht/tou't/tought thought
thochtie a little
thole to bear, endure
thoom thumb
—never fashin' their thoom quite unconcerned
thow thaw
thowless spineless
thrang/trang busy, crowded
thraten threaten
thrawness obstinacy
thraws throes
threed/threid thread
thretty thirty
thristle thistle
throughither promiscuously mixed
throu han' transacted, discussed
thu you
thum'les thimbles
tick-dolorow ?lassitude
ticht neat, well-formed, tight
tie yes
tiel devil
tiler tailor
tillipan saucepan
timmer wood
tine lose
ting thing
tinin losing
tink think
tinkan/tinkin thinking
tinks thinks
tippence twopence
tirn turn
Tishbite—the Tishbite the prophet Elijah
tither other

titivant beautify
titted tugged
tivels clothes
tize entice
tod fox
toi tie
toime time
tool towel
toom empty
toon town, farm, down
toor tour
tooralooral fine and dandy
toosy tufted, tangled
tossel tassel, fringe
toucht thought
toun town, farm
tow rope, string
trachel struggle, bother
track tract
traicle treacle
traivel walk
traller trawler
transack transaction
traps belongings, accoutrements
trate treat
trauchled troubled
tred/tredd trade
treu true
trift work
trimmell tremble
trive thrive
—*sae might I trive* on my honour, I aver
troo true, through
troot trout
trou/trow believe
trou through, during
trow troll
trowie small
trump jews harp
trum'lin' trembling
truncher large dish
truss junk
tsil child
tüille struggle
tull to
Turra Turriff
twa two
twal twelve
twalmonth year
twartbaak crossbeam
twartree two or three
tyauve struggle
tyeuk took
tyler tailor
tynin losing
Tysday/Tyseda Tuesday
übin wailing
udbie outby
ugesome/ugsome ugly, disgusting
ull bad
uman/umman woman
umost upmost
unco extremely, strange
uncolies remarkably
unconess novelty, strangeness
understan/un'erstaun understand
unfauld unfold
ungshineer auctioneer
unkin strange
unlade unload
unner under
uphaud uphold
upo' upon
upo' the turn ?on the verge of maturity
upsettin' arrogant, presumptious
upsides doon wi' equal with
uptak' understanding
—*gleg on the uptak'* of a good, quick understanding
usqueba whisky
vaam spell
vara very
veesible visible
vera/verra very
vesshelie small vessel
vice voice
visie/vizzie a look, a view
voar spring, spring work
voo vow
vrang wrong
vreet/vreetin' writing
vrocht workload
vyow view
wa' wall
wa's—*gang yer wa's* go your way, make a journey
waar seaweed
waarna were not
waas was
waasna was not
wadder seather
waddin wedding
—*penny waddin* wedding in which

the guests contribute a small sum towards the expense of the entertainment
wadna would not
wads children's game
wae woe, sad
waem stomach
waik weak
waikness weakness
wair spend
wall well
wamlin' rolling about
wan one, won, managed, got
wanchancie unlucky
wardle/warl/warld/wirld/worl world
ware—sea-ware seaweed
warin' spending
wark work
warna/werena/werna were not
warnicement warning
warran/wirran—I'se warran I can assure you that, it is my conviction that
warrandice guarantee
warsel/warsle/
warssle wriggle, struggle
warst worst
warstle struggle
wash/washin' negotiating
wasna was not
wearifu' horrible, annoying
wast west
wat wet
wat—Aw watna but I do not doubt that
watna do not know
watterie-nibbet runny-nosed
wauges wages
wauken waken
waur worse
wean child
wecht weight
wee weigh
weedie widow
weel well
weel-faurdly handsomly
weerin awa dying
weer wire
weet wet
weetie wet
weffle tottery
weir wear
weirdless slatternly, feckless
weisht be silent!
went glimpse
wer worse
werr worse, wasted
wersh tasteless
weyk weak
wha/whae who
whaaur/whaur where
wham whom
whan when
whase whose
whatna what
whatsomever whatsoever
whaul whale
whaup curlew
wheel-baand driving-belt of a spinning wheel
wheen a bunch of, some
wheep whip, pull
wheesht be silent
whilk which
whin when
whistle o'er the lave o't phrase used to complete a sentence whose meaning is too obvious to be stated
whittle knife
whommil/whummel move violently
whyoo cow
wi' with
wi' ye or wantin' ye with you or without you
wice sane, possessing all the faculties intact
wid would, wood, mad
widdie gallows
widet waded
widifu' rascal
widna would not
wik/wikk week
wile choice
wilk whelk
wime womb
win' wind
win the length o' reach
wind—like five ell o' wind at a very rapid pace
winder/winner wonder
wingle swing weakly
winin'/winnin' managing, getting
winna will not
winner wonder

winnock window
wint want
wintin' without
wir our
wird word
wirk work
wirs ours
wirt worse, worth
wis/wiz was
wisna/wisnae/wizna was not
wiss/wuss wish
wither weather
withoot without
wizened wrinkled, shrunk
wizzen throat
woarl world
wonner wonder
woosh washed
wordy worthy
worsit worsted, woollen
wrack wreck
wrang wrong
wratch wretch
wrate wrote
wreeter/wreater writer
wreat write
wreatin writing
wrocht done, accomplished
wub web, cobweb
wud mad, would, wood
wudna would not
wull will
—*wi' my wull* willingly
wully willful
wully-goo grotesque person
wunna will not
wurlie feeble
wus was
wut intelligence
wuth spoiled
wye way
wynd narrow lane
wysselike sensible
wyte wait, blame
wytein/wytin waiting
wyver weaver
yae one
yaird yard
yalla yellow
yark/yerk jerk, stunning blow
yarket jerked
yarkin' striking
yarkins seam of shoe-upper
yearth earth, world, land
yer your
yerdit filthy, covered with dirt, buried
yerl earl
yersel yourself
yestreen yesterday, yesterday evening
yett gate
yin one
yince once
yirnin curdled milk
yirth earth
yist hiccup
—*yoke the stanes on her* pelt her with stones
yokit began
youder whiff
yows ewes

In addition to personal knowledge, the following sources have been used in the compilation of this glossary:

Thomas Edmondston (ed), *An Etymological Glossary of the Shetland & Orkney Dialect* (Edinburgh, 1866)

John Jamieson, *An Etymological Dictionary of the Scottish Language* (J Longmuir and D Donaldson eds) (Paisley 1879-87)

Jeems Sim: A Second Series of his Epistles from 'The Northern Figaro' With Glossary and Original Page Illustrations (Aberdeen 1888)

Jakob Jakobsen, *The Dialect and Place Names of Shetland* (Lerwick 1897)

James Stout Angus (ed), *A Glossary of the Shetland Dialect* (Paisley 1914)

William Grant and David D Murison (eds), *The Scottish National Dictionary* (10 vols Edinburgh 1929-1976)

John J Graham (ed), *The Shetland Dictionary* (Stornoway 1979)

Mairi Robinson (*et al.* eds), *The Concise Scots Dictionary* (Aberdeen 1985)

Index